工商管理学科
创新人才培养的教与学

——以青海民族大学工商管理学院为例

李 毅◎主编

图书在版编目（CIP）数据

工商管理学科创新人才培养的教与学/李毅主编．—北京：经济管理出版社，2019.6
ISBN 978－7－5096－6629－6

Ⅰ.①工… Ⅱ.①李… Ⅲ.①工商行政管理—人才培养—教学研究—高等学校
Ⅳ.①F203.9－42

中国版本图书馆CIP数据核字(2019)第101474号

组稿编辑：申桂萍
责任编辑：申桂萍　赵　杰
责任印制：黄章平
责任校对：王纪慧

出版发行：经济管理出版社
（北京市海淀区北蜂窝8号中雅大厦A座11层　100038）
网　　址：www.E－mp.com.cn
电　　话：（010）51915602
印　　刷：三河市延风印装有限公司
经　　销：新华书店
开　　本：720mm×1000mm/16
印　　张：16.25
字　　数：292千字
版　　次：2019年9月第1版　　2019年9月第1次印刷
书　　号：ISBN 978－7－5096－6629－6
定　　价：68.00元

序

——工商管理学院办学思路与举措

一、工商管理学院建设愿景与办学定位

（一）学院建设愿景

立足青海，服务民族地区（藏区），发挥培养具有多民族文化底蕴和高原精神的工商管理人才的特色，整体提高学科水平，逐渐强化工商管理人才培养的特色，使其成为青藏高原重要的工商管理人才培养基地，打造青藏高原一流商学院。

（二）学院办学目标

在坚持“培养适应地方创新发展需要的高水平应用型人才”的总体定位的同时，着重突出高水平应用型工商类人才的培养。一是紧密结合地方经济发展方式转变和产业结构升级的背景，及时调整和优化专业结构，修订和改革人才培养方案，突出高素质应用型人才培养目标导向；二是积极整合资源，加强协同，以教改和科研为双轮驱动，推动学科体系建设和学科层次提升；三是积极改革课程体系、教学内容和方法，加大课程建设力度；四是加强实验室建设和软硬件配置，强化实践教学和综合实训，突出应用技能训练和创新能力培养；五是加强师资队伍建设，加大高层次人才和双师型师资引进力度，优化教师队伍结构；六是加强校企合作协同育人平台建设，以校企合作、教产融合为抓手，推进应用型人才培养模式改革。

（三）学院办学定位

立足青海，面向西部民族地区（藏区），以支撑国家及青海省发展战略、服务地方经济社会发展为办学定位与理念。积极响应国家重大战略部署和要求，适时调整办学思路，充分发挥民族高校在民族地区的人文地理优势，维护青藏地区（藏区）稳定，承担促进青藏地区经济社会发展和民族团结的特殊功能；弘扬高原精神、传承多民族文化融合的优势，在充分挖掘地缘优势的基础上，逐渐形成工商管理学科特色，紧紧围绕青海经济社会发展需求，培养适合地方经济发展需要的工商管理人才。

工商管理学院办学定位

类型定位	教学型学院
层次定位	本科人才培养为主、积极开展硕士研究生培养工作
学科定位	省内前列的工商管理类本科专业
人才培养定位	培养国家和社会尤其是民族地区需要的高素质、应用型、复合型人才
服务定位	立足青海和民族地区、面向全国
发展目标定位	省内一流、民族地区有较强影响力

二、存在的主要问题及今后工作思路

（一）主要问题

1. 资源保障问题

（1）师资队伍建设方面。一是学院人才引进困难，人才保留也较为困难；二是职称、学历结构不够合理，部分青年教师及晋升职称的动力不足，教师队伍出现老化趋势；三是高层次人才不足，制约学院学科专业的提升发展；四是学科团队、科研团队协同效应不明显，机构、团队的集体攻关、协同合作偏少，各自为战的现象严重。

（2）实验室建设方面。学院实验室建设过程中场地面积、软硬件存在缺口，实验建设经费投入不足。目前，学院实验教学中心只有106台计算机，还存在60多台的缺口。按高校实验建设的基本原则，软、硬件的比例一般应为2∶1，即软件要占据更多的份额。但是，目前学院实验教学中心的硬件资产已经超过200万元，而软件资产只有约50万元，远远低于软、硬件比例原则。另外，学院教学培养方案中仍有部分课程未能进行实验，主要是因为缺乏相应的实验教学软件的支撑。

（3）实习基地建设方面。目前，学院实习基地建设在数量上有一定规模，但在质量上存在较多问题。一是区域主要集中在西宁地区，不能有效满足毕业生实习和就业的双重需求；二是专业对口程度较低，可容纳的人数有限；三是现有的实习基地利用率不高。

2. 教学环节问题

（1）课堂教学方面。课堂教学质量存在以下两方面的问题：一是教学模式单一、守旧，教学效果不佳。课堂教学的方式比较单一，翻转课堂、慕课等新的教学方式推广较慢。二是授课过程中师生互动不够，缺乏对学生思考的引导，学生参与的环节太少，没有完全建立以学生为中心的教学模式。

（2）实验教学方面。尽管学院实验教学体系取得了一定的成绩，但在以下方面还需要不断完善。一是课程实验项目验证性的较多，探索性、创新性、综合性的实验项目比重不足；二是个别老师实验课程的授课效率不高，对实验的熟悉程度也不够。

（3）试卷作业方面。由于目前学院教师整体授课任务重，在试卷的批改、作业的批改方面，还存在少数老师操作不规范或质量不高的现象。

（4）毕业论文方面。一是少数论文选题偏大，没有突出中心思想，导致论文质量不高；二是个别论文指导老师不够认真和严格，学生论文写作不规范；三是论文成绩不够客观，指导老师、评阅老师对质量的尺度认识不够统一；四是答辩资格审查环节也不够严格，偏重形式审查，对质量把控不够。

3. 科研教研问题

（1）教研教改方面。主要问题表现在：一是学院教师参与教研教改活动的积极性还不够，尽管学院加大了力度鼓励和支持，但是申报项目的数量还是不够高；二是往年课题的结题率不高，少数课题甚至终止了相关工作；三是申报立项的高水平项目不多，成果不够突出。

（2）科研方面。一是科研团队的建设滞后，团队合作、协同力度不够，各自为战的现象严重；二是高水平的科研成果较少，可以转化的科研成果也偏少；三是教师搞科研的积极性、主动性不够；四是科研反哺教学不足。

4. 校企合作问题

（1）产学研合作不够深入。由于学院科研团队、社会服务团队尚未充分发挥协同效应，在产学研合作方面不够深入，产学研合作成果水平也不高，学院服务地方经济、发展实现良性互动的局面未能形成，产学融合、产教融合的效应也未充分体现。

（2）校企合作协同育人进展缓慢。受限于地方经济发展现状，以及学院开拓的力度不够，投入的资源不足，导致在实习基地建设和协同育人平台建设方面，相对落后于一些其他地方本科院校经管学院。在创新型、应用型人才培养模式改革方面，缺乏与更多的优质企业合作。

（3）实习基地利用程度不够。尽管学院建立了不少实习基地，但在接受专业对口程度以及实习基地的利用方面，还是存在差距。

5. 学风建设、学生指导与服务问题

（1）学风建设方面。受生源限制，加之个别教师给予学生的学习任务偏少，考查要求过松等，导致学生因为学习压力轻而学习动力不足，自觉性不高。

（2）学生指导与服务方面。学生学业预警机制落实不到位，学业导师在学生日常教育和学业指导方面主体责任不明显，学业导师对本班学生走访、谈话、信息掌握，排忧解惑等还要加强。

（二）今后工作思路

1. 人才培养模式改革方面

（1）强化高水平应用型人才培养模式的构建。在传统教学模式的基础上，融入校企合作、产教融合、课证融合、产学研结合等理念，将人才培养模式改革与学科专业建设、应用型师资队伍建设以及社会服务相结合，加大学生应用能力、创新创业能力的培养力度。

（2）深化校企合作协同育人。在课程设置上，针对实践性强的课程，实施

“校内导师+校外企业导师”合作上课的模式，强化校企合作协同育人；在实习基地建设上，选择合适的企业，建立协同育人平台，选拔学生进入企业实际工作岗位进行培养，学院与企业联合制定培养方案。

（3）强化国际交流与合作。与澳大利亚格里菲斯大学商学院、英国爱丁堡龙比亚大学商学院建立“2+2”双学位、“3+1+1”本科硕士项目合作关系，提升培养质量。逐步拓展国际合作院校。

（4）强化帮扶院校交流与合作。利用好天大、人大和厦大的帮扶，建立起“2+2”“3+1”学习模式，鼓励优秀学生实现本硕连读。利用3所高校的帮扶关系，建立博士生推免机制或选拔考核机制，选拔一批基础好、有读博意愿，愿意返校工作的在读硕士研究生，培养成博士补充师资。目前，通过学院动员，有15名在读硕士生提交了攻读博士后返校工作的承诺书。

（5）深化产学融合、产教融合。组建教研、科研团队，加强与公司合作，争取在学校或学院建立协同育人基地，安排学生及教师参与公司的具体业务活动。一方面，强化学生实践技能和创新能力的训练和培养，实现以产促学和产学融合；另一方面，在提高学院社会服务能力的同时，加强应用型师资队伍建设，实现以产促教和产教融合。

（6）深化岗课融合、课证融合。一方面，强化综合实训实验建设，实现专业课程体系与职业岗位需求技能的匹配，为有针对性地强化培育学生的实操能力提供综合实训和仿真平台；另一方面，引入职业资格或从业资格考试课程体系，强化“课证融合”，提高学生就业岗位的胜任度和用人单位的满意度。

2. 学科专业建设方面

（1）继续做强做大会计学专业。在现有的教育部综合改革试点专业、中央财政支持地方高校发展专项、校级实验班等平台和基础上，继续加大投入力度，加强师资队伍建设、学科建设和科研建设。

（2）重点培育“互联网+”专业特色。充分结合当前“互联网+”和创新驱动发展战略，结合青海省产业经济和电子商务的发展需求，在专业课程体系设置、实验实践教学环节等方面进行改革，培养适用性强、应用能力强、综合素质高的人才，为青海和西部民族地区社会经济发展输送紧缺的工商管理人才。

3. 课程资源建设方面

（1）以人才培养方案修订为契机，尝试在基础理论课、专业方向课、专业实验实践课中建设“财会投资”系列、“互联网+”系列课程群，并与重点学科和重点专业建设相结合。重点课程群建设面向社会需求，采用“平台+模块”的模式构建。

(2) 按照“校级—省级—国家级”路径有序开展精品课程建设。根据学院现有专业及课程建设基础、师资力量基础、课程资源基础等条件，有序开展各专业相关核心课程的精品课程建设和培育工作。尤其是在两大课程群建设过程中，在未来师资队伍建设上重点规划，在资源投入上适当倾斜。

4. 师资队伍建设方面

(1) 营造团结奋进积极进取的氛围，鼓励和推动中青年教师职称、学历的提升，鼓励和推动更多的教师进入学院高层次人才计划。以培养教学名师、教学团队带头人和教学骨干为核心，重点培育和形成一支教学经验丰富、教学质量高、教学效果好的优秀教学团队。

(2) 加大对青年教师的指导力度，充分发挥老教师的“传帮带”作用，保证青年教师过好教书育人关、科研关，将青年教师的职业素养和师德水平放在重要位置，按照“以德为先”的原则，提高青年教师的专业发展水平。

(3) 有计划、有重点地引进一批“双高人才”，特别是注重引进经济管理方面的领军人物，提升学院的知名度和办学水平。同时，加大“双师型”教师的培养和引进力度，切实提高实践教学效果。

(4) 不断加强师德师风建设，增强教师的敬业精神、奉献精神和团队合作精神，促进优良教学风气的形成和巩固。

(5) 加大人才的引进力度，改变等人才上门的现状，主动出击，寻找人才，吸引人才。

5. 教学管理方面

(1) 完善教学质量保障监控体系，提高教学质量。院党政班子切实加强领导，树立以教学为中心的观念，增强教学工作责任感；强化教研室工作职责，使教研室工作经常化、制度化，在学科建设、专业建设和课程建设中发挥积极的作用；强化教学督导组工作职责，实施全过程的教学质量评估和检查。

(2) 进一步完善教学管理制度建设，加强精细化管理。首先，根据新的环境和要求，全面修订和完善与教学相关的各项激励约束机制和考评方案，形成方向明确、约束有力、激励有效的制度环境，为建教学质量提升发展提供制度保障。其次，进一步强化教学管理制度的执行。通过建立健全制度执行的责任、考评、问责机制，完善保障制度执行的程序性规定和违反制度的惩戒性规定。

（3）加强课堂教学检查和监督工作。开学初的教学检查主要检查开学初教师上课备课情况、学生考勤纪律情况；期中教学检查重点检查教师教学情况、教研情况、教学制度执行情况，以及各系的教研活动开展情况。对一些课堂理论教学刻板枯燥和课堂纪律管理不严格的老师开展谈话，致力于提高课堂教学水平。

（4）进一步加强教研教改活动建设。通过校内外多层面的交流、学习、研究，将教学改革实践中形成的认识成果、理论成果、实践成果上升到制度层面，指导课程建设工作。

6. 教学模式改革方面

（1）创新教学方法。重视运用启发式、探究式、案例式、专题式、项目驱动式、情景体验式等新的教学方法，激活课堂教学，培养学生的自主学习意识和创造性思维；坚持课程教学方法的整体优化，综合运用多种教学方法，形成具有系统性与综合性的教学效果。

（2）优化教学手段。在合理开展多媒体教学的基础上，鼓励综合运用网上课程教学平台，推动师生网上交流与互动，提升课程教学现代化水平；改变传统教学中单一的“粉笔＋黑板”“课件＋黑板”的教学手段，充分重视现代科技发展在教学上的优势；积极利用翻转课堂、慕课、微课程等先进的教学手段促进教学方法创新。

7. 实践教学方面

（1）按照校企合作“三级平台”建设思路，在学院目前立体化实践教学体系的基础上，进行进一步改革，完善“一主线、三平台、四模块、三结合”的实践教学体系，更新实验教学内容，增加综合性、设计性实验实训项目。加强专业实践基地建设，既要重视基地的教育教学功能，又要考虑基地的科技研发功能，以基地为基础，建立“产、学、研、用”相结合的教学模式。

（2）提高课程实验设计和实施质量，强化实操技能和应用能力培养。首先，增加独立实验课程，利用课程实验提高实践教学环节的比重。其次，进一步强化课程实验，通过设计基础实验、专业实验和综合实验环节，强化学生基本技能和动手能力的培养。最后，尽量减少验证性、演示性实验，增加综合性、设计性实验比例。

（3）积极与企业合作，共同参与实践教学环节的课程体系设置。建立专业教学指导委员会，广泛吸收企业的相关专业人员参与教学过程，以此扩大工学合作、产学合作的渠道。积极吸收同行业专家和企业生产一线专业人士共同研究制订实践教学中有关职业技能模块的课程体系。

8. 学风建设方面

（1）扎实推进党建团建促学风建设。加强党员和学生干部的日常教育和管理，确保学生党员和学生干部在学风建设中发挥先锋模范和引领作用；推进党员示范岗进课堂、进公寓、进网络等，真正发挥以先进带动后进的效能。

（2）完善学院学风常态管控机制。落实两个辅导员（书记＋副院长）＋学生干部以年级为单位，成立四个学风检查小组交叉检查制度；院长书记＋辅导员学业导师＋学生干部三级联动开展学风检查制度；不定期排查、任课老师考勤和学生干部随堂听课考勤三结合机制。每月统一收集上课和晚自修考勤表，实行学院网页和公示栏双重公布。制定辅导员学业导师对班级学生学业指导不力、不到位的问责制度。

（3）建立学生课程学习任务要求的监控制度。适度提高学业难度和压力，提高学生学习的投入度和主观能动性，以适度的学习压力促使学生主动学习，培育良性竞争的学习氛围。严格落实和完善课程平时成绩与考勤、作业、实验、课堂参与等活动挂钩制度，严格执行考勤情况评定是否可以参加课程考查考试的规定；制定课程作业和考查数量、难度和形式等指引性制度，制定学生在学期间对学科专业领域著作书籍推荐阅读的指引性制度；完善学院学年论文、毕业论文的规范制度，并严格要求论文质量以及毕业论文的评审要求和答辩资格审查。

9. 学生管理工作

（1）创新工作机制，研究新形势下学生管理新办法。

（2）引导学生自我管理，加大学生自主成长空间。

（3）继续以考证为抓手，促进学风建设。

（4）毕业生就业工作改变以往只注重“临门一脚”，以毕业生高质量就业率为导向，加强学生过程培养，环节教育。从大三就实施毕业生就业创业“10＋N”工程。

（5）继续做好毕业跟踪调查工作。形成四年期毕业跟踪调查报告，对学院教学管理、学生管理工作形成指导性建议。

（6）继续开展企业家大讲堂、工商英才讲坛、大学生党员“1+6”、跆拳道早操等特色活动。

李　毅

2019 年 3 月

目 录

第一部分 学院建设

第二部分 培养模式探索与实践

第三部分　课程建设

第四部分　就业与创业

第一部分　学院建设

青海民族大学工商管理一流学科建设方案

李　毅[①]

工商管理为一级学科，现已建成企业管理、会计学、技术经济及管理（经济学院）、旅游管理（旅游学院）四个二级学科硕士学位点，会计、工商管理、旅游管理（旅游学院）三个专业学位硕士点。形成了旅游管理国家级特色专业（旅游学院）、会计学省级特色专业、工商管理一级学科为省级重点学科、青海旅游文化研究所（旅游学院）和人力资源管理研究所两个省级研究中心、旅游人才小高地等教学科研为一体的学科平台。工商管理学科在学校整体发展规划中属于建设省级一流学科的重点学科以及服务区域发展的特色学科。

一、建设规划

（一）总体建设目标与愿景

立足青藏高原，服务藏区（民族地区），在巩固原有特色专业的基础上，整体提高学科水平，逐步培育和形成藏汉双语工商管理类人才培养的特色，使其成为青藏高原重要的工商管理类人才培养基地，打造青藏高原一流商学院。

① 李毅（1976—），经济学博士，教授，青海民族大学工商管理学院副院长。主要研究方向：藏区特色产业发展、中小企业创新发展、产业集群、跨国经营与利用外资、区域经济。

（二）分阶段目标

1. 近期目标（2020 年）

到 2020 年，力争在师资队伍建设、人才培养水平以及平台建设等方面接近省级一流水平。

（1）师资队伍方面。建成一支规模适当、结构合理、业务精湛、师德高尚、热爱高等教育事业的教学团队，其中博士学位人数达到 15% 左右，新培养省级人才 1～3 人。

（2）科学研究。新增国家级项目 1～3 项，省部级项目 3～6 项。发表学术论文 30 篇以上，其中核心论文 10 篇以上；出版教材及专著 3～5 部；获省部级以上奖励 1～3 项。

（3）人才培养。每年招收本科生 100～150 人，研究生 160～230 人，在校生规模达到 900～1200 人。学生一次就业率达 85%，用人单位满意率不低于 80%。

（4）平台建设。建设会计工厂、青海旅游发展研究中心（旅游学院）、藏区中小企业创新发展平台。

（5）社会服务。承担横向课题 3～5 项，为公共部门和企业提供各类服务 5～10 次/年。

2. 中期目标（2025 年）

到 2025 年，力争进入省内一流学科建设行列，实现学校对本学科的定位和目标任务，助推学校在该领域的话语权和核心竞争力。

（1）师资队伍建设。师资队伍规模达到 40 人，师资队伍中博士学位占比达到 30%～35%。新增国家级人才 1～2 人，省部级人才 3～5 人。

（2）科学研究。在研国家级项目 2～5 项，省部级项目 5～10 项。发表论文 50～80 篇，其中高水平研究论文 20 篇以上；出版教材及专著 5～10 部；获省部级以上奖励 2～5 项。

（3）人才培养。稳定学生规模，提高人才培养质量。研究生创新能力显著提高，20% 以上学术硕士研究生在核心期刊上发表论文。尝试申报工商管理博士学位授权。

（4）平台建设。新建设青藏高原公司治理中心一个、会计模拟工厂一个。

（5）社会服务。充分发挥各类研究机构功能，为区域公共部门、企事业单位决策和产业发展发挥智库作用。

3. 远期目标（2030 年）

到 2030 年，建成区域一流学科。在师资队伍建设、科学研究、学科方向凝练、人才培养水平以及平台建设等方面的核心竞争力明显增强，学科方向的特色和优势明显，逐步向西部一流学科迈进。

（1）师资队伍建设。进一步优化人才结构和学术带头人队伍，博士学历教师占 45% 左右，始终保持和建立一支高学历、创新能力强的高素质师资队伍，满足区域一流学科发展需求。

（2）科学研究。获国家重大研究计划项目 1 ~ 3 项，青海省重大专项 3 ~ 5 项，区域范围内整体科研水平领先。

（3）人才培养。力争获得工商管理博士学位授权，每年培养硕士研究生 200 ~ 300 人。

（4）平台建设。新建国家重点实验室和基地各一个。

（5）社会服务。成为藏区财会人才培养基地、藏区人才发展和特色产业发展决策基地，成为综合工商管理人才培养基地。

（三）对带动学校整体建设的作用

工商管理一级学科的建设，进一步巩固提高我校在青藏高原工商管理类人才培养方面的龙头地位，并使我校成为青藏高原工商管理问题研究基地。

二、建设内容

（一）学术团队建设

（1）组建三江源财会卓越人才研究中心。该中心依托工商院“三江源卓越财会人才班”，研究青海财会人才培养问题，结合民族地区实际摸索出一套科学有效的财会卓越人才培养模式，为青海提供优秀的财会人才。

（2）组建青藏高原公司治理研究中心。引进 2 ~ 3 名优秀博士组建团队，致力于青藏高原公司治理的研究。

（3）组建青藏高原中小微企业创新发展研究中心。该中心致力于研究青藏高原地区如何发展中小微企业，研究中小微企业发展中遇到的问题，为中小微企业保驾护航。

经过建设，到2030年力争使工商管理学科博士学位教师达到40人以上，具有海外学习交流经历的人员达20%以上。新建五个校级科研创新团队，培育建设3~5个省级科研创新团队，争取形成1~2个国家级创新团队。

（二）人才培养

进一步完善人才培养体系，突出学科特色，立足我校藏学和民族学优势，培养藏汉双语工商管理人才，逐步建设一支藏汉双语授课的师资队伍，培养服务藏区（民族地区）的工商管理人才。计划在MBA和MPAcc招生中开设藏区MBA和藏区MPAcc班，本科招生中培养藏汉双语财会班，凸显培养特色。计划申报工商管理博士点，为藏区培养工商管理高端人才，服务国家战略。具体内容如下：

（1）高质量完成工商管理一流学科建设任务，积极申报工商管理博士学位授予权，争取早日获得管理学博士学位授予权，完善硕、博两级人才培养体系。

（2）继续巩固优秀，提高人才培养质量。利用好目前青藏地区唯一的MBA、MPAcc培养的优势，以及我校MBA10年的培养经验，逐步启动高质量人才培养认证，争取早日通过认证，跻身于全国高质量MBA、MPAcc培养行列，奠定我校工商管理类研究生的绝对优势地位。经建设，工商管理学科在校研究生数量达到500人左右。

（3）构建“双创”培养体系，通过对口支援共建等形式，资源共享，协调合作，搭建2~5个国际国内、校际校企联合培养与协同育人基地，搭建3~5个创新实践基地。

（三）科学研究

在建设期间，我们力争在上述研究方向上取得丰硕的高水平成果，并形成相应的学科特色和优势。

（1）在中小微企业创新发展研究方面形成特色。中小微企业发展是解决就业的主要渠道，提供了75%以上的就业岗位，只有中小微企业发展好了，青海的发展问题才能比较好地得到解决。

（2）在卓越财会人才培养研究方面占领制高点。利用工商院MPAcc和本科会计、财务管理培养学生的追踪研究，出版财会人才培养质量白皮书，追踪研究用人单位对财会人才的需求，精准培养，结合用人单位需求，及时调整培养方式。

（3）在藏区公司治理研究方面取得一批高质量成果。利用我校藏学、民族学、社会学、心理学、计算机、管理学、经济学、法学等学科，进行跨学科研究，形成一批高质量的公司治理研究成果。

（四）社会服务

在青藏高原经济管理问题研究、公司治理、藏区人才发展战略、特色产业发展、藏区金融创新、投融资与资本运作、旅游产业发展（旅游学院）、产业融合、中小微企业发展等领域为国家和地方政府提供全局性、战略性、前瞻性的研究方案，成为青藏地区经济社会发展的智囊团，服务地方社会发展。

在人才培养方面，为青海经济社会发展提供高素质的管理类优秀人才。

（五）国际交流合作

充分发挥学科优势，积极与商务厅、海关、发改委、国资委、省金融办等部门和单位合作，为青海企业走出去出谋划策。积极参与青海藏毯国际展会等国际性展会，成为企业走出去的顾问和护航者。为政府和企事业单位提供优秀的外贸管理人才，通过与政府和企事业单位合作，教与学、理论与实践的有机结合，通过与国外高校合作，培养具有国际化视野的管理人才，为青海经济发展提供人才保障。

（六）进度安排

（1）至2020年，根据规划设计，本阶段主要任务是完成工商管理学科基础建设，基本完成管理学学科制度、机制等建设，形成较完备的研究体系和机制。

（2）至2025年，在学科方向建设、创新型团队、学科融合度等方面取得显著成效。在卓越财会人才培养、藏区公司治理、藏区人力资源管理、藏区特色产业发展、旅游管理、藏区中小微企业发展、藏区金融创新等研究方向上，具有较高的学术话语权，工商管理学科进入省内一流的行列，实现管理学学科群整体提升。

（3）至2030年，争取获得工商管理博士学位授予权，成为青藏高原一流商学院，在国内学术界有一定影响的话语权。

三、预期成效

（一）整体实力

建设期满后学科整体实力达到省内一流水平。工商管理人才培养方面的区域内影响力得到显著提升。在教育部学位及研究生教育发展中心组织开展的学科评估及各类第三方评估中保持区域前列，稳居省内一流地位。

（1）人才培养特色鲜明。结合建设内容，以科研促教学，提升人才培养的实用性，培养出懂民族地区的管理人才，实现留得住、干得好的目的。

（2）团队建设完善。通过建设，达到科研团队建设、课程团队建设基本完善，整体实力明显增强，科研方向明确，学科特色凸显，服务地方经济发展效果明显的目标。

（3）充当地方政府智库。建设中积极推进青海企业管理咨询中心、人力资源管理研究所、卓越财会人才研究中心的建设，为政府提供大量研究报告，供政府决策参考。

（4）争取获得工商管理博士授予权。通过建设，工商管理学科实力明显增强，达到申报工商管理博士点条件，获批工商管理学博士点。

（二）人才培养

（1）教学科研队伍建设：本学科点计划引进国内外高层次人才 6 ~ 10 人；引进 10 ~ 20 名国内外著名大学的博士毕业生，其中欧美著名大学的博士毕业生 5 名以上。

（2）人才培养：每年招收 180 ~ 240 名硕士研究生，100 ~ 160 名本科生；并且，每年选派 5 名以上的研究生到国外大学进行交流学习。

（三）科学研究

立足青藏高原，紧密结合国家战略和区域经济社会发展目标，将管理问题研究作为学科建设抓手，凝练特色、强化优势，厚基础、重前沿，突出创新，在基础研究之上以重大理论与现实问题为导向，以智库角色积极开展实证研究，确立青藏高原区域研究话语权，为地方经济社会发展提供智力支持。

平均每年获得省部级以上项目2～5个，横向项目3～6个；平均每年发表学术论文20篇以上，其中在国内外核心刊物上发表10篇以上的学术论文；平均每年出版专著和教材5本以上。

（1）藏区公司治理数据库及报告。每2～3年出版一份藏区公司治理效率研究报告。

（2）藏区人才发展数据库及报告。每2～3年出版一份藏区人才动态变化研究报告。

（3）藏区特色产业发展数据库及报告。每2～3年出版一份藏区特色产业发展跟踪报告。

（4）中小微企业创新发展数据库及蓝皮书。定期出版中小微企业创新发展蓝皮书。

（四）社会贡献

培养系统掌握管理学基本理论、基本知识和基本技能，有浓厚科学素养和人文素质，信念执着、政治合格、品德优良、精通双语、业务过硬、“下得去、用得上、留得住、干得好”的优秀管理人才，缓解民族地区基层特别是藏区管理人才“断层”和“缺员”现象，为稳定、充实藏区政府企事业单位管理队伍奠定扎实的基础。以支撑国家及我省发展战略、服务经济社会发展为导向，围绕生态环境保护、社会治理、“一带一路”建设等国家和地区热点难点问题，依托研究平台，为促进藏区社会稳定和长治久安，促进地区经济跨越式发展提供强有力的智力支撑。力争成为青藏高原工商管理类人才培养基地、旅游研究基地、企业人才培养基地、企业咨询基地。

（五）文化传承和创新

（1）发挥青藏高原地理优势，培养一批精通本地区各民族宗教文化历史的年轻管理人才，为藏区地方政府和企事业单位储备优秀管理人才。

（2）培养一批精通汉、藏、英等多语的年轻管理人才，提升藏区治理效率和决策效率，为青藏高原区域文化和经济社会发展起到助推作用。

（六）国际影响

通过学科建设，逐步建立和形成关于藏区治理、藏区经济政策、藏区人才发展战略、藏区金融创新等研究在国际学术界的话语权，加强与国外高等院校在人才培养方面的合作。

四、组织保障

（一）建立完善的管理体制机制

（1）建立和健全由校长、主管副校长、有关职能部门、院系负责人和有关专家共同组成的“学科建设领导小组”，全面负责与统一组织领导全校的学科建设与发展工作。各学院（所、中心）相应设立“院（所、中心）学科建设领导小组”，具体负责各学院（所、中心）的学科建设与发展工作。全校形成统一的学科建设指挥管理体系，对学校学科建设与发展的重大项目实施“立项先行、实效监督、滚动建设”的运作模式，加强监督管理。

（2）充分发挥“学术委员会”“教学委员会”“学位评定委员会”的作用，加强其对学科建设的指导和监督作用。

（3）不断完善各项科研管理制度，积极探索适应新形势下高校科研发展的管理体制与运行机制，切实提高科研管理的科学性、民主性与实效性。

（二）科学编制方案

围绕管理学一流学科建设任务和内涵，面向国际学术前沿和满足国家重大战略需求，解放思想、大胆创新，通过分析现状，找出不足，进一步整合资源，聚焦方向，扶优扶强，积极打造“品牌”学科；高度重视学科建设点与面的关系，保持现有比较优势，重点突破、整体推进，形成学科领先优势。

通过对目前管理学学科现状和国内外学科发展总体情况的准确分析和把握，以及多层面的研讨、论证，凝练学科方向，明确学科定位，做好学科建设的顶层设计和方案规划。在学科定位、学科方向的选择与聚焦、建设资源的集中等方面，彰显学科建设特色和重点。

（三）资源筹集与配置机制

一是学校将统筹各方面的资源为管理学一流学科发展规划的实施提供政策和

条件保障，各职能部门集聚学校编制、经费、高层次人才引进、重大科研创新项目等各类资源，实现管理学一流学科规划的重点目标任务。积极争取国家和省级部门的政策和资金支持，为推动管理学一流学科发展规划的实施创造良好的条件。

二是加强资源统筹管理力度，合理分配资源，建设好各级各类研究平台，进一步统筹管理学一级学科资源。争取改建、扩建或新建若干学科基础设施，加强学校图书期刊资源建设以及校园网络现代化改造。强化学校现有重点研究基地建设，力争新增若干省部级重点实验室和人文社会科学研究基地。

（四）完善自我评价调整机制

一是推行学科建设绩效考核管理。学校建立管理学一流学科建设项目年度计划申报、评审制度，制定学科建设年度建设预算计划管理与考核管理制度。实行学科建设项目负责人制度，进一步明确学科负责人责权利，制定学科带头人业绩激励政策，并与各级各类专项资金投入挂钩。

二是健全学科发展评估机制。对规划中确定的主要建设任务和目标，学校将科学分解到相关部门、相关学院和相关科研机构，并将明确相关目标完成的时序要求。规划目标完成情况将作为重要依据纳入各单位主要领导的绩效考核范围。同时，学校将加强对规划执行情况的跟踪与控制，在实施年度检查的基础上，建立中期评估制度，及时把握规划实施情况。

（五）增加经费投入及扩大资金来源

根据管理学一流学科建设的近期（2020 年）、中期（2025 年）及远期（2030 年）建设目标，学校拟从师资队伍建设项目、教学与人才培养项目、科学研究能力提升项目、基础条件建设项目和学术交流与合作项目五个层面进行建设。预计投入建设经费 0.8 亿元。

学校不仅将管理学一流学科建设纳入学校预算拨款中统筹考虑，还通过相关专项资金给予引导支持。积极吸引社会资本（尤其是企业资本，建立院董会，利用校友资源引进社会资本），扩大社会合作，健全社会支持长效机制，增强自我发展能力。

参考文献

[1] 孙爱存，夏红梅，李毅．工商管理学院本科创新人才培养调查研究——以青海民族大学为例［J］．江苏商论，2017（7）．

[2] 李毅，刘琦，夏红梅. 工商管理专业毕业生就业问题探析——基于青海民族大学工商管理学院的调查 [J]. 江苏商论，2016 (8).

[3] 李毅，田晓宁. 工商管理专业如何培养创新型人才——基于青海民族大学工商管理学院的调查 [J]. 江苏商论，2014 (11).

[4] 朱强. 地方本科高校工商管理类专业转型发展的认识与实践 [J]. 湖南人文科技学院学报，2015 (12).

[5] 朱亚兵，王丽娜. 工商管理专业特色建设研究——以普通财经类院校为例 [J]. 技术经济与管理研究，2012 (1).

学院发展之我见

王玉峰

学院发展关系学院整体利益，也关系到学院老师的个人发展，在学院征求个人意见之际，特提出以下建议：

一、学院管理方面

一是规整办公环境。现在学院办公场地较为充足，但是利用效率不高，例如：有三个不同规模的会议室，建议考虑其必要性。另外办公室设置分散，综合协调不方便，给老师们提供的便利性不够，建议将学院209会议室参照公共管理学院综合办进行装修调整，将学院院办（办公室主任）、研究生办、MBA办公室、MPAcc办公室及党务行政干事集中到该办公室，按照现在的办公设置形式，用隔断间开，并设置老师适用的公共打印区域，配备打印设备，方便老师办事。将辅导员办公室和教学干事办公室集中安排，因为学生工作需要辅导员和教学干事相互协调，直接成立学生工作办公室，并将团总支（书记）办公室一同安放。也可以将现在的学院办公室按照同样的思路设置，方便学生办事。这样可以腾出若干间教研室，也让老师们有去处，不至于来学院办事时无处可去。按照事物集中原则整合办公室，各负其责，一个办公室面向一个群体服务。

二是建立完整规范高效的资料室，同时兼有档案管理功能，实施标准化管理，各种资料自动整理补充，不至于每次遇到检查评估都从头整理，也不至于统一素材资料反复填报。同时建立完备的电子档案。

三是学院在师资及行政人员不够的情况下，是否可以建议学校组建项目团队，尤其是管理层，通过外聘团队进行高效运作，尤其是MBA和MPAcc教育，建议成立双M中心，由专业团队负责运维。现有的模式是，增加了MBA和MPAcc办公室，从领导层和管理层角度看，任务得以分解，但落实任务的还是老师，因而对老师而言，增加了领导，得多头负责，任务过重。

四是在学风建设上，依然坚持不向学生妥协，这是底线。由于生源等原因，我院学生学风建设出现问题，包括实验班在内的优良生源班级中，混日子的学生大有人在；而为降低挂科率，教师一再向学生妥协，考前变相泄题，降低考题难度等不得已情况普遍存在，结果是除了降低了学生培养质量外，还让学生看不起老师，看不起学校，对学业和自己专业引不起必要的重视。

五是在团队建设上，期望能有温暖的组织关怀和强烈的组织归属感。现在学院老师们之间关系太过淡漠。组织归属感差，正常的感情交流变得稀缺，私下形成小团队，气氛奇怪且让人压抑。

六是在文化建设上，期望能激发老师们的自信心，让老师们富有尊严。我们学院传统以老师授课认真、教学态度端正、授课水平高而被认可或者以此进行对外宣传，但是现在感觉连站稳讲坛的自信都没有，教书育人变成了保岗位、争名利，疲于奔命而乏于尊严。

七是赋予课堂应有的尊重与重视。随着学校及学院的发展，科研越来越重要，教学越来越让人心痛，这种导向不符合地方性民族院校的实际，当老师们都疏于教学而重科研的时候，受损的是学校的声誉，受伤的是兢兢业业的教师尊师重教的精神。

二、工商管理学科建设方面

一是明确培养目标，强化工商管理的技术含量。现在工商管理专业面临的问题是，学和没学区别不大，学了也不一定懂管理，不学也未必不会管理，很多学科都停留在概念、原理等基本层面而且是浅层次的层面。反观会计、财务管理等技能型的学科，相应的投入就不一样，弱化工商管理的技能含量，其结果是学生不重视，老师没信心。

二是优化课程设置。现在上课就像赶集，课时严重不够，没法还原完整的课程体系（或许是受个人能力水平所限），而选修课又华而不实，不仅降低了教师和学生的重视程度，也弱化了专业功底。结果是学生毕业难度越来越小，但是培养质量越来越差。

三是教学实践化没能落到实处。实践教学浮于形式，没能脱离纸上谈兵的结局。强化学生的实习要求，从大一开始，每个假期都做出实习要求，在毕业之前积累实习经验。空谈误学，实干兴学，落实很重要。

四是学科队伍建设方面。按照现有师资，明确各自方向，避免某一学科扎堆和某些学科没人的情况。按照学科专业发展需要和各自优势，明确各自的研究领域，尤其是对新进年轻老师的培养，避开和已有教师的重叠，就相对不足的学科领域进行重点培养。

五是学术交流方面。学术交流是教师提升的重要途径，是教师应该享有的权益，不要把学术交流当做给教师的恩惠，切实按照需要和各自课程及科研方向安排相应的交流活动。

六是教学科研关系方面。由于教师各自的优势、兴趣、能力不同，没法兼顾教学与科研。如果可行，应设置两条路线发展，区分教学类教师和科研类教师，做到人尽其才，才尽其用。

明代国子监教学管理制度对现代高等教育的启示

孟小良

国子监源于西汉时期的太学，主要作用是传授儒家经典，至明代已发展成为国家的最高学府和教育行政管理机构，在国子监求学的学生称为“监生”①。对于国子监的教学管理、日常生活、课余活动等已有学者做了深刻研究，但目前还没有学者专门对明代国子监的选拔与培养、晋升途径、实习等情况做专门研究。“洪武中，起致仕刑部尚书李敬为国子祭酒，致仕试吏部尚书刘崧为司业，是以尚书而起太学官也。国初太学之重如此”②。可见，明初国家十分重视官学教育，国子监作为中央官学的核心，其教学管理制度的探究可以直接反映这一时期师生的在校状态，同时也能为当前高校教学管理提供部分经验教训。

一、国子监监生选拔与培养

明初统治者为控制国家政权，在国子监监生的选拔上，制定了一套完备的规章制度，同时在国子监监生的培养和管理方面也是职责分明、制度明确。国子监领导具体分工如下：祭酒（大学校长）、司业（大学常务副校长）“掌国学诸生训导之政令”，监丞（学工处教务处处长）负责对监生的监督与管理，博士（大学教授）“掌分经讲授而时其考课”，典籍（相当于图书馆馆长）是典籍厅负责人。国子监内部职责明确、各司其职，形成了以祭酒为核心的教育管理系统，这对确保教育质量充分发挥管理职能有很大的帮助③。

---

① 北京市文物局．走进博物馆　北京地区博物馆大全［M］．北京：北京出版社，2013：71.

② 孙承泽．春明梦余禄（下）［M］．北京：北京古籍出版社，1992：1111.

③ 王学珍．北京高等教育史［M］．北京：北京大学出版社，2010：300.

明代国子监“监生”的选拔途径有三种：第一种是选拔品学兼优的士子作为监生，即为贡监，贡监又分为“岁贡”“选贡”“恩贡”“例贡”等。[①] 第二种是官宦臣子、圣贤后裔以及皇帝特别恩惠的人凭借“门荫”而入监者，称为恩监、荫监。第三种是一些勋戚子弟和官员子弟用钱买入学资格者，或者交纳一定数量的粮食和马匹买入学资格者可送子弟入监读书，刚做例监、纳监也叫俊秀、民生[②]。因监生的选拔存在恩监、荫监等一系列不合理的因素，所以明代入学监生情况较为复杂；因国子监生源成分较为复杂，且多数官宦子弟不学无术，因此严重影响了国子监的生源质量，降低了国子监的社会声誉，也进一步加速了国子监的衰弱。

监生学习场所叫做六堂（大学教室），六堂分为三个年级，一般学制为四年。一年级在崇志堂、广业堂、正义堂学习；二年级在诚心堂、修道堂学习；三年级在率性堂学习[③]。一年级的学生只需通读四书，学习一年半后进行测试，如果文笔通畅，掌握熟练，考评成功，就升入二年级。再经过一年半的算术、杂经学习，再次被考核，通过后就可以升入三年级。三年级实行积分制，考试达到一定的积分后，一年内即可毕业。

国子监监生在选拔和培养方面，虽存有弊端，但在教学管理上，依旧有值得我们现代高校借鉴学习的地方。积分制的实施，积分的方法为：每次考试文理都差的，无分理优文劣的记0.5分；文理俱优的记1分；每年积满8分的为及格；考试达到一定的积分后，一年内就可以毕业，给予做官资格。如果不及格则继续学习，并且给予一次补考机会。

差遣法和历事法，又称差遣历事法。差遣法即选派部分优等生前往地方衙门、农田水利进行实习，实习结束回国子监读书，类似于今天高校实行的毕业实习。历事法类似于今天的挂职，挂职期为一年。挂职合格者由当地衙门颁发文书，以示挂职合格。

二、国子监的教学管理制度

明代国子监的教学管理机构非常完备，并有监丞给予总管，同时管理机构

① （清）伍炜．永定县志［M］．厦门：厦门大学出版社，2012：330.

② 李军，徐宝锋．中国传统文化管窥［M］．石家庄：河北人民出版社，2007：300.

③ 孔庙和国子监管理处．孔庙　国子监2007［M］．北京：燕山出版社，2007：135.

中，还安排“专职管理干事”管理日常教学，专职人员的设置不仅可以保证日常教学的顺利进行，还可以保障监生们的日常学习生活。明代国子监内部设有五厅六堂，统统负责国子监内部的教学管理工作。其中五厅是指博士厅、掌撰厅、典籍厅、典簿厅、绳衍厅[①]。博士厅掌管日常教学工作；掌撰厅掌管监生伙食；典籍厅掌管书籍资料，且负责书籍资料的供应；典簿厅掌管财务；绳衍厅掌管纪律，类似于今天的校纪委。五厅之中，博士厅是国子监最为重要的教学管理机构，其余四厅围绕博士厅的工作进行开展。各厅都有严明详细职责，“执掌分经教授其时考课论。凡以易经、春秋、诗书、礼记而又专经大学、中庸、论语、孟子兼习之”。又以“职责教诲务在严立工程虚以讲解，以臻成效。如有怠惰而无法自立致生员而别规矩者举觉到官各自重以责罚”[②]。

此外明代国子监制定出严格的作息时间表，具体规定为每月朔望之时放假两天用于调整休息，每天都排有课程，监生不得无故离监，如遇特殊情况，在身须向国子监祭酒请假方可离监。

三、监生的晋升

明代初年国子监在传承了前朝监生积分法的基础上，更为公正严明地执行了积分晋升制度，同时以此来激励学生通过学习早日进入仕途为朝廷效力。国子监依照学生所学知识将五堂编入了各堂的授业课程中，再让其逐级晋升。如国子监规定学生如果仅读四书而五经未通者，就将其安排在正义、崇志、广业的初级三堂，授业规定学习时间为一年半，期满之后经过考核，文理条畅者就可以晋升。学生升到率性堂以后就要采用积分法制度，就是以考试学分累加的形式来决定学生可否完成学业。国子监规定每年有十二次会考，每季度三次，孟月考本经义一道，仲月考论经一道与诏浩内科一道，季月则考经史一道以及两条判语。考试成绩共分为三个等级：文理试俱优者为上等，获 1 分；优劣各占一项为中等，获半分；文理算科全为劣者，视为下等不予分数。一年内为评判期限，获八分者为及格，并由国子监颁发“资格证书”，有此证书者可任命

① 吴志友．北京地方志·风物图志丛书：国子监街［M］．北京：北京出版社，2015：483.

② 中国人民政治协商会议元江哈尼族彝族傣族自治县文史资料研究委员会．元江文史资料．第 2 辑［M］．1989：72.

以相符的官职，而获八分以下者则判定为不及格，不及格者则将留于堂内继续授业①。

四、国子监实习历事制度

“实习历事”也称为“监外历练政事”，其实际为教学实习阶段。“实习历事”制度也是我国历史上教学实习制度的先驱。唐朝为达到培养经世致用封建官吏的目的，提出了官吏大臣的文化素质与实际执政能力的加强辅助，最先是在国子监内设立了全新的教学实习制度。学生在国子监内到了一定的时间限度后，全部要分派到地方政府的各个部“实习历事”，就是实施教学实习工作。在此实习过程中，学生必须轮流在国家与地方各个政府部门就职，其工作就是学习如何处理政府事务。通常实习期限为半年，在这期间学生白天要学习政府部门的日常事务，而晚上还需要回到国子监读书休息。回到国子监读书是力求文化课程学习不被中断，监司的实习过程对于实际工作能力的培养有很大帮助。吏事监生除了被分配至中央各级部门以外，还有监生会被分配至地方的州县，具体负责清理粮田与督修水利等。而明代国子监还明确制定了严格的实习考核制度，其中规定监生在监外历事过程中务必要和在监内读书一样，一定要按时参加审查考核，并且将其考核成绩与任官直接联系在一起。

明代国子监监生通过实习历事这个过程，能够确切地接触到事情的本质，并从中获得从政的实际经验，这对于学生才学的提高是非常有利的。明代国子监在教学中把理论学习与实践中的为官经验联系在一起，并且注重对监生实际工作能力的培养，这在我国教育发展史上体现了其举足轻重的意义。

明代国子监监官与监生在儒学方面都有很深的造诣，博学多才，明政府通过层层选拔，择优监生共同参与政府文化礼制建设，为国家文化礼制建设做出重要贡献，真正做到了学以致用。国子监作为明代最高学府和教学行政机构，是明代培养人才的重要场所，国子监的历史经验告诉我们，将理论学习与实践紧密结合才是培养人才的重要途径。

---

① 王凌浩．明代国子监的坐监积分与实习历事制度［J］．教育科学，1994（3）．

青海民族大学工商管理学院财会专业师资队伍现状与发展对策

——基于控制环境的视角

朱　琳

长期以来，青海民族大学工商管理学院财会专业的师资队伍建设都是一个影响学院发展的重要问题，随着近三年来本科生与研究生招生的扩招、部分高职称教师退休、教学管理压力增加等情况的出现，生师比过高、教师队伍青黄不接、高职称教师数量较低等问题亟待解决。一个组织的发展离不开内部控制体系的建设，同样，作为学院发展过程中的重要问题，师资队伍的建设也受到学院内部控制建设的影响。

控制环境是内部控制生存与发展的土壤。控制环境是一个组织内部控制中相当重要的组成部分，是内部控制体系建设的重要基础，控制环境的好坏直接影响着内部控制执行的效果。学院的控制环境对于学院发展犹如土壤对于植物生长般重要，所以本文从控制环境的视角谈谈优化学院师资队伍的一些思路。借鉴《企业内部控制规范》的定义，公司的内部控制环境包括组织管理结构、人力资源政策、内部审计和企业文化等方面，本文也从这些方面对工商院师资队伍的发展对策进行探讨。

一、工商管理学院财会专业师资队伍现状

青海民族大学坐落于青海省西宁市，创建于 1949 年 12 月，是青藏高原建立最早的高校、新中国建校最早的民族院校之一。目前，学校已形成具有本科教

育、研究生教育、留学生教育、成人教育和职业教育的完备教育体系，是全国首批获得硕士学位授予权的单位，2018 年 1 月成为博士授予单位。

（一）工商管理学院组织结构

2009 年 11 月，按照学校总体规划和学科发展整合的要求，由原经管学院财会系、旅游系，以及市场营销、人力资源管理专业整合而建立工商管理学院。工商管理学科为青海省首批省级重点学科，拥有工商管理硕士学位授权一级学科点，下设会计、企业管理两个二级硕士学位点，工商管理（MBA）和会计（MPAcc）两个专业硕士点；学院设立会计学教研室、财务管理教研室和工商管理教研室三个本科学科教研室；设有 MBA 和 MPAcc 两个专业学位教育发展中心；同时，学院还设有一个青海省企业管理咨询中心。

（二）工商管理学院财会类专业人力资源概况

学院现有教师 33 人，其中会计学教研室 6 人，财务管理教研室 7 人，财会专业现有教师 13 人。财会专业师资队伍中有教授 3 人，副教授 4 人，讲师 3 人，助教 2 人，未评定职称 1 人。财会专业 13 名教师中硕士学历 13 人，含在读博士 1 人。

为给教师营造宽松和谐的工作氛围，充分发挥各类人才的积极性和创造性，青海民族大学多措并举，创造适合于各类人才成长的良好环境。

一是专门设立人才工作专项资金，支持和鼓励教师攻读博士学位，努力建设高水平师资队伍。2011 年，青海省人民政府与国家民委签订协议共建青海民族大学。2012 年，教育部确定天津大学对口支援青海民族大学。2013 年，入选国家“中西部高校基础能力建设工程”项目高校。2017 年，教育部增列厦门大学、中国人民大学对口支援青海民族大学。

二是积极搭建有利于人才成长的工作平台，提高在校高层次人员的工作待遇，实施博士津贴、博士科研项目等方面的特殊政策，为事业引人、留人创造良好的环境。

三是修订出台《青海民族大学教师进修学习管理办法》，构建有利于教师学习提升的体制机制和政策环境，为进修教师提供必要的条件支持。近 5 年来民大投入经费 800 多万元，支持 268 名教师赴国内外知名院校攻读学位、访问学者、课程进修和短期培训。

四是建立健全荣誉体系。授予六位专家终身教授奖，为八位知名学者挂像，18 位教职工被评为“进德修业之星”，39 位教师获“本科教学优秀奖”。

（三）工商管理学院内部监督概况

学院的各项工作与活动受到校规章制度的制约和规范，并受青海民族大学监察审计处的监督。中共青海民族大学纪律检查委员会成立于1981年11月，主要协助校党委开展党风廉政建设和反腐败工作，检查处理党组织和党员违纪违规问题。1993年4月，根据学校发展需要和上级要求，成立了监察审计处，与学校纪委合署办公，主要负责监督检查学校各行政部门及其工作人员执行国家政策、法律、法规等的情况。2014年5月，学校又成立巡视督查办公室，挂靠在纪委。目前，纪委、监察审计处和巡视督查办三块牌子，一套人马，合署办公。

学院内部不设有专门的监督部门，但自学院成立至今，学院出台了一些教学、育人等方面的文件来具体规范学院教师们的工作与生活。

（四）工商管理学院组织文化概况

学院在两位院长和书记的带领下，克服课业繁重、学生人数多、管理难度大等诸多难题，努力拼搏，取得了各项佳绩。受学校职称评定等考核办法的影响，在学院从来不会论资排辈，老师们能在相对自由宽松的环境里研究学问。学院很注意培养年轻人，经验丰富的一线教师能够耐心地帮助青年教师解决各项工作上遇到的难题，并形成了有序听课、评课，老带新、传帮带的青年人才培养机制，有利于青年教师的发展。

由于学院财会专业本科生和研究生的数量庞大，13名教师承担着较多的专业课教学任务，教学压力较大。同时学院承接学校财会专业的辅修课等课程教学任务，财会专业的教师平均周课时达到8课时，课业量相当繁重，在一定程度上，对平衡工作与家庭造成了一定阻碍，因此相对而言，在财会类专业的师资队伍发展中有一些消极氛围。

二、工商管理学院财会专业师资队伍发展存在的问题及原因

（一）师资结构失衡

目前，学院会计专业的师资队伍出现了师资结构发展不平衡的问题，比较突

出的是：第一，教师队伍中高级职称的人数很少，仅有三人，讲师及以下职称的教师人数占六名；第二，师资队伍中学历普遍偏低，我院财会专业至今未能引入财会领域的博士，本院教师基本以硕士学历为主；第三，青年教师占一定比重，但职称普遍较低，欠缺承担本科生核心课程、研究生课程的能力，新老教师青黄不接。

造成这类问题的主要原因在于，人才培养和人才补充的相对滞后。财会类专业就业形势较好，特别是财会类专业的博士，在各大高校的招聘环节都处于供不应求的状态。我国现招收会计学博士生的院校有 48 所（按二级学科会计学博士点统计，不含八所理工科院校在工商管理一级博士点下设财会方向），这些院校集中在北上广和其他经济发达省份，西北地区的会计学博士点较少，加上西北地区待遇不如沿海地区有吸引力，所以很难引进会计学博士。并且，就引进财会类博士的薪酬力度和学科发展平台而言，我院的实力相比同属西北地区的兰州大学、西北师范大学等还是存在一定差距的。

另外，教学任务量过重，是限制现有教师备考读博、继续深造的重要原因，在完成基础的工作量后对于平衡工作与家庭已有一定困难，那么就更难全力准备考博。并且，教学任务繁重也导致我院大部分财会专业教师在较长时间内只能把精力投入到教学中去，使得学院在财会领域的科研留下一定空白，缺乏一定的学术科研氛围。

（二）缺乏学院内部的激励政策

青海民族大学工商管理学院现有的规章制度中对于教师的激励政策较少。目前，院内教师能接触到的教学激励政策主要是教务处制定和管理的，而本院针对实际情况特别制定的激励政策较少，如鼓励教师编写教学案例、对教学优秀先进的奖励、教学评估的激励政策等。

造成这个问题的主要原因是学院的学生较多，教师少，生师比过大，教师和行政管理人员的时间和精力主要用于讲课和学生管理等事宜上，对于其他激励政策、鼓励制度无暇顾及；另外，学院文化中缺少竞争性，导致主管层面上推行教学激励等激励政策可能达不到预期效果。

（三）学院缺少竞争性文化

学院文化当中缺乏竞争性文化，也在一定程度上影响了师资队伍的发展。缺乏竞争精神导致教师们提高个人教学水平和科研能力的主观能动性不强，也不利于学院建设中形成你追我赶的积极态度。久而久之，可能造成师资队伍整体发展较缓慢，教学效果不突出等问题。

一个组织的组织文化的形成往往与这个组织内部的管理风格、运行制度等密切相关。造成我院缺少竞争性文化的主要原因是：第一，学院内部缺少根据我院实际情况制定的激励政策，导致教师间缺少积极开展良性竞争的动因；第二，教学任务量大，特别是财会专业的教师，没有充沛的时间和精力来开展竞争。

三、工商管理学院财会专业师资队伍发展的一些对策

（一）减轻教学任务

财会专业教师教学任务过重已经从师资结构、人才培养和学院文化的形成等方面限制了财会类师资队伍的建设，所以首先应帮助教师减轻繁重的教学任务。具体对策可由内外部两方面来探讨。

对内采取的措施：财务管理、会计学专业在不影响人才培养的前提下，尽量安排合班课，提高教师讲课效率；对于一些讲座课、选修课可以利用学院多媒体组织学生自主学习和讨论，尽量控制教师每周的工作量。

对外采取的措施：尽量减少财会类专业的招生，特别是MPAcc的生源每年增长幅度较大，考虑到师资紧缺，应尽量减招；积极寻找外部帮助，与同省市的大学进行战略合作，共享教师、共享导师，与其他高校高职称的财会类教师建立合作，尽量降低现有财会类教师的教学压力；积极开展与校外实践导师的合作，可以考虑让实践导师承担部分专业限选课和方向课的教学，这样不仅能减轻财会专业繁重的教学任务，更可以帮助学生理论联系实践，提高教学效果。

（二）制定符合本院发展特色的激励政策

应根据学院的实际情况，特别是师资队伍建设过程中遇到的困难和瓶颈，因地制宜地制定一系列激励政策，如鼓励教师提升教学效果、编写教学案例、积极

申报课题等，通过这些政策鼓励教师保证和提高教学质量，并积极主动地提高自身科研能力，为提高财会类师资队伍职称打好基础；同时，对于一些老的政策，应根据新的形势和环境及时调整。比如，现阶段新老教师青黄不接的问题比较严重，那么可以考虑修订原考核制度，把老带新、新教师成长等关键因素纳入考核管理当中，从而逐步解决师资结构的失衡问题。

（三）大力从内部培养财会类博士

根据上文的分析不难看出，我院引进财会类博士的难度之大，所以更符合实际的人力资源政策应是从内部培养财会类博士。

首先，着重培养青年教师，他们在年龄和精力上都是比较可能快速成长的。通过我校与天津大学、厦门大学、中国人民大学等高校建立的对口支援战略协议，以及西北地区特有的西部计划或是少数民族教师专门的少数民族骨干计划等可以在很大程度上为我院财会类博士的培养提供平台和机会。

其次，青年教师肩负考博和教学的双重任务，在短时间内迅速、大量地培养起来并不现实。所以，把我院研究生培养成为优秀博士，再为学院服务也是重要的人才培养途径。学院可以在本院的本科生、研究生中选拔优秀并有意从事学术研究的学生去我校的三所对口支援高校读博，并保证毕业后为我院服务一定年限，从而快速补充青年博士到我院财会专业的师资队伍当中来。

最后，青年教师是我院未来发展的主力军，也是承载着读博、科研等重要希望的人群，所以为了让青年教师有充足时间备考博士、提升科研能力，应尽可能减少不必要的行政兼职或是过重过杂的教学任务，保证他们能够迅速成长，弥补我院财会专业师资队伍学历较低的缺憾。

本文从青海民族大学工商管理学院财会专业师资队伍建设的现状出发，基于控制环境视角概述了现阶段我院的组织结构、财会专业队伍建设相关的人力资源政策以及学院文化等方面的情况，接着根据现状找到了包括师资结构失衡、缺乏内部激励和学院竞争性文化等限制财会专业师资队伍发展的一些重要问题，并结合实际情况剖析了这些问题存在的原因。最后结合问题与原因，为我院财会专业师资队伍的发展提出了一些对策。

参考文献

［1］李林秋，万俊敏．对高校会计专业师资队伍建设若干问题的思考——以广西外国语学院为例［J］．科教文汇（上旬刊），2012（6）：10.

［2］董普，马陆亭，吴露．行业特色大学会计专业师资发展对策——以 12 所大学会计专

业数据对比分析为例［J］．中国高教研究，2014（12）：58－61.

［3］何庆．高校会计专业师资队伍现状与发展对策——基于江西省11所院校综合评价公示数据［J］．福建教育学院学报，2017（4）：85－88.

［4］张新民，祝继高．会计学本科专业核心课程建设：突围之路［J］．会计研究，2015（8）：80－85.

高校青年教师职业生涯规划

——基于 SWOT 分析法对我院青年教师分析及策略

张　戈

青年教师是学院发展的中坚和后备力量，也是学校未来发展的重要力量。无论学校还是学院对青年教师的培养都非常重视，青年教师的培养工作不是一蹴而就的，也不是短期的工作。想要做好青年教师的培养工作，首先必须帮助青年教师做好教师职业生涯的规划工作，了解青年教师的优势与劣势，明确青年教师所处的环境，面对的机遇与威胁。本文首先阐述了职业规划的含义和意义，利用 SWOT 分析法，对我院青年教师自身的优势与劣势，面对的机遇和挑战进行了分析；最后针对这些分析，提出青年教师职业规划的策略。

一、高校教师职业生涯规划的含义和意义

（一）职业生涯规划的含义

职业生涯规划从不同的角度给出了不同的定义。根据中国职业规划师协会的定义，职业规划是对职业生涯乃至人生进行持续的系统的计划的过程，它包括职业定位、目标设定和通道设计三个要素。美国组织行为专家道格拉斯·霍尔（Donglas T. Hall）给出的定义是职业生涯是指一个人一生中所有与工作相联系的行为与活动以及相关的态度、价值观等连续性变化经历的过程。无论哪种观点都认为职业生涯规划包括“外职业生涯”和“内职业生涯”两个方面，即客观和主观方面。“外职业生涯”指一个人在工作期间的各种活动和行为的连续体。这

种活动和行为的连续体一般是具体的活动和行为，如工作的地点和环境情况；职位和工作内容；职位等级和收入等。“内职业生涯”包括以下三个方面：第一，个人的观念和意识，如价值观、动机、态度等；第二，个人的能力，如发展趋势、处理人际关系的能力、心理素质；第三，个人的感受，如成就感、荣誉感、自我实现意识等。

根据以上定义，本文给出教师的职业生涯规划的定义，即教师根据自身职业特点进行的有关职业的活动或行为，以及包括的价值观和态度。根据“外职业生涯”和“内职业生涯”的定义，结合SWOT（S，strengths；W，weakness；O，opportunities；T，threats）分析法对个人自身条件和外面情况的分析，使教师职业生涯规划有了更明确的定义，即教师明确自身的优势和劣势，分析外部环境的机会和威胁，结合自身与学校发展的双重需要，对以上因素进行系统分析，进而确定职业发展的方向和目标。根据职业发展目标，设计相应的职业发展活动。

（二）职业规划的意义

1. 对教师：解决困惑，促进发展

美国学者麦克·唐纳曾言：“几乎所有的教师都经历了进入教学工作的过渡时期，这是他们的教学生活和职业生涯最困难的一个阶段。”入职期对初任青年教师的确是一个困难时期，甚至会有不同程度的焦虑。因此，对于初任青年教师来说，职业生涯规划不仅能帮助初任教师较好地适应入职期，更能帮助初任教师在职业初期确立目标，有所计划。

首先，合理的职业生涯规划能够使青年教师正确地认识和评价自己与环境，可以解决职业发展过程中遇到的一些问题，有效面对职业发展中的阻力与挫折，从而使职业发展具有目的性与计划性。其次，“凡事预则立，不预则废”。职业生涯规划有助于设立清晰的专业发展目标，避免过早的职业倦怠。

2. 对学院和学校：更好地建设师资队伍

青年教师对职业生涯进行合理规划，不仅对自身发展有利，也有利于高校师资队伍的稳定和发展。高校能够了解青年教师的个人兴趣与专长，有针对性地为教师提供发展机会和配置资源，从而优化教师结构，实现教师和学校的共同发展。

二、基于 SWOT 分析法对我院青年教师职业规划的分析

（一）SWOT 分析法的含义

SWOT 分析法是管理学中一项重要的分析方法，主要分析与研究对象相关的各种关系。在外部环境中，主要分析研究对象面对的机会和威胁；在内部环境中，主要分析研究对象本身的优势和劣势。在分析了机会、威胁、优势和劣势之后，将这些因素排列在矩阵中，用系统分析的思想对这些因素相互匹配并加以分析。通过 SWOT 分析法，能够得出一系列的结论，这些结论带有一定的决策性。S（strengths）是优势、W（weaknesses）是劣势，O（opportunities）是机会、T（threats）是威胁。

（二）我院青年教师职业规划 SWOT 分析

1. 我院青年教师职业生涯规划的优势

优势，来自于与同类院校的比较。我院青年教师具有以下优势：第一，年轻有活力，精力较好。第二，学习能力强。青年人由于生理上的优势，拥有比中老年教师更好的学习能力。第三，容易接受新思想，可塑能力强。第四，相对于年长教师，青年教师还有较长的职业发展道路，规划的必要性、可行性显然较强。

2. 我院青年教师职业生涯规划劣势

第一，业务特征。在教学上，多数青年教师来自非师范院校，缺乏系统的教育教学训练。与此同时，青年教师教学经验也不足，并且面对着繁重的教学任务。在科研上，科研能力弱且压力大。虽然高校青年教师大多已经在自己所从事的专业上有所学习与研究，但大多都是跟随导师进行研究性学习，很少有独立进行研究的经验，自身尚未具备独立研究的能力。同时在本专业进行科研的时间有限，想要达到独立承担科研项目并达到一定成就的阶段还需要较长的时间。另外，由于需要青年教师教学、科研“两手抓，两手都要硬”，青年教师有时难以摆正二者的关系，难免出现失衡的情况。第二，工作特征。我校新入职的老师除了教学和科研任务外，大部分老师还承担着一定的行政工作，如教学干事，科研干事等。这些行政工作也需要青年教师逐步学习，并且平衡三者之间的关系。第三，需求特征。青年教师正处于成家立业阶段，物质与精神需求方面较迫切。多数青年教师承担着行政事务，白天工作期间几乎没有时间备课；而独立承担一门课的教学是一项艰巨的任务，将日常的大部分时间用于备课，科研就会出现偏废的情况。

3. 我院青年教师职业生涯规划的机会

教师是任何一所学校的核心。教师承担着基本的教学任务，也肩负着培养人才的重任。青年教师是其中重要的组成部分，青年教师的发展离不开学校的支持，学校的发展也取决于青年教师的水平和素质。因此，学校为青年教师提供必要的发展平台显得尤为重要。我校为青年教师的发展提供了良好的平台。不仅有短期的学习交流，更有青年教师读博计划。日常工作中，我校实行了导师制，由经验丰富的教师作为青年教师的导师，在教学、科研等方面对青年教师提供指导。

4. 我院青年教师职业生涯规划的威胁

我院青年教师职业生涯规划的威胁因素包括两个方面：第一，就业竞争日益激烈。随着我校越来越多地引入高学历的青年教师，青年教师在教学和科研上的竞争压力日趋增大，这就要求青年教师不断提高业务能力。第二，家庭压力的增大。青年教师不仅处于事业的起步阶段，也处在建立家庭的关键时期。这一时期面临着住房问题、婚姻问题，甚至包括抚养子女，赡养父母等。这些生活上的压力也是重要的压力来源。

三、我院青年教师职业规划策略

在对我院青年教师进行了 SWOT 分析之后，基本了解了我院青年教师具有的优势和劣势，以及面临的机遇和挑战。在进行职业规划时，应充分利用自身优势和学校提供的机会，合理有效地制定职业生涯目标和计划。

第一，积极了解工作环境。影响职业生涯规划的重要因素之一是个人所面临的工作环境，工作环境分为组织外环境（社会环境）和组织内部（校内环境）

环境。对工作环境较好地进行了解是制定合理有效的教师生涯规划的基础，要对我国的教育发展现状、对高校教师的要求有深入了解，也要对学校的各项政策有所认识。这样将自己的职业生涯规划和学校、国家发展相结合，才能确保自身的发展与高校的发展相一致，才能保障自身职业的顺利发展。同时，及时了解学校的各项政策，抓住学校培养青年教师的机会，利用学校搭建的平台，对青年教师提高学历、业务能力至关重要。

第二，提高业务能力，包括教学和科研能力。在教学上，主动听课，向经验丰富的教师学习。我院工商管理教研室经常举行新老教师活动，新老教师互相听课，老教师对新教师的教课技巧进行指导和讲解；新教师学习老教师的经验，并且不断提高自己的专业能力。在科研上，学院鼓励青年教师勇于尝试，对于学校的各类科研项目积极申报，导师及时给予指导。导师也积极将青年教师加入自己的项目组，锻炼青年教师的科研能力。

第三，面对教学、科研和行政工作这三大任务，要学会平衡，提高工作能力。面对多项工作，青年教师需要合理分配时间，提高工作效率，努力做到各项工作的平衡。这对青年教师来说既是挑战，也是考验自己、提高自己的机会。

综上所述，青年教师发展既有独特的优势，也面临着各项挑战，因此制定合适有效的职业生涯规划显得尤为重要。职业生涯规划帮助青年教师明确职业发展目标，确定职业发展计划，在青年教师面对困难和挑战时为青年教师指出方向。同时，职业规划的实现离不开学校与学院的支持，青年教师应该充分利用学校提供的资源和平台，既实现自身的职业目标，也为学校发展做出贡献。

参考文献

[1] 陶建华，胡薇．基于SWOT分析法的独立学院青年教师职业生涯规划管理［J］．人力资源管理，2013（10）．

[2] 李志梅．基于SWOT模型及双因素激励理论的高职青年“双师”成长途径探索［J］．高等职业教育（天津职业大学学报），2013（12）．

[3] 李波，冯黎成，任小勇，张冰．高职院校青年教师教育教学综合能力提升的SWOT分析［J］．重庆电子工程职业学院学报，2016（3）．

[4] 杨英，龙立荣．SWOT分析法在职业生涯决策中的运用［J］．华东经济管理，2005（2）．

[5] 陈治华．基于成长过程分析的高校青年教师激励模式构建［D］．兰州大学，2006.

第二部分
培养模式探索与实践

高校“三全育人”工作模式与实践探索

——以青海民族大学工商管理学院为例

“三全育人”是指把高校育人工作贯穿于学校各项工作当中，形成“全员育人、全过程育人、全方位育人”的良好格局。大学生全面教育是高校育人工作的重要内容和手段，它通过培育大学生的优良心理品质，充分发挥大学生的创造性、能动性和心理潜能，引导大学生自我调节、主动适应、健全和完善人格，达到自我实现和奉献社会的和谐统一，具有全面的育人功能。因此，本文以青海民族大学工商管理学院（以下简称“工商管理学院”）“三全育人”工作模式为研究对象，探讨“三全育人”对大学生培养实践，提炼出有效的“三全育人”经验，能够对培养高素质的大学生起到积极指导作用。

一、青海民族大学工商管理学院基本情况

青海民族大学工商管理学院于2009年11月初根据学校按学科分布进行整合的要求，由原经管学院财会系、旅游系，以及市场营销、人力资源管理专业整合而成（2017年4月6日旅游管理专业从工商管理学院分离，成立旅游学院）。工商管理学科为青海省首批省级重点学科，拥有工商管理硕士学位授权一级学科点，下设会计、企业管理、技术经济与管理、旅游管理（旅游学院）四个二级硕士学位点；工商管理（MBA）和会计（MPAcc）两个专业硕士点；下辖青海省企业管理咨询中心一个科研机构。同时设有工商管理、会计学、财务管理、人力资源管理四个本科专业，其中财务管理专业下设税务筹划方向。截至2018年5月底，学院在校学生达972人，其中全日制大学本科生529人，硕士研究生443

人（其中外国留学生 9 人）。学院拥有一支实力雄厚、结构合理的师资队伍，学院现有教师 33 人，其中教授 4 人，副教授 10 人，讲师 9 人。师资队伍中博士 8 人（含在读博士），硕士 23 人。

2003 年 9 月，工商管理学科批准为青海省首个管理类省级重点学科；2006 年 5 月，工商管理硕士专业授权点申报成功，该专业在青藏高原是唯一 MBA 硕士专业授权点；2010 年 9 月，开办财会类拔尖创新人才实验项目；2012 年 5 月，会计学本科专业获批为青海省特色专业；2014 年 5 月，会计专业硕士申报成功，2015 年 9 月开始招生。目前，该专业在青藏高原是唯一的 MPAcc 硕士专业授权点。

二、工商管理学院“三全育人”工作基础

工商管理学院一向注重全员、全过程、全方位育人工作。育人工作从学生入学开始，覆盖学生成长发展的四年，甚至关注到学生毕业后的发展，在每一个阶段都以特色活动为主导，将各项活动贯穿在课堂中、班会中、讲座中、团学活动中、学生文化活动中、宿舍管理中，覆盖学生成长发展的全过程。从早操开始，一直到晚自习，都有不同形式不同特点的教育内容，教育内容涵盖理想信念教育、社会主义核心价值观教育、道德教育、诚信教育、专业思想教育、爱国主义教育、民族团结进步教育、遵纪守法教育、廉洁教育、感恩教育、中国传统文化教育、创新创业教育等。

（一）卓有成效的工商院特色入学教育

从学生入学伊始，工商管理就为每位学生发放《工商管理学院学生学习、生活攻略》，攻略从学生来到青藏高原要注意的事项讲起，从生活中的点点滴滴给予学生关爱与帮助。加强对新生生活、思想、学习的引导。对新生进行心理测试，同时对新入学女学生开展心理、生理健康教育，全面了解新生的思想动态，加强对新生的心理、生理及适应性教育。同时，举办系列新生适应性讲座，好的学风，好的学习生活习惯，都必须从大一养成。学院尤其重视大一新生的思想教育工作，学院领导亲自为大一新生精心设计入学教育讲座，安排学生撰写讲座心得。学院领导及学院专家教授、优秀青年教师、优秀毕业生分别从不同层面对新生做入学教育。

（二）工商管理学院“党员1+6”活动已形成党建工作品牌活动

“党员1+6”活动是工商管理学院党总支组织发起的以党员“谈心、指导”带动新生入党积极分子的“党建促学建强党建”活动，具体做法是选拔高年级优秀学生党员，定期深入新生宿舍谈心，进行生活、学业、社团活动等方面的指导，以“1”个党员带动“6”名新生承包宿舍的模式，通过“传、帮、带”形式，发现培养新生中的优秀分子，使其在继承发扬的基础上成为新一代校园党建的接班人，传承起校园文化、思想、生活的组织者、宣传者、奉献者的责任。《以党员“1+6”活动为抓手促进良好学风的建立》获得省教育工委优秀案例三等奖，《“党员1+6”活动促进大学生成长成才》入选省委组织部创新案例选编，《搭建学生“党员1+6”活动平台创新学院基层党建工作》参评青海省“高原先锋”党建品牌。2016年12月青海日报社、新华社青海记者站记者分别专访我院党员“1+6”活动，党员“1+6”活动已成为学院党建工作的品牌。

（三）党建带团建，扎实有效的班级建设工作

党组织对团的组织建设负有直接领导责任，把学生党支部建设与团支部阵地建设进行有效融合，实行统一考虑、统一规划、统一建设。建立健全了班级团组织；团队活动形式多样化；组织志愿者活动、公益活动；帮扶工作：建立班级经济困难学生档案；成立学习小组，帮助学习落后学生；宿舍文化建设：每个班级要至少建设一个品牌宿舍（书香宿舍、文明宿舍、卫生宿舍等）；文体活动：组织班级内文体活动，增进同学之间的友谊；组织班级之间的文体活动，增强班级凝聚力；实施班级周记制度：落实工商管理学院大学生周记制度；班主任对学生周记写作情况进行登记，可考虑作为综合考评的加分项；安全教育：消防安全教育、财产安全教育、交通安全教育、心理健康教育、生理健康教育。

三、工商管理学院“三全育人”的实践

（一）基本思路

工商管理学院“三全育人”的基本思路，一方面是坚持育人导向。从育人

各环节、各方面出发，整合育人资源，推动知识传授、能力培养与理想信念、价值理念、道德观念的有机结合，使思想政治工作体系贯通学科体系、教学体系、教材体系、管理体系，培养合格的社会主义建设者和接班人。另一方面是坚持问题导向。从宏观、中观、微观各个层面，着力构建一体化育人体系，真正引导各项工作的重心和目标落在育人效果上，使思想政治工作更好地适应和满足学生成长诉求、时代发展要求、社会进步需求。

（二）总体规划

工商管理学院将从组织保障入手，建立相应的工作机制，遴选专家教授、优秀青年教师、专职辅导员、兼职辅导员、教学干事、科研干事、行政干事，成立“三全育人”工作领导小组，从课程建设、培养方案制定、科研指导、实践环节、文化活动、网络教育平台、学生服务、资助帮扶、考核监督等多方面，多层次开展“三全育人”工作。

（三）具体措施

第一，组织领导。高度重视“三全育人”工作，健全“三全育人”统筹推进常态机制，健全完善党政联席会议制度，以党建带团建做好班级建设工作。

第二，课程育人。其一，结合教育部审核评估，建立教案评价制度，建立有效机制，发挥专业教师课程育人的主体作用。对于课程育人效果进行评选比对分析。结合毕业生跟踪调查结果，有针对性地对课程育人效果形成评价机制。其二，结合培养方案，结合课程，开展工商管理学院“读书工程”活动。为培养学生多读书、爱读书、读好书的良好阅读习惯，进一步拓宽学生的知识面和视野，提高学生博览群书的积极性，提升学生的科学文化素养，促进优良学风的形成，培养复合型创新性人才，工商管理学院特制定了《工商管理学院大学生读书工程实施方案》。通过课外学分和学生读书挂钩，有力地推动了我院大学生的读书热情。为配合大学生读书工程，学院建立了大学生书架，目前已有 2535 册图书，视频光盘 252 盘（书籍来源系学院教师及学生捐赠，都是最新的书籍，方便学生获取一些最新的信息资源）。其三，以课程学习、考证为抓手，推动学风建设工作。以提升学生就业能力，鼓励学生以课程学习、考证为抓手，继续在学校范围内，组织学生报考与专业能力提高密切相关的各种高资质专业证书，为提高和保证我院学生的就业竞争能力奠定基础。截至目前，培养的学生中已经有了 34 名注册会计师、33 名注册税务师、5 名注册资产评估师、19 名国际注册内部审计师、1 名国际注册内部控制师、1 名美国注册会计师、1 名美国注册管理会计师。70 名同学进入全国助理会计师、中级会计师考试青海省银榜，1 名同学以第六名的身份进入全国金榜。

第三，科研育人。一方面是建立科研育人导向机制，把正确的政治方向、价值取向、学术导向体现到科学研究的全过程，建立健全科研团队评价制度，构建学术诚信体系。另一方面是开展教师学生“科研手拉手”活动。

第四，实践育人。首先，建立社会实践长效机制，推进实践教学改革，推进创新创业教育。其次，实施工商管理学院毕业生就业创业指导“10 + N”工程。10 + N 工程是工商管理学院根据近年来抓就业工作的成功经验，结合工商管理学院各专业的实际情况，总结出的一套行之有效的促进大学生就业的工作方法。10 + N 工程是多渠道、多形式地开展就业指导服务工作，具体包括职业与就业政策指导、职业意识训练与指导、创业技能指导、就业技能指导四个方面。10 + N 工程中的 10 是指针对四个指导方面为毕业生做 10 场以上的专题讲座，N 是指结合专题讲座为毕业生制作相应的就业和创业指导攻略；举行模拟面试；举办考研经验交流会，分享往届优秀毕业生的求职心得；进行毕业生跟踪调查；对就业困难群体一对一谈心指导会等活动。着重于就业形势、就业信息、求职技巧、心理调适和人生观、价值观等择业的指导，为学生成功就业做好各项指导和服务工作。侧重创新能力、创业和就业能力、职业道德、职业技能和职业心理的培养与提高。最后，实施工商管理学院毕业生跟踪调查制度，形成学生社会适应情况调查报告。工商管理学院毕业生跟踪调查制度是在大四学生毕业半年后，由大三学生对其进行一对一跟踪调查，主要是从毕业生就业行业、岗位、薪酬、专业知识适用度、学院课程设置对工作的有效度、就业指导工作的作用、学生对学院工作的评价等方面进行调查，最终学院根据调查数据，完成学生社会适应情况调查报告。建立健全毕业生跟踪调查制度，是实现完善办学特色、深化教育教学改革的必然要求。毕业生的质量不仅关系到学院的教育质量、信誉和知名度，更重要的是它是社会衡量学校办学好坏的标准。建立毕业生跟踪调查制度，可以动态掌握用人单位和毕业生对我院在人才培养方面的意见和建议，达到了解我院教育教学质量水平，及时调整专业设置和课程体系，有针对性地改进我院教育教学工作的目的。其宗旨是从实际出发，实事求是地了解情况，反映情况，结合学院实际，为教育教学的改革提供真实、可靠的反馈信息。

第五，文化育人。首先，建立中华优秀传统文化传承和革命文化教育长效机制。建立社会主义先进文化教育长效机制。其次，建立工商英才讲坛。每个学期都要邀请已经毕业的优秀学生、高年级中优秀的学生在全院低年级学生中做讲座，开学习交流会，举办工商英才讲坛，以榜样的示范作用激励学生勤奋学习。通过打造《工商英才讲坛》树立榜样，以榜样的示范作用激励学生勤奋学习。最后，开展工商院特色“国术”早操项目。在大一新生中开展国术早操训练，旨在让大学生强身健体的同时，学习到一项自卫防身的技能，并在训练过程中，培养吃苦耐劳、百折不挠的精神。通过严格的训练，增强学生的体质和意志力，较快地适应高原气候。训练教学内容中，还有爱国主义教育、礼义廉耻教育、尊师重道教育。

第六，网络育人。一方面，建立网络素养教育长效机制，健全网络文化成果评价认定制度。另一方面，建立大学生网络思政教育平台、求职、考证、工作帮扶信息平台。建立工商学院微信公众号。宣传学院新闻动态，传递正能量；通过建立新生微信群、QQ 群，与学生动态联系，时刻关注学生的思想状况，了解掌握学生的思想动态；为毕业生建立工作联系群，根据毕业生的工作地点，建立历届校友工作联系帮扶群。为不同地区的毕业生提供信息援助；为大四学生建立工作求职微信群。通过和一些招聘企业联系，建立企业与学生共同参与的求职平台，帮助大学生顺利就业；分行业建立工作群，为本院毕业的在同一行业同一领域工作的学生建立工作辅助群；为在校学生建立考证、考研指导群；在微信群中帮助学生答疑解惑。

第七，心理育人。一方面，建立心理健康教育长效机制，健全预警防控体系。另一方面，工商管理学院“321”问题学生帮扶机制。学院在学生日常管理工作中，发现存在一些经济困难、心理有问题、学业困难的学生需要特别关注。如果能有效解决这些学生的问题，就解决了学生管理工作中的大部分问题。“3”指三类需要帮扶的学生：经济困难的学生、心理不健康学生、学业困难学生。“2”指两个社团：工商管理学院阳光爱心协会、工商管理学院青年志愿者协会。“1”指一个教工党支部，一个党员一面旗帜，服务学生心连心，充分发挥教工党员的模范带头作用。

第八，管理育人。一方面，建立体现育人元素的岗位说明书，把思想政治素质考核作为选聘教师的重要依据；建立师德师风评价机制，把育人功能纳入管理岗位考核评价范围。另一方面，构建工商管理学院“工商先锋荣誉体系”，营造比学赶帮的学习风气。一是在每个行政班级建立班级荣誉表，登记班级学生获奖情况、考证情况。每个学期更新，并在全院各班 QQ 群公布，形成比学赶帮的学习氛围，督促后进学生努力学习。二是设立工商管理学院班级荣誉榜。工商院班

级荣誉榜是通过登记每个班级每一位同学的英语四六级情况、计算机等级考试情况、各种职业资格证情况、各类比赛获奖情况等，形成榜单，每学期在学院班级群中公布，树立优秀学生榜样，督促后进学生努力，形成比学赶帮的学习氛围。三是召开工商管理学院年度表彰大会。我院通过召开全院表彰大会，表彰学习标兵、学习能手和获得国家奖学金和国家励志奖学金的同学。四是学院选择优秀的毕业生制作工商管理学院优秀学生风采录，以文字和图片的形式介绍优秀毕业生，对低年级学生起到榜样示范作用，促进了学风建设，在全院形成了一种比学赶帮的良好学习风气。通过每年一度的表彰大会，通过设立学习标兵、学习能手、优秀团学干部、优秀社团干部、道德风尚奖，表彰励志奖学金获得者、会计职称考试通过者和荣登职称考试青海银榜者等方式，形成工商院荣誉体系，树立榜样，促进学风建设。强大的宣传效果，凸显了榜样力量，我院注重对优秀学生的宣传，建立了工商管理学院优秀学生风采录，工商管理学院优秀学生“金鹰榜”，工商管理学院优秀学生宣传栏，工商管理学院网站宣传栏，工商院优秀学生“喜报”等形式，加大对优秀学生的宣传，凸显榜样的力量。

第九，服务育人。建立与后勤、图书、医疗、保卫等多部门的联动机制，配合服务部门落实育人要求。以学院能够提供给学生的咨询、开证明、办理党组织关系等工作为契机，对各岗位提出明确的服务要求，体现服务育人功能。

第十，资助育人。构建了资助育人长效机制，把资助工作做到精准到位。同时，进行感恩教育。通过系列活动，凸显资助育人功能，达到资助育人的目的。

第十一，组织育人。其一，建立党支部书记抓基层党建述职评议考核制度，把“三全育人”作为考核内容。深入实施教师党支部书记“双带头人”培育工程，实现共青团、学生会等群团组织引领教育学生有载体，有成效。其二，开展有特色的团学品牌活动。开展民族团结进步系列主题活动——“家乡美”民族地区经济发展今昔比展示比赛；工商管理学院“阳光爱心协会”，工商管理学院青年志愿者协会，协同工商管理学院教工党支部开展“一个党员一面旗，教师学生心连心”活动。其三，工商院“三好班会”活动。班会是高校思想政治工作的一个重要平台。做好班会工作，发挥班会的作用，是做好大学生政治思想教育的有力抓手。工商院党总支要求学院各班紧密联系实际，结合当今大学生的特点，打造“三好”主题班会，让班会成为大学生喜闻乐见的思政教育平台。“三好”主题班会，即内容好、形式好、作用好。好内容的班会，是弘扬主旋律、传播正能量，牢牢坚持和巩固马克思主义指导地位，引导青年学生形成正确的世界观、人生观、价值观的班会；是能使大学生感受到思想和文化的力量，感到春风化雨、润物无声的效果的班会；好内容的班会是能培育学生尊师重教、注重礼仪、团结互助、友爱他人的思想品德的班会；好形式的班会，是指班会形式一定是紧密联系当代大学生的实际，结合大学生的特点，用大学生的语言，用大学生喜闻乐见的比如情景剧、脱口秀、飙英语等形式开展班会；好作用的班会，是指班会不仅要起到加强大学生思想政治教育的作用，而且还能够促进学风建设，可以通过班会锻炼学生的各种能力，解决学生在学习、生活中的实际问题，增强大学生的综合素质。其四，形成工商管理学院学生的学习效果，课堂评价分析报告。为达成“三全育人”总体目标，量化评价学生的学习效果，形成有价值的课堂评价，为进一步推进“三全育人”工作找到抓手和着力点，完善育人过程，查找工作漏洞，从全方位、全过程衡量育人工作的各项措施。

关于青海民族大学 MBA 项目发展的思考

郝正腾

青海民族大学自 2007 年正式批准为 MBA 办学单位以来，在国务院学位办和全国 MBA 研究生教育指导委员会的指导和关怀下，在兄弟院校各种资源的长期支持下，经学校各级领导及职能部门的具体指导和全体师生的共同努力，已经把工商管理硕士点打造成青藏高原唯一的企业高级管理人才培养基地，并为社会培养了近 600 名高级管理人才。他们长期工作在青藏高原地区，为青海及西部民族地区的经济社会发展做出了积极的贡献，得到了社会的高度认可和评价，有效地提高了学校的知名度。

一、发展的基础与现状分析

（一）学科的定位、目标及特色

青海民族大学 MBA 学位点定位于立足青藏高原，面向西部民族地区，逐步辐射“一带一路”沿线国家和地区，以支撑国家及青海省发展战略、服务地方经济社会发展为办学理念。积极响应国家及党中央提出的“西部大开发”战略、“一带一路”倡议等重大战略部署和要求，适时调整办学思路，充分发挥民族高校在民族地区的人文地理优势，维护青藏地区（藏区）稳定，承担促进青藏地区经济社会发展和民族团结的特殊功能；弘扬高原精神、传承多民族文化融合的优势，在充分挖掘地缘优势、学科特色的基础上，紧紧围绕青海及民族地区企业发展实际形成特色鲜明的办学思路；结合青藏高原特殊的制度背景，开展区域企业差异化研究，打造青藏高原高级管理人才培养基地。

在我校 MBA 教育发展过程中我们不断提高认识，逐步提炼形成了适合区域化社会经济发展的积极目标。主要目标是培养系统掌握管理学理论和管理技能，具有浓厚科学素养和民族地区人文素质，信念执着、政治合格、品德优良、业务过硬、“下得去、用得上、留得住、干得好”的高级管理人才，缓解民族地区特别是藏区高级管理人才“断层”和“缺员”现象；培养具有高原情怀、学贯中西、守正出奇，植根于西部多民族社会文化背景的职业经理人和新型企业家。

MBA 教育形成了鲜明的地域民族特色。主要特色是立足青藏高原，面向西部民族地区，服务国家战略，维护民族地区（藏区）稳定，为促进青海地方经济社会发展和青藏地区融入丝绸之路经济建设，培养扎根于高原多民族欠发达地区的本土化高级管理人才；借助青藏高原多民族文化融合研究和高原特色产业研究的优势，聚合校内外办学资源，提高整体办学水平，逐步形成掌握藏汉双语的工商管理高级管理人才培养的专业特色，使其成为青藏高原重要的高级管理人才培养基地。

（二）培养方向

通过近 10 年的不断摸索、学习和总结，结合国家西部发展的总体战略要求和新时代背景下青藏地区经济社会发展的实际，MBA 学位点形成了两个主要研究和培养方向——组织与战略管理、金融与保险。

1. 组织与战略管理培养目标

本学科方向的研究主要聚焦于青藏高原及西部民族地区社会经济组织发展战略领域的理论与实践。形成了一支研究能力强、师资雄厚的科研教学团队，取得了许多富有价值的研究成果。旨在培养具有良好的政治思想素质、深厚的民族文化底蕴、扎实的专业素养；熟悉西部民族地区企业的成长逻辑和发展路径，懂得民族地区企业生存环境的特殊性；具备较高的企业管理理论水平、较强的战略规划能力、市场环境分析能力、解决实际管理问题的能力；具有创新精神和实践精神，适应青藏地区企业管理需要的高层次应用型人才。

2. 金融与保险培养目标

本学科方向的研究主要聚焦于青藏高原及西部民族地区金融、保险业领域的理论与实践研究，已经形成了一支能力比较强、区域内师资雄厚的科研教学团队，取得了一些富有价值的研究成果。旨在培养具有良好的政治思想素质、深厚的民族文化底蕴、扎实的专业素养；熟悉西部民族地区金融与保险政策，懂得民族地区金融市场和保险市场的特殊性；具备金融分析和保险分析的综合实践能力；具有较强的金融和保险管理创新和风险防控能力；具有创新精神、创业意识、适应地方经济社会发展的金融和保险业务管理的应用型、复合型高层次人才。

（三）师资队伍情况

本学位点已经形成了一支人才结构合理、学历层次较高、研究能力较强，师资规模不断扩大，具有鲜明特色的学科群和研究团队。具体情况如下：

1. 教师队伍结构比较合理，富有活力

本学位点现有一支专任教师 54 人，实践导师 33 名的教学与科研团队。师资年龄结构较为合理。教师队伍中 35 岁以下教师 2 人，36～40 岁教师 6 人，41～45 岁教师 19 人，46～50 岁教师 14 人，50～55 岁教师 9 人，56～60 岁教师 2 人，61 岁以上教师 2 人。高级职称占比较高，教师队伍中教授 23 人，占比 43%；副教授 22 人，占比 41%；讲师 7 人，占比 13%；助教 2 人，占比 4%。且形成了“一对一”科研帮扶、“老中青传帮带教”的工作机制，构建了稳定的教学梯队和科研团队；学历层次不断提升。获得博士学位的有 14 人，占比 26%，8 人正在攻读博士学位；学缘结构多样化，最高学历为外单位的有 39 人，占比 72%。获得工商管理类及相近专业学位的教师占比超过 90%。团队中青年博士较多，成为教学和科研工作的中坚力量；高层次人才带动作用强。本学位点有 2 名省级优秀教师，7 人获青海省“千人计划”人才称号，3 人被列入 135 人才计划。学术带头人科研优势明显，高级职称教师学术团队稳定，科研方向明确，学科基础雄厚，在科研创新和教学工作中具有重要的引领和带动作用。

2. 学科方向学术团队实力强，取得了一系列重要成果

本学位点学术带头人及团队研究领域聚焦于组织与战略和金融与保险领域，研究成果丰富，为地方社会经济发展发挥着巨大作用，效果明显，在业界产生的影响力较大，作为地方智库的作用日益凸显。

组织与战略方向学术带头人及其团队成员长期致力于青藏高原民族地区企业经济、特色产业发展等方面的研究，积累了比较丰富的研究成果，特别是在青藏地区特色产业集群化发展方面取得了系列高质量成果，在藏毯产业和拉面经济发展方面也颇有建树，多篇成果获得省、市、区各级领导批示。主持或参与国家社

会科学基金等各类项目50多项，发表论文90余篇。获得国家级、省部级各类科研奖励40余项。研究项目成果，为推动地方企业经济的发展产生了积极的作用，在省内业界具有重要的影响力。

金融与保险方向学术带头人及其团队成员长期致力于青藏地区及“一带一路”国家和地区的金融和保险业方面的研究，取得了比较丰富的研究成果，特别是在青藏地区企业融资环境、资本市场、藏区生计成本方面成果颇丰，主持完成国家社会科学基金、教育部、青海省社科规划项目10项，出版专著4部，发表论文60余篇。研究项目成果，为推动青藏地区金融业和保险业的发展提供了有力的智力保障，产生了积极的作用，在省内业界具有重要的影响力。

（四）基础设施条件

学位点现有省级工商管理重点学科、省级旅游管理人才小高地和两个省级精品课程；已建成“经济与管理系统仿真模拟实验室”“会计模拟实验室”“工商管理教学实验平台”等实验室和基地，总共拥有电脑150台、教学软件7套和ERP沙盘实物模型6套。仪器和软件价值达507.5万元。工商管理学院实验基地在2012年被青海省教育厅评为“经济与管理综合实验教学示范中心”；已建成中国工商银行青海分行、青海互助青稞酒股份有限公司、青海金诃藏药药业股份有限公司、青海盐湖集团等20余家不同行业企业的专业实践基地；图书资料方面完全可以满足学生的需求，同时购买了必要的数据库供教师和学生查阅资料；现有三个学术报告厅、两个智慧教室、八间专用教室、五个案例讨论室、五间学员工作室、配有80台电脑，总面积约1200平方米。总之，目前MBA学位点的基础设施条件比较好，能满足高级管理人才培养的需要。

（五）招生与培养情况

工商管理硕士研究生主要采用全国联考招考方式招生，入学考试分初试和复试两部分。复试内容包括考生学术水平考查、思想政治素质和品德考核及体格检查等。学术水平考查主要考查考生综合运用所学知识的能力、科研创新能力、对本学科前沿知识及最新研究动态的掌握情况等，并进行外语能力测试。

为保证生源质量，在充分发挥传统做法的同时，采取了与政府、企事业单位深度合作办学的做法（例如与中国人民银行青海分行、中国农业银行青海分行、国税局青海分局、青海省中小企业协会等单位签订培养协议），报考人数逐年增加，生源质量不断提升。

从生源结构上看，学生主要以企业生源为主，行政事业单位生源为辅，主要来自于金融企业和税务机构，体现了区域社会经济的特点。在校学习期间，通过学校科学、严格、规范的培养、管理、监督等环节，保证了学生在规定期限内顺利完成学业。如出台了一系列的教学管理、论文质量保证、学术道德和学术规范的制度和规定。

（六）教学及学术交流情况

学校和学院建立了完善的培养方案，课程主要包括专业课、选修课和特色课，课程设置体现了工商管理专业知识的基本要求和教育部的专业标准。实践教学组织管理制度和具体的实践环节，达到了培养方案中实践教学的要求，有效地保证了学员实践能力的提升。积极组织学生参加各级学术活动，提高了学生的学术和创新能力。

二、存在的问题

虽然，我校 MBA 教育取得了比较好的成绩和良好的发展态势，但仍在很多方面存在一些不足，需要认真分析，不断提出解决思路和措施。

（一）专业方向缺乏特色，不能有效对接社会需要

目前 MBA 开设的主要方向是战略与组织管理和金融与保险两个方向。方向设置基本符合青海地区的实际情况，但是存在特色不明显、专业方向单一、不能满足经济社会发展对人才的要求，特别是与青海的经济产业结构的主体不是很对接等问题，需要进一步提炼专业方向特色和适当增加专业方向，形成完善的专业结构，培养多元化的人才，服务民族地区经济社会发展的需要。

（二）师资队伍结构不是很合理，整体力量比较薄弱

我校 MBA 师资队伍主要由专业教师和社会实践导师组成，实践导师的数量和质量整体不错，能够满足教学需要。专业教师队伍中，基础学科教师力量比较强，这主要得益于民族院校在研究地方民族文化等方面培养了足够的教师。但是工商管理学科存在专业教师总量不足、队伍年轻、学历和职称层级较低，学科覆

盖能力不足等问题，这是今后急需解决的问题。

（三）课程与案例的开发能力比较有限，难以适应发展趋势

由于教师队伍的年轻和数量不足，教学任务和行政事务比较繁重，开发新课和本土化案例的时间和能力有限，因此多年来未能开发出足够的新课和本土化案例，一定程度上影响了整个办学能力的快速提升，同时也限制了专业方向拓宽的能力。

（四）实践教学活动开展得比较少，层次比较低

虽然我们的实践教学活动分认知实践、专业实践和毕业实践活动三个层级，符合培养的基本要求，但在实际开展中受时间、资源等条件的限制，开展实践活动的时间不能得到有效的保证，实践活动的环节设计不是很完美，导致实践效果欠佳，难以满足学生多样化、深度化的需求。

（五）招生宣传工作不到位，生源结构覆盖面窄

学校每年投入大量的资金和力量进行招生宣传，报名人数逐年增加，但考试成绩上线人数还是不能满足招生的需求，同时学生行业结构比较集中，主要分布于金融、税务、政府部门，来自于制造企业部门的生源比较少，造成这种现状的原因是多方面的，但与我们的招生宣传工作不到位也有很大关系，如宣传方式比较传统和简单、宣传覆盖区域比较小等，很少花费时间和资源与企业进行深度合作宣传，因此，在后期的招生宣传工作中要设计宣传思路、利用多种方式加大宣传力度。

三、提高整体办学能力的几点建议

（一）充分调查研究，凝练学科方向

以服务地方社会经济为导向，把握市场需求，整合学校优势资源、适时调整学科方向，强化方向特色，逐渐凝练特色，结合青藏地区经济发展实际，逐步聚焦在金融与保险、创业管理等招生方向。

（二）加大人才引进力度，完善教师结构

在现有引进人才的政策上，进一步加大投入，制定特殊政策积极引进学科带

头人，名校博士，企业优秀管理人员充实教学队伍，特别是在教师学科多样化方面进行优化，调整教师结构，同时在现有教师的基础上建立多方向的教学团队锻炼教师和进一步支持教师深造提高教学与研究能力，促进教学队伍的快速成长，形成一支科研力量强，结构合理的优秀教学团队。

（三）增加投入开发特色课程和本土化案例

为满足学生提高经营管理能力的需要，成立团队开发富有地方特色的课程，特别是体现多民族文化背景、特色产业研究的课程，投入足够的资源和建立有效的激励机制开发本土化案例，可以增设案例教学中心，负责案例的开发管理工作，满足教学案例的需求。

（四）积极进行实践教学改革，完善实践教学环节

在实践教学的改革方面不断探索，加强三级实践教学工作，建立一套完善合理的教学流程，保证实践教学质量的不断提高。主要做好以下工作：成立实践教学管理的职能部门，负责实践教学的管理工作，完善实践教学的管理体制；通过与企业等部门的合作建立高质量的实践教学基地，经常性地开展实践教学工作，不但要增加实践基地的数量，而且要注重实践教学基地的质量；增加实践教学基地建设经费，完善实践基地的基础设施；增加实践教学的时间，提高学生的实践教学能力。

（五）加大招生宣传力度，满足招生需求

转变招生理念，扩大招生规模和实现生源结构多元化。开阔思路，跨出青藏地区，加大西部民族地区的招生宣传力度，实现生源结构多元化，保证规模达到合理水平。在具体招生宣传工作中可以采取与企业等部门的深度合作，实现订单式培养；招生宣传工作常态化，连续开展招生宣传；招生范围适度扩大，提高招生宣传的区域覆盖面。

总之，我校 MBA 在成长过程中取得了一系列可喜成绩，特别是为高原欠发达民族地区各行业培养了一批优秀的管理人才，有效地发挥了国家赋予的、无法替代的为高原民族地区培养管理人才的特定职能。同时，在办学的一些方面还存在不足，需要投入更多的资源，提高办学能力，突出办学特色，为西部民族地区的高级管理人才、经济发展、“一带一路”倡议的推进做出更大的贡献。

民族院校 MPAcc 人才培养模式探索

——以青海民族大学为例

郭晓玲

一、人才培养模式及我国 MPAcc 发展目标

“人才培养模式”是指在一定的现代教育理论、教育思想指导下，按照特定的培养目标和人才规格，以相对稳定的教学内容和课程体系，管理制度和评估方式，实施人才教育的过程的总和。它具体可以包括四层含义：①培养目标和规格；②为实现一定的培养目标和规格的整个教育过程；③为实现这一过程的一整套评估制度；④与之相匹配的科学的教学方式、方法和手段。

MPAcc 是我国教育部、学位办于 2003 年 12 月正式批准设立的，以专门培养高层次、应用型的会计人才为目标，将我国会计学研究生教育由传统的精英型、学术型教育向复合型、大众化教育转变。至今，全国招生院校已由最初的 21 所增至近 200 所。会计硕士专业学位教育面向会计职业，培养较好掌握马克思主义基本原理、邓小平理论和三个代表重要思想，坚持四项基本原则，德智体全面发展，具备良好的职业道德和法纪观念，系统掌握现代会计学、审计学、财务管理以及相关领域的知识和技能，对会计实务有充分的了解，具有很强的解决实际问题能力的高层次、高素质、应用型的会计专门人才。根据财政部 2010 年制定的《会计行业中长期人才发展规划（2010～2020 年）》，至 2020 年，会计行业的发展目标是培养和造就一支规模宏大、结构优化、素质较高、富于创新、乐于奉献的会计人才队伍。从十几年的培养经验来看，复合型创新人才既是未来人才需求的主流，也是我国 MPAcc 人才培养的方向。

二、青海民族大学 MPAcc 发展现状

青海民族大学是青藏高原建立最早的高校，是新中国建校最早的民族院校之一，是全国首批获得硕士学位授予权单位。2014 年 5 月 MPAcc 申报成功，成为青藏高原首家会计专业学位授权点，并于 2015 年 9 月开始招生授课，截至 2017 年底，在校学生达 186 人。三年来，积累了一些教学和培养经验，但由于学校专业设立时间较晚，MPAcc 的培养还处于初级阶段，在培养过程中还存在一些问题，具体表现在以下几个方面：

（一）培养目标模糊，缺乏自己的特色

我校的培养目标是：培养在经济全球化环境以及信息化背景下从事复杂的会计、审计、财务等管理工作，自主工作能力强，具备会计综合管理及财务决策能力，具有较强发现问题、分析问题与解决问题能力的高素质、应用型、创新型、国际化会计专门人才。

这个培养目标是按照 MPAcc 教指委的要求写的，总体没有大问题，但缺乏我校培养学生的特色，没有立足青藏高原的地域特色和我校实际，显得空泛而又缺乏竞争力。

（二）课程设置拘谨，与工作需求存在脱钩的问题

MPAcc 的课程设置是培养模式的核心内容，课程设置应当本着适量而精的原则，且注重多样、实用、理论与实践有机结合。以学生需求为中心，结合民族院校的师资状况，构造有民族院校特色的课程体系。既有自己的优势又有民族院校的区域特色。但我校课程设置按要求分为必修课（公共课、基础课）、选修课（专业选修、任意选修）以及实践课三个模块。课程的设置中规中矩，而且大都偏会计理论知识，没有设置校内会计实验课、跟进会计实务的进阶训练，也没有深化和提炼当地的区域特色，缺乏系统化和规范化。

（三）招生规模增长迅猛，办学条件不充裕

为了保证 MPAcc 的培养质量，缓解研究生的就业压力，招生规模应当控制

在一定规模内，提高质量。我校自2015年开始招生，全日制班60名，在职班13名，2016年招生全日制研究生63名，2017年增长到128名，2018年计划招生100名，在目前学校有限的办学条件下，这个规模增长过快，从学员的授课、多种教学方式的开展、毕业论文的指导等方面受到限制，严重影响了教学质量。

（四）教学方式单一

MPAcc的教学不仅要教授理论知识，也要注重实践教学，还应当辅以开展学科前沿理论与实务的讲座，促进院校之间先进经验的交流，体验不同的培养方式，拓展视野。有效的教学方式不限于课堂讲授、课堂交流，还应该包括参观考察、实践教学、调研实习、境外交流、转移讨论等。我校在培养过程中还是以教师课堂讲授为主，教学方式单一。缺乏大量的软技能培养，体验式、实践式教学和学习缺乏。

（五）师资队伍数量严重不足，校外实践导师建立滞后

师资队伍是MPAcc培养的核心和关键，是教学质量的保证。导师不仅要有丰富的专业理论知识和较强的科研能力，更应当有一定的实践经验。我校MPAcc无专职教师，教师都要同时承担本科、学术研究生以及MBA的教学任务，高职称、高学历的会计专业人才尤其匮乏。校外导师比例严重不足，导致MPAcc课程中的实践教学不足，理论与实践教学严重不均衡，难以达到培养目标。

三、民族MPAcc人才培养模式探索

（一）明确培养目标

培养目标决定着课程建设、教材开发、教学方法等诸多环节，MPAcc教育的培养目标应面向会计职业。不少培养单位根据自身的办学优势制定了特色鲜明的培养目标，如上海财经大学将培养学生的领导潜质作为目标，中山大学将培养国际视野的复合型会计领导人才作为目标，广西财经学院则是以服务国家特殊需求人才培养为己任。青海民族大学位于多民族聚居地的大西北青海省，经济发展、教育资源落后，生源专业基础较差，所以MPAcc的培养目标应具有特殊性，即

不仅能够为民族地区培养应用型、复合型和创新型会计专业人才，而且要能够为民族地区解决涉及精准扶贫和项目管理过程中的会计、审计和财务管理等方面的现实难题，系统地研究现有政策框架、风险和基础相应的对策建议，为民族地区干部做成事情和遵守纪律提供智力保障，使培养方向明确指向为民族地区社会经济服务。

（二）课程设置提供多样选修，促进学科交叉

MPAcc 课程设置是针对培养对象选定的各类课程所进行的教学安排，其科学性与合理性将直接影响着培养目标的实现。以青海民族大学为例，在课程的设置上，可以从以下几方面入手：

1. 根据学校自身优势和区域特点开发特色课

为使学生具备一定的民族知识背景，需要学习掌握一些民族类知识。例如：关于民族地区的政策、文化、经济、社会风俗习惯等，考虑开设青海省建设国家循环经济先行区的理论和实践、三江源地区循环经济发展模式、青海省精准扶贫现状、政策及创新路径、“一带一路”倡议背景下的省际合作、藏传佛教对藏族社会文化的影响等专题教学课程。

2. 重构课程体系，突出培养方向特色

将会计专业硕士相关的专业课细分为基础课、核心课、方向课和实习课。基础课就是学生必须具备的基础知识，如管理研究方法，社会主义建设理论与实践、会计英语等课程。

核心课是指较为紧密地与学生就业相关的一部分课程，大致包括高级财务会计理论与实务、高级管理会计理论与实务、高级财务管理理论与实务、高级审计理论与实务等课程。

方向课是按照会计相关职业就业方向设置的课程，如以注册会计师为导向的课程、以财务总监为导向的课程、以资本市场为导向的课程等。每个方向的课程又可以分为必修和选修两类，以提升每个方向的教学特色和教学质量。

实习课是指学生深入企事业单位进行实践，实践时间最好不少于 6 个月。

3. 突出培养方向特色

目前国内高校的培养方向大致分为以就业为导向的会计硕士培养、以具体学

科分类为导向的会计硕士培养、以结合就业和学科分类的会计硕士培养三类。笔者认为，以结合就业和学科分类的会计硕士培养较符合青海民族大学的实际，其既注重学生的学术培养，同时又考虑到未来的职业定位和就业方向而不断进行修正。

(三) 尽快建立和完善双导师制

民族类院校会计专业硕士较其他高校起步晚，师资力量短缺的局面更为严重。MPAcc 强调对学生使用性能力的培养，而在校的教师多数缺少在企业或事业单位任职的经历，授课内容以理论知识为主，为弥补其在实践中的不足，采用双导师制更为合理。以一位学术专业方面的专业教师担任导师，主要负责学生最终的毕业论文设计和课程知识的教授，另一位由来自相关领域的实践导师担任，向学生传授相应的工作技能，并帮助他们更好地进行职业生涯规划。双导师制不能只流于形式，因为有些院校虽然也采用了“双导师制”，但是，由于高校管理体制和学历限制，有些资深的企业财务人员不能成为硕士生导师。即使有些院校将其外聘为导师，但因为他们自身精力、工作时间以及教学方法等原因，导致授课体系不健全、授课形式不规范、授课内容与理论严重脱轨等问题，很难让学生将理论与实践相结合。所以可以考虑将学生安排在事务所或企业，就近实践指导，让学生接触最前沿的第一手资料，积累实践能力。同时在对导师的考评上，不应仅注重科研成果，实践领域的新成就、实践教学新探索、案例开发、培养方案的优化等内容也应一并作为考评的重要方面。

(四) 建立稳定深层次的实践教学基地，加强实践教学

专业实践是 MPAcc 实践教学环节中一个重要的组成部分，也是专业学位研究生培养的必修课程。提倡实践教学，可以有效地锻炼学生发现和解决实际工作中存在的问题的能力，而且带着问题学习，能够提高学习的有效性。所以应建立稳定的实践教学基地，这些教学基地可以选择在会计师事务所、各类企事业单位，专业实践由导师组和基地统一协调、管理和监督。实习实践时间原则上不少于6个月，参加实习实践的学生应在导师的指导下有针对性地制定实践计划，一般包括实践地点与单位、实践目的与任务、实践内容及要求、实践时间和进度、实践总结报告撰写等。

(五) 持续推进教学方法革新

培养方式直接影响着 MPAcc 教育的质量，也是其成功的关键环节。MPAcc

招收的大多是应届本科生，没有工作经验，加之授课教师仍习惯以传授知识和课堂讲授为主，还没有普遍采取案例教学。案例教学法目前主要有三种模式：①导师讲授 + 案例分析模式；②导师讲授 + 案例讨论模式；③案例分析 + 导师总结模式。这三种模式的运用都有助于学生运用所学知识对具体案例和模型进行分析和理解。每个院校都可根据自己的师资优势和学缘结构自主选择。其中“导师讲授 + 案例讨论”，应适合我国大多数 MPAcc 院校的教学模式，使学生真正融入课堂，吸纳知识，从而提升学生的综合能力。在实际中可考虑每讲授完一个原理或概念，就提出一个实务案例，一个案例蕴含 3 ~ 5 个知识点，将学生分成若干小组，教师点拨问题，分析切入点，引导学生就案例中的问题展开讨论，然后提出解决问题的方法。形式上可以有代表的口头发言，或要求小组成员做成 PPT，派代表作演示报告等。

会计专业发展 MPAcc 教育是一种国际趋势，对促进我国的多元化会计教育事业的发展具有重要和长远的意义。我国目前关于 MPAcc 人才培养和质量保障的体系并没有统一，民族院校在培养 MPAcc 的过程中，应当充分结合自身的特点，综合考虑生源素质，当地经济发展和行业特征，构建适合自己的人才培养模式，促进民族地区 MPAcc 人才培养的可持续、健康发展，更多更快地培养出高质量会计人才，这不但适应高速发展的经济建设对人才的要求，也是当前世界各国培养会计人才的发展趋势。

参考文献

［1］刘永泽，况玉书．会计硕士（MPAcc）专业学位人才培养模式研究［J］．财务与会计，2015（8）：1 – 10.

［2］曲海红．全日制教育硕士研究生培养目标的定位思考［J］．中国电力教育，2011（8）：64 – 65.

［3］白君贵．基于目标取向的全日制 MPAcc 教育的探索［J］．长春教育学院学报，2011（8）：1 – 2.

［4］刘晓红．民族院校会计硕士专业学位教育的定位与思考——以西南民族大学为例［C］．2017 年民族院校会计硕士教育发展暨财会专业建设学术研讨会．

深化“一名党员，一面旗”活动，打造“党员 1 + 6”品牌升级版

王建还

党的十九大报告指出，用新时代中国特色社会主义思想武装全党，思想建设是党的基础性建设，革命理想高于天。共产主义远大理想和中国特色社会主义共同理想，是中国共产党人的精神支柱和政治灵魂，也是保持党的团结统一的思想基础。

调查显示，“90 后”青年学生务实、功利性取向明显，深受网络、传媒宣传与教育的影响。在理想信念方面，青年学生表现出更多的务实、功利化的特点。他们更多地关注近期理想，比如顺利完成某个专业的学习、考取某个证书、获得某项奖励等；同时，他们更多地关注个人理想，比如职业理想、生活理想等。对于社会理想不愿过多思考，因为他们选择“当下即是”的人生态度。

一、活动背景

如何帮助大学生树立正确的世界观、人生观、价值观，如何提升“自我教育、自我服务、自我管理、自我监督”的能力，如何充分发挥学生党员的先锋模范作用，是新时期学生党建工作的重要课题。

为此工商管理学院学生党支部开展了“党员 1 + 6”活动，活动按学年度开展。选拔我院优秀学生党员，深入新生宿舍进行思想、学习、生活等方面的指导，建立党章学习小组，发挥“传、帮、带”作用，“1”个党员带动一个宿舍“6”名成员，帮助新同学适应大学生活，全面发展进步，同时发现新生中的优秀分子，为入党积极分子的培养教育探索一条新的路子。

二、活动的目的与思路

为了进一步深化拓展“两学一做”学习教育，严肃党内政治生活，充分发挥党员先锋模范作用，结合校党委开展的“一名党员，一面旗”活动佩戴党徽亮明身份，开展“晒成绩、亮承诺、作表率”活动，建立党员责任区，集中查找整改问题，开展党员志愿服务，评选优秀党员。

我院的“党员1+6”活动在前期充分征求意见，广泛调研的基础上，于2013年10月开展了2013~2014学年“党员1+6”活动的启动仪式。为学生党员发挥先锋模范作用搭建了以“谈心、指导”为载体，以“做好一项工作，带好一个宿舍，帮助一名困难新生”为主要内容的“党员1+6”活动平台。此项活动今后每学年都举行，并且已形成制度。目前该活动已列入《青海民族大学关于“大学生党员发挥引领模范作用的探讨与实践”项目化党建工作的实施方案》中。

三、活动的实施过程及方法

为了从根本上解决学生党员入党后缺乏先锋模范作用展示载体与施展平台，考评办法与考评机制不健全等问题，在充分征求学生意见、广泛调研的基础上，在2013年10月正式启动了“党员1+6”活动，为学生党员发挥作用搭建了以“谈心、指导”为载体，以“做好一项工作，带好一个宿舍，帮助一名困难新生”为主要内容的“党员1+6”活动平台。具体活动步骤如下：

（一）加强活动前期组织动员、培训工作，确定活动落地生根

2013年初党支部准备在学生党员中发起“党员1+6”活动，开学后开始利用每周的教工例会和学生班会进行党的知识、党员义务、重温入党入团誓词等宣传教育活动进行前期思想动员；以座谈、培训、谈心、讨论等形式，在学生党员中发起了“如何发挥党员先锋模范作用研讨会”，在充分征求与尊重学生党员意

见建议的基础上，确定了以“谈心、指导”为载体，以“做好一项工作，带动一个宿舍，帮助一名困难新生”为主要内容的“党员1+6”活动。

（二）确立选拔标准，确保活动扎实有效

在思想发动、前期培训的基础上，学院共有97名学生党员报名参加活动，为确保活动质量取得实效，经研究确定了“四项”选拔标准，选拔出25名学生党员参加到活动中。

学习上是标兵，参选学生党员在学习上必须有过硬的专业知识技能和综合素质，能带头刻苦学习，是其他同学学习的楷模。

生活中是模范，参选学生党员应严于律己，崇尚文明、健康的生活方式，在同学心目中具有较强的亲和力，在各方面能够遵守校纪、校规，以身作则，带动周围的同学，创造和谐的校园生活环境。

工作中是榜样，参选学生党员必须有一定的工作成绩、良好的学生口碑，有为人民服务的精神。具备“做好一项工作，带好一个宿舍，帮助一名困难同学”的能力与素质。

（三）加强活动监管，提升综合能力

在此项活动的开展过程中，一方面加强对学生党员发挥作用、先进经验事迹的宣传报道，号召广大学生向他们学习，向党组织靠拢，营造良好校纪、校风、学风；另一方面加强管理，定期对参加活动的学生党员进行培训，检查工作记录，及时汇总与解决他们在学习、生活中遇到的新问题，帮助他们拓展分析问题、提升解决问题的能力。

（四）创新方式手段，延伸党建触角

在校园中学生党员充分利用自己和帮扶对象生活学习在同一校园的实际，采取各种手段和新生联系，通过日常的交往把党的知识和对党的认识不知不觉渗透给新生，把党员的先锋模范形象通过日常的学习、生活、工作树立在新生面前，把党建触角延伸至校园学习、生活的各个角落。

学生党员通过深入新生宿舍，以拉家常、聊天等方式，了解了每位新生的成长经历、家庭收入、人际关系等状况，帮助他们消除了脱离父母的不适应感与孤独感，建立了舍友间相互融合、相互尊重、相互信任的关系，增强他们主动融入校园学习生活的信心。

学生党员深入宿舍对各民族风土人情、气候特征、民族习惯等进行讲解与介绍，避免了新生之间由于民族不同、信仰不同、生活习惯不同而产生摩擦。

党员在操场、自习室用经验交流、现身说法、素质拓展等形式，引导新生权衡学习与实践，处理好学业与社团实践活动、课堂学习与自习、虚拟网络与现实世界的关系，在聊天中将校园安全教育、民族知识教育、宿舍文化建设、社会实践活动、职业生涯规划、网络的利弊等无形中灌输到新生的头脑中。

四、活动的效果及其经验

“党员1+6”活动从内容上明确了“三个一活动”的具体内容，从范围上涵盖了全体新生，从实践上搭建了学生党员发挥引领党员先锋模范作用的平台，从效果上达到了加强基层党建、和谐校园工作的目的，为入党积极分子的培养教育，传承校园文化，成为党的方针路线政策的组织者、传播者、参与者，打下了坚实的基层党建基础。

通过几年“党员1+6”活动实践，取得了成功的经验。

（一）助力学生党员实践党员权利义务，学院基层党建工作有了具体抓手

“党员1+6”活动使学生增强了“自我教育、自我管理、自我服务、自我监督”的能力。一方面，通过高年级党员的现身说法、潜移默化，学院内考级考证人数、报名人数同比增加，宿舍文化、宿舍卫生在检查评比中有了显著的改善。提高了学生党员的责任意识和服务意识，拓展了学生党建工作空间，推进了学院学生党建工作，真正让“党的形象树起来，党的旗帜举起来”，开创了校园基层党建工作新局面。另一方面，通过预备党员参加“党员1+6”活动指导员，为党员先锋模范作用的发挥提供了平台，为学院党建工作提供了抓手，有效解决了“入党前冲一冲，入党后松一松”的思想认识，避免了预备期内监管乏力的“真空期”。

（二）党建融入了学生的日常生活学习，培育了党建接班人

当前党建工作方式相对单一，难以满足新媒体环境需要，学生主动性未能得到充分调动，大多延续了传统党建工作的模式：以组织理论学习、文件、领导发

言为主，同时征订报纸、收缴党费、发展党员、帮扶联系群众等，开展的活动大多说教意味较重，形式大于内容，在一定程度上存在以通知落实通知，以会议落实会议，吸引学生的参与度方面有待提高，并且从目前来看，我国高校的党建工作确实大多奉行这种理念。

结合以上存在的问题，我院在党建过程中，除了在学院层面开展学习党章、对照党章找差距、重温入党入团誓词等系列活动外，还着重开展了以宿舍为单位的党章学习活动。通过成立党章学习小组，加深了学生对党的性质宗旨、党员权利义务的认识，为培养社会主义事业合格建设者和可靠接班人提供了思想保证。

（三）活动培育了安保骨干队伍，破解了校安工作盲点

高校是培养高素质人才的摇篮，高校的校园安全工作是各项教育工作的前提条件。高校的校园安全工作是学校工作的重中之重，往往因为这项工作的重要性而忽略了它的紧急性，导致校园安全工作落实出现“理论在思想上，实际在口头上”的尴尬情况。随着社会的不断发展，社会环境已经深入影响着高校这片“净土”，校园安全管理不仅是高校管理工作的重要部分，也已经成为社会安全管理的重要部分。

校园安全工作无小事，安全工作是学校教学、科研、学生管理等一切工作的底线。“党员1+6”活动要求党员引导新生遵纪守法，增强自律观念，注意人身安全、交通安全，发现有异常情况，要立即报告班主任、辅导员，使学院能够及时了解学生的动态，掌握学生的第一手信息，洞悉每一位学生的想法，把不稳定因素及时处理解决在萌芽状态，真正做好校园稳定工作。

引领积极健康的校园文化生活，增强对社会主义核心价值观的领会认同。

社会主义核心价值观是社会主义核心价值体系的内核，体现社会主义核心价值体系的根本性质和基本特征，反映社会主义核心价值体系的丰富内涵和实践要求，是社会主义核心价值体系的高度凝练和集中表达。

党的十八大以来，中央高度重视培育和践行社会主义核心价值观。习近平总书记多次作出重要论述、提出明确要求。中央政治局围绕培育和弘扬社会主义核心价值观、弘扬中华传统美德进行集体学习。中办下发《关于培育和践行社会主义核心价值观的意见》，党中央的高度重视和有力部署，为加强社会主义核心价值观教育实践指明了努力方向，提供了重要遵循。

2017年10月18日，习近平同志在党的十九大报告中指出，要培育和践行社会主义核心价值观。要以培养担当民族复兴大任的时代新人为着眼点，强化教育

引导、实践养成、制度保障，发挥社会主义核心价值观对国民教育、精神文明创建、精神文化产品创作生产传播的引领作用，把社会主义核心价值观融入社会发展各方面，转化为人们的情感认同和行为习惯。

“党员1+6”活动通过发挥党员“传、帮、带”作用，积极组织团队拓展训练、实施“读书工程”“进德修业之星”的组织评选、“三下乡”社会实践活动、业余党校的开展、“三走”活动的组织实施、“两学一做”“四爱三有”开展社会主义核心价值观的学习交流等活动，学院学风建设明显好转，增强了对社会主义核心价值观的领会认同，增强了党的十九大精神的学习贯彻领会落实。

五、下一步的工作思路

（一）加大教育培训力度，提高学生党员政治素养

针对部分学生党员重专业理论学习，轻政治素养提高的现象，应通过加大思政理论课的力度，邀请专家学者进课堂，开设“开学第一课”、领导带头讲党课、业余党校、青马工程的组织实施，有计划有组织地培训团学干部，增强学生党员、团学干部的思想政治引领、权益维护、素质拓展、组织提升的能力，引导广大青年学生融入学校教育教学改革的中心工作，围绕“一切为了学生，为了学生的一切”的大局开展工作。

（二）尊重学生党员“自我教育、自我管理、自我服务、自我监督”的能力

大学生党员都是具有一定觉悟的优秀学生代表，在尊重其“自我教育、自我管理、自我服务、自我监督”能力的同时，为他们提供一个发挥作用、自我能力素质施展的平台，一方面可以及时弥补教师在管理中的“缺位”，监管的“空白点”；另一方面可以最大限度地调动他们参与社会、学校、管理学院事务的积极性，增强他们的社会责任意识与党性。

（三）大学生思想政治建设不止于思政课堂，更应体现学生在学校的各方面表现

思政课堂是大学生接受思政教育传统意义上的载体，但由于“上大课”、授

课形式单一、书本内容不能与时俱进等原因，已不适应多信息渠道学生的需求。通过实地参观、团队训练、暑期社会实践等多种形式的活动发挥思政课堂“润物无声”的作用。

参考文献

[1] 冯刚．新形势下意识形态相关问题研究［M］．北京：光明日报出版社，2014.

[2] 王敏．高校校园安全管理的几点思考［J］．未来英才，2016（22）．

[3] 韩喜平，徐景一．高校党建与校园文化建设［J］．思想教育研究，2013（10）．

民族院校工商管理专业人才培养模式研究

贾　滇　宋启红

一、引言

我国少数民族众多，全国各地具有越来越多的民族院校。随着民族院校的发展，这些学校也开始面向全国省份招收少数民族学生，如大连民族大学少数民族的学生比例达65%以上。在民族院校中，以工商管理专业为例，学校的培养目标是提高学生的综合素养，培养具备创新精神与管理能力的专业型人才。不过，全国各地的学生能力差异较大，生源质量参差不齐，特别是一些来自边远地区的少数民族学生，他们的语言基础、文化基础等能力都相对薄弱。因而，培养民族院校学生的综合素养，不仅关系到学生将来的就业，还将影响少数民族与民族地区的经济建设与发展，特别是对构建与民族院校教学内容和课程体系相匹配的民族院校人才培养模式十分必要。

二、当前民族院校工商管理专业人才培养的现状

目前，我国高等教育处于大众化发展的时期，各个高校在不断扩大规模的同时，也存在着学科专业类似的现象。这一问题在民族院校工商管理专业中显得更

为突出。工商管理专业是研究营利性组织经营活动规律以及企业管理的理论、方法与技术的科学，是与社会经济发展联系十分紧密的应用型学科。相关调查数据显示，全国工商管理专业点和在校学生，与其他专业相比，在全国都排在首位。由此可见，每年大量的工商管理专业学生将面临着就业困难的现实问题。不过，国内许多大型企业对高水平高质量的人才需求量很大，却找不到合格的人才。工商管理专业学生的就业问题，与大型企业找不到相应工商管理专业人才之间的矛盾日益严重。究其原因，在于工商管理专业学生的综合素质水平和就业能力无法满足企业的实际需求，主要表现为工商管理专业学生的动手实践能力差、缺乏创新精神，无法胜任企业的岗位需求。

三、民族院校工商管理专业人才培养模式中存在的问题

（一）培养模式没有完全向应用型方向转变

企业对人才的需求为应用型人才，是能够对实践中的具体问题进行解决的人才。然而我国民族院校对工商管理专业的课程设置还是比较偏重理论化，以理论教育为主，技能教育为补充，动手实践能力差的情况尤为突出。究其原因，主要还是因为理论课程的考核模式较为简单，实践课程的考核模式较为复杂。同时，实践教学的成本较大，与之配套的教学设备较为昂贵，这对于民族院校来说，是一笔较大的开销。这些因素严重制约了我国民族院校对工商管理专业人才的培养。

（二）人才培养目标的定位模糊

如今，我国民族院校工商管理专业人才的培养目标比较模糊，并且多数高校提出的目标不具有自身特色。培养目标大体描述为：培养具备管理、营销、经济等方面的知识和能力，在教学科研方面工作或在企事业单位及政府部门从事相应领域的管理工作，以及工商管理学科的应用型高级专门人才。这样模糊的描述没有具体指出工商管理专业培养的学生具体要会做什么，又能够做什么。同时，对于部分少数民族学生来说，他们的语言基础、文化基础等能力都相对薄弱，对他

们的培养，应当单独设置相应的少数民族课程体系和实践实训课程体系，但这一问题没有得到大部分民族院校的特别重视。

（三）师资力量薄弱

我国的民族院校绝大部分都处于西部偏远地区，教育经费投入有限，客观上制约着西部地区民族院校高层次人才的数量和质量。近几十年来，民族院校不断进行扩招，一方面推动了地区经济和社会的发展，另一方面也为高等教育大众化的实现奠定了基础。然而学校却忽视了学生数量的激增与教师数量和质量迟迟跟不上的问题，这就导致了民族院校师生比普遍偏高等问题的出现，这一点在工商管理专业尤为突出。通过对西部地区民族院校的调查研究，我们发现，在很长一段时间里，教师数量少、高层次人才稀缺、教师数量的增长跟不上学校的发展速度等问题严重制约着西部地区民族院校的发展。以青海民族大学为例，截至2017年12月底，青海民族大学工商管理学院在校学生为972人，学院现有教师33人，其中教授4人，副教授10人，讲师9人。师资队伍中博士2人，硕士23人。其中，教授和博士的数量居然都少于5位。主要表现在两个方面：首先是学历普遍较低，博士占专任教师的比例约为6%；其次是职称结构失衡，高级职称教师人数较少，老龄化问题严重，出现断层。教授平均年龄在50岁左右，具有正高级职称职务的人员占专任教师的比例为12%，这种状况势必严重制约着教师的教学、科研水平与能力的提高，进而制约着整个民族院校的教育教学质量的提升。

（四）不注重培养学生的综合素质与技能

通过对相关大学生就业资料的分析，目前企事业单位在招聘时不再将学习成绩当成唯一的考察指标，而是重点关注学生的综合素质与技能。综合素质包括思想道德素质、科学文化素质和身体心理素质；综合技能包括充分的表达能力、完善的社会交往能力、一定的组织管理能力、做出正确决断的能力、沉着应对问题的能力和较强的自我控制能力，对于工商管理专业而言，企业比较关注综合素质与技能，体现在具备“较强的营销意识”“知识面广”“有较强的管理能力”和“较好的外语水平”。然而这些都尚未被我国民族院校纳入工商管理专业的课程体系中。

（五）对企业文化的适应能力较弱

企业文化是企业全体员工在长期的创业和发展过程中培育形成，并共同遵守的最高目标、价值标准、基本信念及行为规范。其核心是企业的精神和价值观，是企业的灵魂，是推动企业发展的不竭动力。作为企业生存和发展的精神支柱，它必须得到员工的认同，只有这样员工才能与公司共同成长。民族院校工商管理专业学生在择业和就业时，常常会与企业发生各种纠纷和冲突，越来越多的原因是价值观念和文化的差异，更多的矛盾源于他们无法适应企业的制度规范、价值观念等，这恰是不适应企业文化的表现。因而，让工商管理专业的学生及时认识并协调自身以更好地适应企业文化，是与专业技能培养同等重要的事情。然而通过对西北地区民族院校的调查，发现许多民族院校都没有开设与企业文化相关的课程。

四、民族院校工商管理专业人才培养的解决对策

（一）明确工商管理专业人才培养模式

民族院校工商管理专业人才培养模式应当表现为：加强基础教育、拓宽专业面向。工商管理类应用型本科各专业的教学体系应以能力为中心，以“应用”为特征基础，其知识结构应突出“厚基础、宽口径”的原则。“厚基础”就是专业基础知识扎实，基本技能牢固，给学生一个宽厚扎实的专业基础，一方面提高学生的理论水平，形成相应的专业知识体系，为今后的学习奠定基础；另一方面增强学生对未来社会经济飞速发展的适应能力；“宽口径”就是要加强通识教育，工商管理类专业不仅要具备该学科的基本理论知识，同时还要掌握相关的社会知识、文学知识等，使学生有很强的适应能力和宽广的就业前景。因此，工商管理类专业应用型本科人才的知识结构包括三块：理论知识、通用知识和职业知识。同时，工商管理专业应当以培养具有实践能力的应用型人才为根本目标，强化学生的调研能力、分析能力和研究能力。突出对外营销和对内运作的特色。努力培养学生爱岗敬业的品质，着力培养学生的业务能力，重视培养学生的协调、沟通能力，致力于提高学生的创新能力。

对于少数民族学生来说，建立以应用能力为导向的少数民族工商管理课程体系，在工商管理专业理论知识的基础上，强化某一方向特定的知识和技能。树立以提高少数民族应用型技能为核心的理念，重点培养少数民族学生的基本素质，

并注重提高少数民族学生的基础学科方面的能力。在专业方向教学体系中，将满足人才市场需求融入毕业实习和实训环节中。

（二）加强师资队伍建设，积极引进人才，鼓励青年教师在职攻读学位

通过“内扶外引”，大力度加强师资队伍建设，形成一支师德高尚、业务精湛、结构合理、充满活力的高素质专业化教师队伍。现在各民族院校的工商管理专业普遍存在着教师队伍的年龄、学历、职务（职称）、学科结构不合理的情况，我们应该以中青年教师和创新团队为重点，优化中青年教师成长发展、脱颖而出的制度环境，培育跨学科、跨领域的科研与教学相结合的创新团队。鼓励青年教师攻读国内外重点大学的博士学位，提高学历层次；资助本校优秀硕士研究生继续读博深造，完成学业后返校任教，补充师资力量。对新引入的教师，实行青年教师导师制，指派一名有丰富教学经验的中老年教师担任指导教师，根据个人特点，制订培养计划，并指导教学科研工作；鼓励教师积极参加学术交流，包括国内和省内举办的学术活动，也包括在其他省市召开的全国性学术会议。同时邀请国内外知名学者访问我校，进行学术交流活动，开阔教师的学术视野。

（三）以“校企合作”为契机，以企业带专业

未来我国经济形势良好，市场迫切需要大量的专业技能人才；同时，教育制度的改革标志着传统教育注定将被革新。企业的成长离不开学校的大力支持，企业的壮大亦会反哺学校的发展。校企合作，不仅可以提高培养人才的力度，也有利于企业自身的发展壮大，这种“互利共赢”的模式注定不久将在我国发展壮大起来。不断加强校企合作，增加专业教师深入企业的机会，了解企业运作。一方面可以使高校教师更容易获取真实的教学素材；另一方面也能使他们有实践教学的场所，解决了理论教师不能深入实际的问题。另外，工商管理专业教师在拥有自己经营的公司后，还可以以培养学生为宗旨，把企业的项目引申到教学当中，学生直接跟导师在现实中学会实际管理运作。

（四）培养学生对企业文化的适应能力

工商管理专业学生毕业进入新的工作岗位后都要有一个职业适应的过程，如果不能快速融入企业，不能和同事融洽相处，往往会降低工作效率，对工作产生抵触的心理。而融入企业的关键在于充分理解企业文化，企业文化是企业在生

产、经营、管理、发展过程中，在管理思想、方式、理念、群体意识等方面形成的共同价值观，对增强企业内部凝聚力和外部竞争力发挥着重要功能和作用。对企业文化的诠释方式多种多样，可以通过培训的方式、员工交流的方式等。通过对企业人力资源专家的访谈和对国内外知名公司企业文化案例的研究，我们归纳出了培养大学生适应企业文化需要有的三方面表现：对企业文化的理解能力、学习能力和调整能力。

对企业文化理解能力的培养要求工商管理专业学生与企业充分接触，从实践中体验出真正的企业文化。对企业文化学习能力的培养要求工商管理专业学生在刚进入企业时，必须调整自己的态度和行为习惯，虚心接受老员工的业务指导，同时认真学习企业的行为规范，对企业长期以来形成的价值观和规范持尊重的态度。不能用自己的个性来评论、冲击现有企业的价值观。对企业文化调整能力的培养需要工商管理专业学生与老员工不断沟通和交流，发挥组织学习的作用，用优异的业绩来证明新的行为、新的规范对企业发展更有利，赢得其他员工对新文化的肯定态度。

五、结论

综上所述，实现民族院校工商管理专业人才培养模式的创新提升，是一项系统性工作。各民族院校要针对自身在工商管理专业人才培养方面存在的问题，统筹处理好目标定位、课程优化、加强师资建设、培养学生企业文化的适应性等诸多因素之间的关系。从社会发展需求和企业客观需要出发，注重工商管理学科的内涵建设，强化工商管理特色的专业建设，努力加强师资队伍的建设，积极开展科学研究，以科研促进教学，切实提高民族院校工商管理专业人才的培养质量。

参考文献

［1］刘琴．民族院校计算机专业人才培养现状及对策［J］．信息与电脑（理论版），2016（16）：224－225.

［2］刘永，赵洪明．工商管理专业人才培养模式研究——基于构建“一体四翼”应用型本科教育视角［J］．科技创业，2012（4）：87－89.

［3］李福生，韩东，孟祥霞．应用型本科院校工商管理专业人才培养模式研究［J］．对

外经贸，2016（2）：127-128.

［4］吴学英．以企业文化为核心的企业管理模式研究［J］．商场现代化，2016（20）：97-98.

［5］李健，赵峤．内蒙古高校少数民族大学生金融专业人才培养模式探讨［J］．内蒙古财经大学学报，2017，15（5）：108-110.

［6］赵峰，屠立峰．大学生企业文化适应能力培养探析［J］．职业时空，2010，6（12）：72-73.

［7］于占勇．高职工商企业管理专业人才培养模式创新思路研究［J］．中国国际财经（中英文版），2017（22）：293.

［8］刘朝臣，鲍步云，胡振江，汪上．课程改革要以能力和素质的提升为导向——以职技高师管理类专业为例［J］．安徽技术师范学院学报，2005（3）：61-65.

青海民族大学管理类专业教学发展问题探索

李湘羽

青海民族大学是青海省一所具有民族特色教育的高等本科院校，其教学目的是为青藏高原地区输送具有专业实践性的人才。青海民族大学管理学院也为培养青藏地区管理类人才提供了理论教学基础。本文就围绕我院管理类专业实践教学环节所面临的问题进行探讨，并结合教学实践经验给出可行性建议。

一、目前青海民族大学管理类专业存在的问题

（一）导师制所面临的困境

1. 导师资源稀缺的困境

从本科生教学现状分析入手，有两个问题常常被教师忽视：第一，本科生从高中毕业经过高考进入“独立”式的大学生活，换句话说也是他们迈向成年人生活的重要阶段，社会价值观处于懵懂或混乱的状态。再加上现代科技信息处于高速发展阶段，轰炸式的信息一定程度上会对本科生产生误导效应。那么大学阶段导师对于本科生人生观、价值观的正确引导便起了至关重要的作用。而我院教师资源奇缺的情况，使得教师无法兼顾课程质量和学生思想教育双重工作，同时加之研究生教学工作，老师更是对于本科生思想教育引导方面无暇顾及。第二，基于现在高校倾向于重科研的情况，大部分导师在授课闲暇之余精力均输出在科

学研究方面，也往往促使教师对于学生的思想问题解决方面选择统一引导，而不是有针对性地指导。据一份对哈佛本科生所做的调查报告可知，大学老师对学生的积极影响，远远超过老师本人的认知。此外，对导师的选择一定程度上具有较严格的规定，原因是教师自身若没有丰富的人生阅历和较强的专业技能，也无法胜任导师，这也使得我院在导师的选择方面更具有局限性。在师生比高的情况下，不是所有教师都可以作为导师给予学生职业、学业及思想引导，有效导师资源稀缺的现状可以想象。

2. 学生导师自身意识不足的困境

一方面，现阶段我院导师选择制度是分配制度，由于教师资源紧缺，导师选择制度经探索是现阶段最为高效的途径。一位来自牛津的教授说过“最好的学生就是能教给我一些东西的学生”。中国对于“教学相长”的说法也来源已久。这说明学生和导师之间的交流和学习是互相的，在引导过程中更多的是与学生的交谈，在教育学生的同时自己也会接受新思想和新观念，进一步了解学生的思考方向，也为后续交流打下基础。而现在更多的情况是，学生洗耳恭听，老师谆谆教诲。这种情况使得一部分教师对于学生思想及学业教育的热情不高。学生在此过程中只能被动地接受引导，老师一味地灌输式教育也无法从学生的反馈中得到灵感和挑战，时间一长，教师和学生都会对此种方法下的教学产生疲倦和懈怠情绪。

另一方面，教师和学生对于引导式学业及思想教育的不重视也是现阶段我院所面临的一个问题。从学生角度分析，每个人的人生观、价值观是从小在家庭和学校的成长中培养起来的，由于我院本科生生源来自五湖四海，家庭情况和背景都不尽相同，所以对于人生所认知的观念也都有所不同。大学生离开家人来到异地大学就读，想要对他们灌输新的有利的思想有时是有困难的，有的学生会出现抵触情绪，而有的学生会忽略老师的引导，呈现一种不积极、不回应的状态。从老师的角度分析，由于教师自身处在科研和教学压力大的情况下，因而往往会选择对于学生更重要的专业知识教育，而忽视思想教育。

（二）实践教学环节问题

青海民族大学管理类专业的目的是培养及输出应用型人才，所以实践教学环节应作为本科及研究生的教学重点，同时实践教学环节优良也应作为教学效果及质量评价的重要指标。推动应用型教育学院的发展，有效提高我院教学质量，实践教学环节起到举足轻重的作用。同时要充分认识到实践教学环节的重要性，并将实践教学环节作为教学改革的重点发展。

1. 对于实践教学环节的重要性认识不够深刻

长期以来，一种对于管理类专业教学的错误认知存在于高校当中，这种认知是：管理类专业是简单的培养企业管理类人才的专业，对于这种管理类人才来说，更为重要的是掌握高水平的管理类知识。所以在日常教学的过程中，教师们将会把讲解管理类专业课程作为重点，着力将课程中的理论知识点上升到一定的高度，然而在思想上和行动上忽略了实践的重要性。与此同时，学生也对实践学习课程不重视，导致在实习环节，通过私人渠道随意寻找实习单位，通过并未遵守规定的实习流程而获得一份加盖单位公章的实习报告。即便通过此方式学生可将实习蒙混过关，但实际上学生的实践能力并未通过实习过程得到提高。学校也并未采取措施对于学生实习的真实性进行验证或考察，导致实践教学流于形式，相关的教学目的并未达到。

现在高校普遍存在教学内容偏向理论教学的情况，在设置教学大纲、教学内容和教学方法上实践教学部分融入教学内容的程度不够，同时教学配套设施的设置也不得力。在课堂理论教学的过程中，教师仅讲述与课本相关的理论知识，同时教学方式过于单一，导致学生理论知识掌握不够扎实，对于重难点理解不够深刻，在实践中不能自如地运用相关理论知识，以至于理论与实践环节相脱节，最终导致学生走向工作岗位后动手能力差，适应工作时间长。

2. 实践教学设备投入不足，教师实践教学经验和技能普遍匮乏

为培养具有实践性的应用型人才，一个良好的实践学习环境是必不可少的。完备的实践环境将日常学生所学的理论知识与实践能力进行良好的有机结合，对学生所学的理论知识与工作实践搭建了一个联系的桥梁，有助于学生提高对于理论知识的理解，提高学生对于专业知识探索实践的热情，同时能够帮助学生提高解决问题的能力。现阶段我院所面临的问题在于，由于管理专业在我校并不属于优势学科，学校在经费方面支持有限，我院实践学习教育经费缺口较大，所以相应的实践设备的建设难以满足较大数量的学生实践学习的需要。我院管理类专业往往通过缩减教学规模，合并教学等方式进行实践教学，这在一定程度上降低了实践教学的效果。

管理类专业是近几年学生报考的热门专业，每年的生源和就业人数都很多，

同时管理类专业也是实践性非常强的学科，所以对于该专业教师的实践教学能力和企业工作经验的要求都比其他专业要高很多。而我院教师大部分都是从学校毕业后又进入我校任职的，其对于企业的真实运作管理并不是非常了解，所以在实践教学过程中就缺乏针对性，导致学生即便在上过实践课程后对于企业经营管理也并不完全了解。综上所述，我院要想提高实践教学环节的水平，更重要的是引入既熟悉理论知识又懂企业实践的教师，若教师还具有在不同行业企业的工作经历，那对于建设实践教学基地更是锦上添花。

二、推进管理类专业教学发展的对策

（一）导师制发展对策

1. 解决师资队伍不足的问题

青藏地区高校主要以本科教学为主要任务，学校所招聘的教师多为以理论教学为主，学生学业指导及思想教育往往是辅导员通过开设讲座、座谈来实现的。但辅导员的设置一般是一个年级配备一位辅导员，并不能重点教育和个别了解学生。学院应有选择地聘请专业心理咨询导师及学业就业规划教师，以有针对性地解决学生思想、学业及就业问题。同时应针对我院教师培训心理咨询课程及就业指导课程，在短期师资紧缺的情况下解决问题。同时应与马克思主义学院签订长期合作协议，聘请心理学教师或研究生作为我院的心理咨询师，针对每个学生的心理情况做长期心理咨询。对于就业方面，我院学生就业去向多为考取公务员、去事业单位或银行就职，学院可以针对学生需求长期与政府单位进行就业指导合作，并与社会上的公务员等培训机构合作，为学生提供就业指导和培训。

2. 提高重视，优化制度

学院导师制度要想有效地长期发展下去，必须使老师和学生都参与其中。学院在实行导师制度之前应先将导师制度向学生做一个大概的讲解，使学生更清晰地认识到什么是导师制度，导师能从哪些方面给予帮助。同时将导师所研究领域及工作经验向学生做介绍，使学生明晰自己的学习方向及锁定自己心仪的指导老师。学前对于导师制的学习，一定程度上可以提高学生对于导师指导规定的重视。从教师方面来说，应进行系统培训，强调导师制的重要性，并向老师明晰宗旨、意图，并确定自己有哪些义务和权利，从而更好地落实，也能与学生进行更好的互动和配合。比如：学生要把握好咨询老师的频率，不能事无巨细地询问老师，同时明确辅导员与导师的辅导领域，以节省教师时间，尊重老师的生活方式和工作。导师也应诚信对待每个人，注意培养学生独立思考的能力。无论从培养精英人才还是提高大众素质来看，导师制都不无裨益：师生之间平等、开放式的交流氛围，使学生易于提高快速反应的能力，培养逻辑思维和富于反思批判的精神。

优化导师制度，明晰导师指导工作，具体导师指导方面，能一定程度上节省老师及学生的时间。同时采用导师双选制度，在向学生介绍过每个导师的专长和指导特点后，使学生和导师进行双向选择，以保证学生能选到对于自己更有帮助的导师。导师制度中应明确导师的指导工作，有机地将导师指导和辅导员指导及心理咨询辅导工作进行分离，使学生遇到不同问题时能快速找到可以咨询的老师，同时提高教师的工作效率。

（二）实践教学发展对策

1. 转变教学观念

在管理类日常教学中教师首先要转换传统观念，必须认识到实践教学在管理类教育中的重要性，观念改变后才能提高教学成果。同时建立管理类实践教学制度，从根本上转变，改变以往的实践教学模式，有机地将理论教学与实践教学相结合，并一定程度上增加实践教学课时或专业课程设置，将实践教学内容与理论巧妙衔接，使得学生在理论基础之上更好地将理论实践于实际。在课下建立实践解答活动，不仅能拉近学生与老师的关系，同时使学生与老师互相沟通与学习，以增加学生的学习热情。教学观念的转变，带动培养了具有实践能力的多元化人才。努力让学生在学习了管理类知识，走向社会后能快速融入工作当中，以提高人才培养素质。

针对学生出台一项具体的实习制度，抽调部分学生的实习情况并做跟踪调查，追踪考察学生实习的真实度及实习期的表现。同时以学院为代表联系实习单位，并由教师带队统一安排学生实习，在保证学生实习期安全的前提下，监督学生的实习效率，避免有实习懈怠或不重视实习的情况。在此制度中还应延长学生

的实习时间，因为短时期的实习无法使学生深入不同行业的企业并学以致用。同时延长实习期可以增加可接受实习企业的数量，学生也能更了解企业的实践工作。

2. 增加校内校外实习基地的建设

学院应加强资源整合，加强校内校外实习基地的建设。由于我院位于青海省，规模较大企业较少，同时适合于我院专业实习的企业也较少，所以联合企业增加实习基地建设刻不容缓。校内实习基地的建设与校外实习基地的建设并不是两个互不关联的工作，两者之间有本质的联系，可作为连接式的教学阶段。校内实习基地一般为模拟实习，而校外实习是具有真实性的，需要为企业带来盈利的工作，学生可先通过校内实习熟悉业务流程，再进行校外实战操作。进一步说，校内实习更贴近理论知识教学，以增强感性知识，提高对于理论知识的理解为目标，了解企业的实际运作流程。而校外实习更重视实际操作能力，以提高工作适应能力为基础，增强学生的解决问题能力和团队协作能力。校内实习基地的建设要更可能地满足学生的需要，在校外实践基地有欠缺的情况下，校内实践基地就更为重要。所以校内实践基地的建设一定要落实到位，并在后续继续发展。校外实践基地的建设要着重培养学生的实际操作能力，真正建立对学生有价值的实习基地。避免流于形式，没有实质性帮助的投资，以避免学生浪费时间，学校浪费资源。在建设校外实习基地时一定要重点考察，仔细衡量，及时掌握企业人才需求的信息，使校外实践基地成为企业和学校的双赢结果。

3. 加强师资队伍建设

鼓励在校教师考取相关证书，并参与到企业的管理当中，提供管理咨询服务。

在加深教师专业素养的同时，增加教师的实践经验。通过与企业相关管理者的沟通，汲取现代实践管理新理念，并运用到课堂讲授当中，以提高教师的实践教学能力。另外我院应该加强引进优秀企业管理人员担任兼职教师，或聘请中高级企业管理人员担任学生实践导师，以充分发挥企业优秀管理者的优势。与此同时企业优秀管理者可从实习学生当中发现本企业需要的人才，以为企业后续发展储备人才，一定程度上也帮助减少了就业压力。我院应与企业联合实行“双导师”制度，即学业导师为学校专任教师，而实践导师为企业优秀管理兼职教师，不仅提高了导师与导师之间的学习交流，同时也加强了学生管理和个人专业水平的提升。

综上所述，青海民族大学工商学院在发展当中主要面临导师制度问题及实践教学改革等问题，针对这两大问题本文提出了几点解决方案。一是加强本院教师对于心理学等方面知识的学习，并聘请外校或本校马克思学院的心理学教师来解决导师师资不足的问题。二是在学生开学前开设导师制讲解活动并实行导师“双选制”，同时将教师、辅导员和心理教师工作细分，使得教师和学生提高对于导师制的重视。三是健全学生实践制度以提高学生对于实践环节的重视度，而作为教师也应转变教学观念，有机地将实践与理论相结合。四是开展校内校外实践基地的建设。五是通过鼓励教师考取相关证书和提供企业咨询活动，来提高教师队伍建设。

参考文献

［1］任治花，黄明．工商管理教学中理论与实践的结合研究［J］．经贸实践，2017（23）．

［2］张国．高等院校工商管理专业实践教学模式探索——以福建师范大学工商管理为例［J］．环渤海经济瞭望，2017（12）．

［3］苗大威．工商管理专业实践教学模式构建的探索［J］．企业改革与管理，2016（24）．

青海民族大学工商管理学院学生社团活动现状分析及优化对策

金　乐[①]

大学最基本的职能是人才培养，而到了大学阶段，人才的培养仅仅依靠课堂是远远不够的，当代社会需要大学毕业生有极强的社会适应能力，多方面的综合素质，同时健全的人格和端正的价值观也是必需的，而培养人的综合素质不仅要依靠课堂，大学生的课外活动尤其是学生的社团活动对人才培养起着潜移默化的作用。大学生社团活动既丰富了他们的课余生活，又培养了他们的综合能力，比如策划组织能力、现场管理能力、沟通交流能力、反思纠错能力等，因此做好学生社团工作也是学校、学院工作中很重要的部分。

本文通过梳理青海民族大学工商管理学院近两年的学生活动，分析目前学生社团的活动现状，通过对比东部地区某高校商科学院的一些活动，进一步分析存在的问题，最后提出一些优化对策。

一、工商院现有学生社团情况以及举办活动情况

青海民族大学工商管理学院有本科生、研究生将近 1000 人，具有较大的学生规模，目前工商管理学院学生社团主要从属于党总支领导下的团总支管理，图 1 展示了目前学院下属的学生社团情况。

---

① 金乐（1989—），管理学硕士，助教，青海民族大学工商管理学院团总支书记。主要研究方向：电子商务、大学生社团管理。

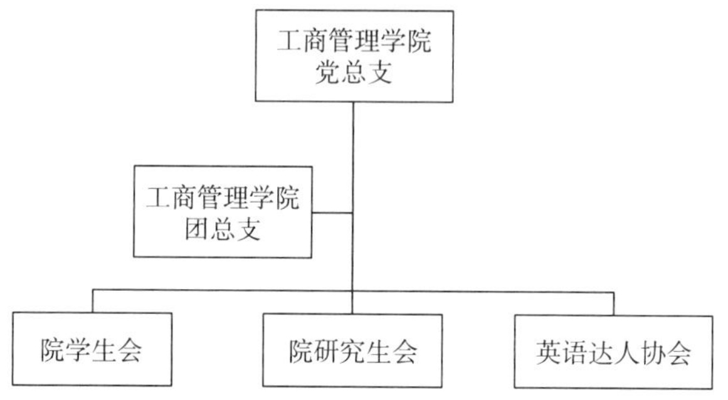

图 1　工商院学生社团情况

笔者从 2016 年 5 月起担任团总支书记，因此对 2016 年至今的学生活动较为熟悉。表 1 中列举了 2016 年、2017 年学院举办的部分学生活动。

表 1　工商院 2016 年、2017 年举办的部分学生活动

活动类型	活动名称	是否常规活动	活动参加人数
党建、团建活动类	业余党校党课	是	30 人左右
	如何做一名合格团员	是	每年新生全体
	学校规定的主题团日活动	是	2～3 个团支部
学术活动类	校民族知识竞赛院初赛、复赛	是	40 人左右
	校党史知识院初赛、复赛		
	“我是长征精神传承人”主题演讲比赛院级初赛	否	20 人左右
	“家乡美——少数民族地区发展今昔对比”分享会活动	是	80 人左右
	新闻写作专题培训	是	40 人左右
	考研经验交流会	是	20 人左右
	新老生学习生活经验交流会	是	100 人左右
文体活动类	迎新欢送暨表彰晚会	是	全院师生
	学生干部户外素质拓展训练活动	否	10 人左右
	新生杯篮球赛	是	全院各班

二、东部某“985”高校管理学院现有学生社团情况以及举办活动情况

（一）东部某“985”高校管理学院情况简介

东部某“985”高校管理学院成立于1986年。管理学院下设工商管理系、会计学系、营销与电子商务系、旅游学系；并设有农业经济管理研究所、名牌企业研究中心、应用会计研究所、管理科学与工程研究所、财务管理研究所、审计与管理咨询研究所、营销与品牌形象研究所、区域旅游开发管理研究所等研究机构。

现有工商管理博士后流动站、工商管理一级学科博士学位授予权以及农业经济管理二级学科博士点，有工商管理、管理科学与工程两个一级学科硕士学位授权点，以及企业管理、会计学、农业经济管理、旅游管理、管理科学与工程、技术经济管理六个二级学科硕士点，有工商管理硕士（MBA）、会计硕士（MPAcc）、旅游管理硕士（MTA）、企业项目管理、工业工程、农村与区域发展、农业科技组织与服务等多个专业学位硕士点。本科专业设有工商管理、会计学、市场营销、旅游管理、财务管理、电子商务等学科。

管理学院现有教职工96人，现有全日制在校本科生1600余人、硕士研究生1300余人、博士研究生150余人。

（二）东部某“985”高校管理学院学生社团情况以及部分学生活动情况

东部某“985”高校管理学院学生社团情况及近两年部分学生活动情况如图2、表2所示。

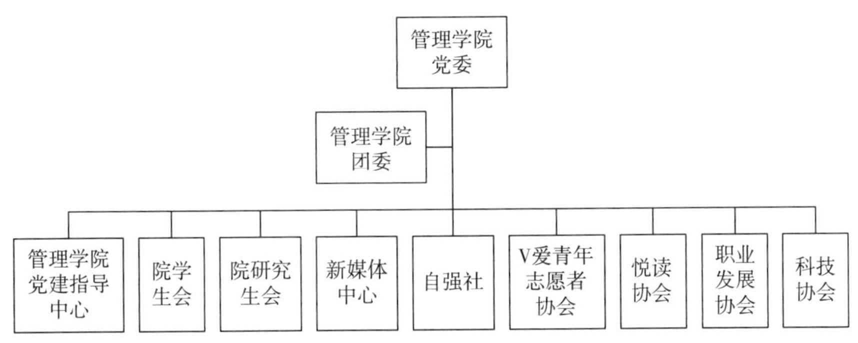

图2　东部某“985”高校管理学院学生社团情况

表2 东部某“985”高校管理学院近两年部分学生活动情况

活动类型	活动名称	是否常规活动
党建团建活动类	“学党史，明党情”专题党课学习	是
	“一学一做”教育实践特色团课——如何做一名合格共青团员顺利开展	是
	迎“七一”学生党建工作表彰暨入党宣誓大会	是
	微党课比赛	是
	共青团××大学管理学院第五次代表大会	是
学术活动类	××大学第三届旅游DIY大赛	是
	大学生职业生涯规划专题讲座成功举办	是
	第九届商业实训大赛	是
	第四届“天才知道”决赛	是
	第四届福思特杯财务会计大赛	是
	第七届模拟商务谈判大赛	是
	学生会新闻中心培训	是
	企业模拟经营大赛	是
	管理学院辩论赛	是
	第七届职场风采大赛	是
	MPAcc案例大赛	是
	各系“师生面对面”活动	是
文体活动类	心理侦探大赛	是
	春训活动	是
	宿舍文化节晚会	是
	学院运动会	是
	迎新晚会	是
	本科生、研究生红歌会	是

（三）东部某“985”高校管理学院学生活动特点分析

本人通过在该高校的学习经历和多方面的了解及调研，总结了该高校管理学院学生活动的以下特点：

第一，学院领导层历来重视学生活动，要求学院的学生活动在全校各个学院学生活动中属于拔尖水平，积极引导和支持学生各项活动，学院教师尤其是年轻教师也很支持或者是经常参与到学生活动中。

第二，人员配备充足合理。该校管理学院党委副书记专门负责学生管理，在其领导下团委配有正书记一人（正科级），专职团委副书记（副科级）四人，另外有研究生兼职辅导员若干，因此从学院专门从事学生管理、学生社团管理的人员数量上来看是比较充足的，这也保证了学生活动的丰富性和规范性。

第三，该校管理学院学生社团活动多以自身管理学科为背景，多与学科背景相联系，比如商业实训大赛、商务谈判大赛、企业模拟经营大赛就依托工商管理、市场营销学科背景来进行，财务会计大赛、MPAcc 案例大赛依托财务管理、会计学学科背景来进行，旅游 DIY 大赛依托旅游管理学科背景来进行。通过这些与学科背景关联密切的比赛，该专业的学生能够充分发挥课堂所学，在比赛中遇到困难和挫折时，能够激发他们学习的动力，通过这种方式也能起到改善学院学风的作用。

第四，创新党团活动的开展方式。一般而言，党团活动都被大部分学生认为是比较枯燥和单调的活动，该校管理学院通过各种创新方式来开展党团活动，比如利用多媒体技术制作短小有趣的“微党课”，在学习党课的同时还锻炼了同学们制作视频的能力。

第五，常规活动组织开展规范有序。例如共青团团代会、入党宣誓等活动尽量做得正规且有仪式感，让学生体会深刻。另外一些日常工作有明确的规章制度，比如《××大学管理学院宣传通讯员队伍管理制度》《“思政引航”育人系列主题班会（团会）制度》《管理学院本科生班级绩效考核制度》等，做到事事有依据，明确奖惩，规范学生各项活动。

第六，擅于利用各种资源。据了解，该校管理学院每年的学生活动经费只有5万~8万元，这对于一个有将近3000学生的大院来说其实是杯水车薪，但各个学生社团基本都有外联部，通过和企业接触，帮助企业做相关宣传并争取企业的经费支持。学生们一方面抱着为活动尽量争取多的经费的心态，另一方面也期望通过拉赞助锻炼自己的沟通协调能力。

第七，学生尤其是新生普遍比较重视并热爱参与社团活动，把这些活动当做是锻炼自己的一个平台。除了一些必须参加的党团活动以外，学院并不强制学生参加其他活动，不会造成学生的逆反心理。各种活动主要通过参赛的趣味性和收获性来提升活动质量，产生一种类似于市场竞争的效果。

第八，每一届学生的“传帮带”工作都比较完善。高年级学生愿意手把手教低年级学生各种技巧，比如如何撰写策划案、如何拉赞助、如何写新闻稿等；

再比如啦啦操、健美操、辩论赛这三项全校比赛的活动，近几年都能在全校拿到冠军或者前三名，都是以老带新，高年级学生将自己工作的经验和从他们的学长学姐那里学到的管理经验等无私地传授并且监督训练低年级学生，使得优势不断得到积累，形成马太效应。

三、工商管理学院现有学生社团以及举办活动问题总结

对比东部某“985”高校管理学院学生社团及活动的开展情况，以及本人两年多以来对我院学生活动的观察、了解和指导情况，本人从以下几点总结我院学生活动的问题：

第一，领导层面虽然比较重视，但是由于学校对于各学院整体人员的配置，包括教师数量等问题，无法有效地帮助和指导学生开展活动，辅导员忙于学生日常管理工作，无暇顾及社团类活动。团总支书记由任课老师兼任，团总支副书记由一名大三学生担任，没有相应的行政级别，也没有任何激励奖励措施，因此从学院层面来看虽然重视，但是因为人员配备不足以及没有相关激励措施，导致学生社团活动严重缺乏教师指导和支持。

第二，缺乏以学科为背景的活动。目前，我院有财务管理、会计学、工商管理三个专业，但是所有学生活动中没有任何与专业相关的活动。

第三，日常党团活动相对而言缺乏创新方式，因此缺乏趣味性和吸引力，造成部分学生对此类活动具有较大的抗拒性，即使被迫到场参加，也只是用来“凑人数”，活动过程中用玩手机或者睡觉等消极方式来消磨时间。

第四，缺乏对于常规活动的规划以及规章制度的执行。比如微信平台，虽然有学生会做，但并没有按时更新的机制，只是按照团总支或者学院办公室要求更新一些内容。

第五，学院对于学生活动并没有明确的经费计划。根据经验，每年学生社团活动经费大概在 3 万 ~4 万元，部分活动经费控制不合理，另外学生拉赞助的意识不强，能力也不够，当然，这也跟学校周边的客观环境有关。

第六，学生参与社团活动的积极性较低。很多学生认为参与社团活动浪费时间，并且一些趣味性较差的甚至是强迫性质的活动让他们更加产生逆反心理，也

不认为社团活动能给他们带来太多的提升。

第七，社团活动中高年级向低年级学生的“传帮带”作用不够。部分高年级学生有一些官僚气息，使得低年级学生不愿意请教甚至不愿意接触，因此经验不能续传，有时办活动都像是第一次一样杂乱无章。

四、工商管理学院现有学生社团以及举办活动优化对策

（一）注重与学科背景相联系，丰富学生社团活动内涵

工商管理学院的社团活动需要与学科专业相联系，充分发挥学科专业优势。比如企业 ERP 沙盘模拟经营大赛、财务会计知识大赛、企业管理案例大赛等，学生活动与学科专业相结合，如果办得好，不仅能够提升学生活动的整体档次和水平，更能够提升学生学习的积极性，学习不仅仅在课堂中，还能够将学习到的知识发挥用途，起到正面激励的作用。

另外要注重社团活动策划组织的过程，举办活动不能仅仅为了完成任务，而要仔细去琢磨活动的形式和内容的准备，组织的活动符合学生的特点，政治性的、知识性的、思想性的、娱乐性的相互交叉、兼而有之；活动需要动手、动脑、动口多方面调动积极性，争取打造 1 ~ 2 个品牌性活动，不断积累，不断提高社团活动的层次和质量，增强社团的吸引力和凝聚力，大社团的影响力。高质量、内涵丰富的社团活动是社团的生命力所在，是增强社团凝聚力的关键所在。

（二）树立正确活动初衷，注重社团文化建设

大学生社团文化，指大学生社团在长期的活动中所创造的精神财富、文化心理氛围以及承载这些精神财富、文化心理氛围的活动形式和物质形态。大学生社团是物质财富与精神财富的总和，包括社团活动、社团形象、价值观、社团精神、社团品牌和文化产品等主要方面。要建设良好的社团文化可以从以下几个方面入手：

首先，树立共同的价值观。一种社团文化，不管它如何独特，有一点是共同的：必须把社团建设成人人有使命感、责任感和有共同兴趣、爱好的团体。这样

的团体基于共同的价值观，包括共同的信念、信仰，共同的责任意识和行为方式以及在此指导下形成社团风貌、行为规范、社团精神等。关于这点最典型的现象就是很多学生表示在大学中最好的朋友往往是从社团中认识并结交的，因为价值观类似，共同为社团的发展做奉献，在工作中不断相互了解配合，最终发展成为坚固的友谊。

其次，培育品牌文化。社团文化建设还应该重视社团品牌文化的培育和创新塑造社团形象。社团精品活动、特色活动是社团品牌建设的有力支撑。办社团就要打造品牌文化，品牌文化是社团文化的核心内容。社团生存与发展的最终体现是大众对其品牌文化的认同。对于品牌文化的培育，社团可以从发行自己的会刊、报纸、杂志等方面着手，继而建立自己的网站、论坛、会旗、会徽、会标、口号、社团核心理念、社团宗旨、社团使命等。还可以设立社团文化专题栏，设计具有鲜明特色的文化衫、文化帽、会员证、工作证。可以举办社团历史回顾展览，代表学校社团形象开展同其他高校社团之间的交流，与社会接触等相关主题的系列活动。

最后，培养优秀的社团负责人是创建优秀社团文化的重要保证。社团文化、领导团队的素质以及由此而来的社团发展理念，是日后社团文化的精神所在。可以说，没有思想的社团管理人，培养的必定是没有文化的社团；相反，任何一个品牌社团的背后总是有一个优秀的负责人乃至一批优秀的社团管理者。社团负责人要志高心远，具备乐于创新、勇于改革、精于谋划和善于组织的思想和能力素质，且必须对社团负责人加以适当的培训，注重高低年级之间“传帮带”的作用，注重知识和经验的积累，监督和促进社团建立制度化、科学化、民主化的选拔机制，这样才能造就和锻炼出优秀的社团管理队伍。同时要避免学生社团出现小官僚主义。

（三）正确规范和引导学生活动，加强社团建章立制工作

社团成员随年级变动具有不确定性，社团的管理活动是社团发展和延续的重要环节。如果没有一套围绕社团宗旨的管理机制、没有一系列完整的阶段目标和实施计划、没有一套严格的规章制度、没有一个好的开端，就难保社团发展顺利。因此，要从学院和社团两个方面建立规章制度。

一方面，学院应该给予明确数量的经费支持，让相关指导教师和学生社团清楚预算标准，同时也要建立社团管理制度，包括日常活动审批制度、活动结束总结反馈制度、社团年检制度等；另一方面，社团内部要有完善的管理制度包括人

事管理制度、财务管理制度等，制度的制定要有可操作性，细节完善，让社团内部成员的工作有据可依。

参考文献

［1］胡丽玲，李秀玲．微信对大学生社团活动的影响——以广东工业大学华立学院为例［J］．中文信息，2016（5）．

［2］江河，李明，张国强．论知识型大学生社团活动项目化管理［J］．湖南人文科技学院学报，2007（3）．

［3］魏九花．大学生社团活动与人才培养研究［D］．江西师范大学，2009.

［4］张乃强，荣茜．浅谈网络时代下大学生社团活动［J］．中国西部科技，2015（1）．

［5］李红，江立员．大学生社团活动的理念与实践指导［J］．人力资源管理，2016（9）．

第三部分　课程建设

工商管理专业组织行为学课程创新改革研究

——基于青海民族大学工商管理一流学科建设方案

强　莹

一、研究背景

2016 年 10 月青海省政府办公厅印发了《青海省“十三五”教育改革和发展规划》，规划中明确提出“优化高等教育学科专业结构。突出‘地方性、应用型’，提升人才培养与产业发展契合度”的要求，因此对了解青海风土人情和青海经济发展现状，并愿意为青海经济发展贡献力量的应用型工商管理人才的需求量巨大。青海省地方应用型本科高校在该类人才培养方面责无旁贷。目前青海有普通高校 12 所，成人高校两所。普通高校中本科院校四所（含独立学院一所），高职院校八所，全省高校研究生培养机构三个。这些院校几乎都有工商管理学院或工商管理专业。本文认为适应经济发展新常态，培养区域经济社会发展急需的人才是教育改革发展的战略重点，课程教学改革是实现地方性、应用型人才培养目标的根本出发点，也在各项研究中处于举足轻重的地位。习近平总书记指出：创新是一个民族进步的灵魂，是一个国家兴旺发达的不竭动力，也是中华民族最深沉的民族禀赋。随着全球经济一体化，信息时代的迅速发展，创新人才的培养成为青海高校发展的方向，也是青海乃至我国经济发展的动力和源泉。青海高校工商管理专业创新教学改革具体工作的落实离不开每一位从事相关专业课教学和教育管理的教师和管理者。本文从青海民族大学工商管理学院一级学科建设方案出发，寻求工商管理专业地方性、应用型、创新性人才培养的对策和建议。

二、青海地方经济发展对工商类人才培养的要求

（一）培养愿意扎根青海的奉献型人才

青海省各类高校14所，每年近万名毕业生走出校门，但大多数学生选择到“北上广”等一线城市就业。而实际上本省经济发展需要大量各类人才，尤其是除省会西宁以外的各市县级乃至乡镇等基层，需要既懂专业知识又具实践技能的经管类人才，最关键的是需要具有奉献精神的人才。市场经济发展至今，社会物质化表现日益严重，对于经济相对落后的省内各地市及乡镇的环境资源相对较少，需要更多的奉献型人才。但当下奉献型人才匮乏，亟待引起重视并加以培养。

（二）培养吃苦耐劳的务实型人才

青海省的经济发展在全国排名相对靠后，因此生活水平与其他大城市相比相对落后，到省城以下的城镇尤其是乡村工作意味着要降低生活水平和消费档次，与在“大城市”相比，基础设施相对落后，这就需要有耐住寂寞、踏实肯干、吃苦耐劳的务实精神。然而，当下的大学生尤其是工商专业类大学生，浮躁涣散现象非常普遍，因此在培养工商类人才时应注重务实人才的培养。

（三）培养既懂专业理论又擅长实践的双能型人才

目前大学生在学校学的大部分是理论，实践能力不足。因为理论知识更新较快，所以大学里所学的理论如果没能及时与实践结合，内化为新的能力，到毕业时那些理论要么被忘光要么已被淘汰。大学生不能适应岗位需求，用人单位要对大学生进行培训和再教育，这无疑增加了用人成本。所以用人单位喜欢招聘有工作经验的人员。为了避免或减少这种现象，在校期间就应该做好培养工作，这需要落实到人才培养方案以及每门课的教学过程中。

（四）培养具有创新思维的新时代管理人才

科技进步推动着社会经济的发展，经济发展需要与时俱进且具有创新思维和

新的管理理念的管理人才。在当下“全民创业、万众创新”的背景下，高校必须要担当起创新型人才培养的重任（徐莉，2017）。在学生掌握理论知识的基础上，遵循渐进性、探索性、个性化和系统性原则构建学生实践教学体系，开展丰富的创新创业实践活动，有些活动可以和专业课结合起来，比如互联网+电子商务创业大赛与电子商务专业课程紧密结合的实践性较强的各类比赛，对培养学生的创新思维和创业精神具有重要的作用。

三、工商类课程实践教学改革设计

（一）工商类课程改革的目标设计

通过实践教学改革，调动学生学习的积极性，学好专业知识和实践技能，以符合地方经济发展需求；通过教学改革提升学校教学质量和社会的效益，进而提升学校声誉，扩大学校的社会影响力；通过教学改革锻炼教师的实践教学能力，提升教学水平。

（二）教改内容设计

1. 教材和教学内容选取及学时的设计

目前的工商类课程教学计划对教学内容的安排基本都是以理论教学为主，2/3~3/4 的课时是理论教学，不利于应用型人才培养目标的实现。在专业理论课上本文以为可将部分理论知识布置给学生，通过设计思考题引导学生通过教材、图书、互联网等进行自学。加大实践教学内容，设计专门的实践专题包括企业实习、专业发展和专业知识运用调查，深入青海各地县以及县以下各村镇的工商经贸农业金融等各行各业体验和实践，充分了解和熟悉青海各地经济发展现状，在这一过程中既培养锻炼了学生吃苦耐劳的精神，也让学生充分了解青海工商管理人才的需求方向和要求。理论教学除了传授基本的学科理论知识，要更多地启发学生积极思考，运用理论指导解决现实问题。可通过调动起学生的学习自主性案例分析（Case Analyze）、小组讨论发言（Seminar）以及课后撰写学习心得或研究性论文（Paper）相结合的多元教学法，以加强实践性教学环节，培养学生独立思考、团队合作以及挑战自我、表现自我的能力，从而改变过去学生上课只带一本书甚至只带一部手机来上课的现象，让他们意识到他们以前认为“上课”就是“出勤”，课前不预习、课中不动脑、课后无巩固的学习模式必须改变。

2. 考核方式改革

任课教师通过制定出详细的切实可行的实践考核指标，并落实到位。学校各级管理者要对教师的这部分工作加以监督。理论考核，要注意增加主观题的比重，把实践经历与主观题结合起来，通过主观题的考核也能促进实践效果的提升。

四、青海民族大学工商管理学院一流学科建设和地方性、应用型、创新性人才培养现状

目前青海民族大学工商管理学院已建成企业管理、会计学、技术经济及管理（经济学院）、旅游管理（旅游学院）四个二级学科硕士学位点，会计、工商管理、旅游管理（旅游学院）三个专业学位硕士点。形成了旅游管理国家级特色专业（旅游学院）、会计学省级特色专业、工商管理一级学科为省级重点学科、青海旅游文化研究所（旅游学院）和人力资源管理研究所两个省级研究中心、旅游人才小高地等教学科研为一体的学科平台。共计四个教研室，专任教师33人，截至2017年12月底，本科生530人，硕士研究生451人。学院以提高人才培养质量为目的，以人才培养模式创新为主题，以应用型、复合型人才培养为目标，突出“注重理论基础、强化实践技能、培养创新精神”特色，在专业建设方面，优先建设社会认可度高、就业质量好的会计、财务管理专业，精心打造工商管理专业，让学生到大二以后根据市场就业情况和个人偏好选择专业。推进了财务会计省级精品课程建设，通过每学期开学初全院公开说课活动，来检查教师的备课情况。通过说课，实现专业内教师相互沟通各门课程教学内容的目的，积极推广双语教学。为了适应新教改的要求，学院目前开设了《人力资源管理》和《国际贸易》两门双语课程。但本文以为青海民族大学工商管理学院在培养创新型人才方面存在四方面问题：一是实践教学经费投入不足；二是企业家精神培养与市场需求存在较大差距；三是缺乏双师型教学人才；四是同学们学习的劲

头不足。由此，本文以组织行为学为例对工商类专业教学改革的实施进行如下探讨：

五、工商类专业教学改革的实施
——以组织行为学为例

组织行为学是工商类专业的专业必修课，也是人力资源、市场营销等专业的专业核心课程，在教学中占有十分重要的地位。以该课程改革为例进行研究，对于提高经管类学生未来的管理水平，以及其他课程的教学改革，具有十分重要的意义。

（一）确定组织行为学课程教学目标

组织行为学是一门系统研究“组织中人”的心理和行为规律的现代管理科学，主要倡导“以人为中心”的现代管理观念，从个体心理与行为、群体心理与行为和组织设计三个层面探讨组织管理中的工作绩效和工作中人的满意度问题。结合该课程的特点以及人才培养方案，确定课程教学目标为培养德、智、体全面发展，符合青海省经济建设需要和适合地方经济组织管理方式及现代组织发展需要的，从事中高层经济管理或实际操作的管理人员。

（二）注重组织行为学教材和教学内容的选择及学时设计

在教材的选用上选择符合本土文化和管理实践的具有较强应用性特点的教材，并在教学中参考一些国外高水平原版教材，教学内容方面保证其先进性和实用性，及时充分反映本学科动态和最新前沿知识，所选教学内容要能结合地方应用型人才的特点及地方社会对管理人才需求的实际，把企业及各类用人单位对人才的需求具化为岗位能力，针对组织行为学的具体教学内容，选择真实或有趣的接地气的社会热点话题、时事新闻等作为研讨话题，让学生利用所学知识进行分析，促进学生了解社会，关注社会发展动态，如针对个体差异中“个性”这部分内容选择近几年高校发生的大学生伤人和自伤案例（徐莉，2017），让学生加深对性格、气质等个性心理特征方面知识的理解和认识，培养自己积极阳光的心态和开朗乐观热情友善的性格；以传统文化中的“温良恭俭让”作为指导做人做事的道德标准，提高学生的人文素养；针对组织激励的教学内容，安排学生结合大学生当前学习积极性不高的问题，讨论分析如何调动大学生的学习积极性；针对组织管理中的团队建设这部分教学内容，让学生结合学校的电子商务创新大赛等，设计团队建设的方案，用以指导具体的创新创业团队活动以加强团队合作，培养学生的实践能力和创新能力，同时也促进人际关系的协调。

（三）关注组织行为学教学组织形式的安排和指导

1. 倡导和鼓励学生课堂的自我展示

教学中通过各种方式创造机会给学生进行自我展示，引导学生6～8人为一组且男女生必须混合组队，依据教师所设计的课程内容进行展示、分享、交流。通过课堂这一平台锻炼他们的语言和思维表达能力，同时也加深同学之间的相互了解。

2. 引导学生注重理论结合实际

通过案例练习和引导学生关注社会时事，让学生运用组织行为学知识来分析和解决生活和工作中出现的各种问题，充分发挥他们的主动性，调动他们的积极性，激发他们的创造性。

（四）组织行为学考核机制的改革

教学效果的好坏与考核机制有着密不可分的关系。本文以为依托青海民族大学教务处的相关要求改变考核结构和格局，应提高平时分所占的比例，将平时分的占比提高到70%，以改变原来“一张卷”的不合理考核机制，使学生改变只重视结果不注重过程的学习观念。采取课堂参与成绩（如课堂提问、课堂讨论参与情况、课堂发言的积极性、到课情况、小组合作学习等）和期末考核成绩（包括期末作业或期末考试或期末课程论文）30%相结合的方式给出最后成绩。其中课堂参与成绩的评分，具体操作如下：平时分（满分共100分）：①出勤满分15分，旷课一次扣5分，请事假（有假条的）一次扣2分，病假有假条不扣分；事假无假条的，一次扣5分。②课堂提问，满分共10分。每回答1次满分2分（准确性1分，主动回答得2分，被动回答只得1分，一学期共5次机会，回答超过5次按5次记）。③以组为单位的课堂活动，满分共5分：由组长根据每人每次参加的积极性，所做贡献大小，任务完成情况打分，组长本人由老师打分。④多种形式（包括作业、调研报告等）40 分：作业 20 分，其中每次作业都完成的得 15 分，另外 5 分是质量和态度分，根据自己做作业的实际情况酌情给自己评分，最后老师再根据检查或批阅情况给分。调研报告 20 分，其中调研视角 10 分，调研报告内容 10 分。

六、结语

本文以青海省域地方性、应用型、创新性人才培养为目标，以青海民族大学工商类一级学科建设为基础，提出从教学方法多元化、教学内容实践化、考核指标具体化、师资队伍新型化对课程实践教学进行改革，重新进行课程教学目标和课程教学过程的设计，以更好地实现市场人才需求和课程教学的对接，希望能在青海省域本科高校工商类专业课程教学中推广和应用，在为青海经济社会发展培养合格人才的同时，对民族院校工商管理专业组织行为学教学和人才培养提供一定的借鉴意义。

参考文献

［1］青海省“十三五”教育改革和发展规划［EB/OL］. http：//www. askci. com/news/chanye/20161021/10283271476. shtml2016 – 10 – 25.

［2］2016 年青海省教育概况［EB/OL］. http：//www. qhedu. cn/zwgk/jygk/201704/t20170406_ 23579. html. 2017 – 04 – 06.

［3］我省企业超 8 万家 活跃度指数 73. 8% 高出全国平均水平［EB/OL］. http：//news. sina. com. cn/c/2018 – 02 – 05/doc – ifyremfz5080312. shtml. 2018 – 02 – 05.

［4］李毅，田晓宁. 工商管理专业如何培养创新型人才——基于青海民族大学工商管理学院的调查［J］. 江苏商论，2017（11）：84 – 88.

［5］徐莉. 经管类专业组织行为学课程实践教学改革研究——基于安徽省域应用型人才培养导向［J］. 钦州学院学报，2017（3）：44 – 49.

基于青海民族大学茶文化课程的教学实践研究*

强 莹①

一、研究背景

茶文化是祖国传统文化的优秀代表，是东方哲学和智慧的集中体现，民族院校作为培养民族人才的重要力量肩负着国家、民族、地方经济发展的重要任务，“茶文化”课程教学有利于激发民族院校学生的民族自豪感和爱国热情，学茶、饮茶可以陶冶个人情操、协调人际关系、放松紧张心理、调节竞争心态、提高审美情趣并最终提升人文和综合素质。

二、青海民族大学茶文化课程开设的现状分析

青海民族大学坐落于青海省省会西宁市，创建于1949年12月，是青藏高原建立最早的高校、新中国建校最早的民族院校之一、全国首批获得硕士学位授予权单位。学校现有25个学院、1个直属教学系部，学科专业设置涵盖文学、理

* 基金项目：青海民族大学工商管理学院院级项目：茶文化选修课设置的研究与实践，2017. 8.

① 强莹（1980—），女，陕西咸阳人，青海民族大学工商管理学院副教授。主要研究方向：组织行为与人力资源管理、服务营销管理、中小企业管理。

学、法学、经济学、管理学、教育学、历史学、医学、工学九大门类；有58个本科专业、37个专科专业，共有来自全国30个省、市、自治区的汉、藏、回、土、撒拉、蒙古等31个民族的13328名学生，其中本专科生9559名，博士、硕士研究生1488名。截至2017年11月10日，学校已为国家培养了8.6万余名各民族合格人才。学校自2010年起开始启动素质教育工作，2014年7月，为了进一步扩大学生知识面、开阔视野、推进文理渗透、理工结合、提高大学生综合素质，校教务处制定了《青海民族大学本专科公共任选课程管理办法》，对课程设置、任课老师申请开课、学生选课、考核与成绩评定等进行了规范化要求。结合笔者开设“茶文化”课程和针对选课学生所做的调研来看，青海民族大学“茶文化”课程的开设存在以下问题：

（一）课程开设的重视度不够，使得教学效果差强人意

笔者自2011年、2012年、2018年开设“中国茶文化”“中国茶道”“中国茶艺”“茶道奥义”等茶文化系列课程，该系列课程主要通过课程的学习，使学生了解茶的丰富内涵，茶文化沿革，茶的礼仪、品鉴、冲泡以及茶企业的运作管理。旨在拓展学生的知识面，引导学生以茶悦己悦人，丰富生活，弘扬我国传统的茶文化及其精神，提升民族自信和文化自信。至今，已有近五百人选修，通过每次课程结束后的访谈发现，学生对本课程表现出极大的兴趣。该课程文化性、艺术性和技能性相结合的特点对学生的吸引力尤其大，但在课程开设过程中，也存在学校支持力度不够，教学场地教具匮乏、教学方法较单一、教学力量不足等问题，在一定程度上影响了教学效果。

（二）授课内容简单，教学方法单一，教学力量不足

目前“茶文化”系列课程，仅有一名老师讲授，课程梯队没有形成，且由于教学资源的不足导致教学方法较为单一，虽不是以教师“满堂灌”的方式开展，但在茶文化鉴赏，特别是茶的冲泡、品鉴阶段只能由教师自带茶叶、茶具在讲台上演示，阶梯教室学生比较多，因而效果不好。后又采取视频教学与教师展示相结合，感兴趣的学生上讲台学习，老师现场指导的方式进行教学，并邀请省内知名茶专家、茶培训学校、茶行业协会的讲师到课堂进行交流，虽相比以前的教学效果有所提升，但通过课后与学生的交流来看，他们依然希望目前的教学形式、教学方法可以再丰富一些。

（三）“茶文化”课程在素质教育中发挥的作用不明显

众所周知，茶文化课程通过了解茶的传播发展，茶的冲泡、品鉴以及在此基础上提炼升华的“茶道”精神，对大学生的人文素质影响深远，熊杰（2017）认为：“茶道作为我国传统民族文化的核心。其中融入了丰富的内涵理念，展现了传统中国人的精神世界。在茶道艺术中，我们既可以看到其中所蕴含的佛家禅思想，同时也能看到其中关于中国传统文化的具体内涵。”对学生人文素质提升有着十分重要的影响。乔心阳（2017）更是通过教学和大量的追踪调研发现“茶道精神，特别是茶道中的修行思想在大学生的挫折教育、创新能力、良好习惯的养成和知识修养的提高”等素质修养方面作用明显。但是，目前笔者在开课教研访谈的过程中发现，在被访谈对象中有近三成的学生学习茶文化课程是为了在同龄人中秀个人技能，对人文素养提升方面不太重视，加之课时量少、学分也不高，外在环境宣传也不够，因此目前在青海民族大学学生素质教育中发挥的作用并不明显。因此笔者结合自身课程教学以及青海民族大学实际展开思考。

三、对青海民族大学茶文化课程教学的思考

（一）加大茶文化课程的学时数，提升学分要求

本文以为学校的重视是十分必要的。本课程之所以出现开课时间间断，是因为相关选修课程改革删除了一些文化素质课程，使得本系列课程自 2013 ~ 2017 年四年间没有继续开设，而这期间却是其他高校大力推进开设的阶段。

茶文化课程十分丰富，因此建议适度加大课程教学时数，提升学分要求，允许阶段化、系列化学习，即“茶文化”课程开在第一阶段，设 1 个学分，旨在让学生了解茶的起源、茶文化的传播和发展、国内外茶文化特点等文化知识；第二阶段开设《茶艺》课程，设 1 学分，旨在学习茶的分类、冲泡、礼仪、品鉴等技能化知识；第三阶段开设《茶道》课程，设 2 学分，旨在通过学习修身养性、陶冶情操、提升审美。这一阶段是提升学生人文素养的关键时期，通过对茶文化知识的熟识、茶叶的冲泡，品鉴体会其中的各种人生哲理智慧，提升个人素质修

养、提升民族和文化自信等。目前由于课时量太小，只有 1 学分 16 课时，这几方面的知识学生仅仅是蜻蜓点水，刚满怀热情地开展学习，授课时间就结束了，并不能实现预期的效果。

（二）授课内容应兼具文化性、科学性、艺术性和技能性

由于这一课程包括茶的起源，茶文化的传播和发展、国内外饮茶的习俗、茶的品饮等文化性内容，茶叶的分类、茶的特征特性、茶叶冲泡、制作、品鉴、管理等科学性、艺术性、技能性内容需要面对文、理、工、农、艺、体、药等专业的学生，基础知识和学科差异较大，因此本文以为该课程的实用性、趣味性、时代性是引起学生学习自觉性、兴趣感的关键，因此将课程内容设计成系列课程，且在每一个课程开设之前对前一门课程进行精辟总结，结合时下网络语言进行表达，以提升学生的兴趣。比如，提及茶人的宽容、服务精神以“我不是你，但我要知道你的伤悲”来进行总结，并引申出沟通能力、团队精神的话题，让学生既掌握了相关茶人、茶道精神，又和相关专业与待人接物的人文素养得以结合。目前这一系列课程包括茶文化、茶艺、茶道三个阶段，通过课后调查，学生普遍接受且迫切渴望以系列课程的形式展现。

同时，本文建议依托精品课平台，进行校内整合并在校外聘请优秀茶文化专家、讲师组建授课团队。

（三）教学方法灵活多样，关注与实践的结合，为学生就业寻取新的突破口

目前茶文化课教学主要运用的是多媒体，作为与互联网、计算机一起成长起来的新生代，学生对教师课件的制作要求越来越高，因此制作一个“图、文、声”并茂，形象生动的课件是提升学生学习兴趣的重要手段。同时还不能忽视实物的展示，特别是茶艺课程阶段一开始泡茶、品茶、奉茶的习惯将伴随学生茶文化学习、修行的一生，同时结合目前业界“懂茶的不懂管理，懂管理的不懂茶”的现象，为了给学生提供更多的就业空间，还在教学过程中通过案例教学、情景模拟等方法让学生了解茶行业运作管理的过程，并与相关茶行业协会、培训学校合作提升学生相关技能，使学生从喜欢到学习，从学习到掌握技能，从掌握技能到文化传承。

（四）教学评价形式多样，重在培养学生兴趣，“师傅领进门”是根本目的

茶文化课程是青海民族大学的素质养成课，因此，考试形式也应有所创新。

笔者在教学考核过程中以焦巧（2014）提出的“过程式考核”较为合适，即考试成绩包括平时成绩和期末考试，其中平时成绩包括课堂考勤（10分）、小组作业（20分）；小组作业要求小组必须男女搭配，且专业必须不同，选择茶叶线上线下销售商店、平台、茶叶交易市场、茶餐厅、茶艺馆、培训学校、基地等进行相关调研，期末前提交调研报告；期末成绩为70分，以小组为单位，以茶艺表演形式呈现，通过教师的引导将学生“领进”茶文化“修行”之门。

（五）素质培养和提升是课程开设与教学的重中之重

1. 茶文化对中国传统文化的传承是提升学生人文素养的有效途径

熊杰（2017）以为：“我国是世界上茶文化体系最全面的国家，无论是茶文化内涵，还是整个茶文化体系的完善度均超过了世界任何一个国家和地区”，传统文化教育是高校素质教育的重要组成部分，中国茶文化作为我国优秀传统文化的精髓，蕴含了丰富的传统文化精神，其物质与精神双层面共存的特性，不仅有丰富的精神内涵，还有助于大学生在实践与生活细节中践行传统文化，这是对大学生进行优秀传统文化教育的一个有效途径，也是培养文化自信、民族自信的重要途径。

2. 茶文化中的德育内容是提升学生人文素养的重要内容

茶文化包含了儒、释、道各家思想，是东方哲学和智慧的集中体现，是我国传统文化的优秀代表，其中蕴含的价值观、道德观、审美情趣对当今人与社会的进步有着十分重要的推动作用，比如中国茶德所倡导的“精行俭德”的精神，启示大学生要形成良好的价值观，要不断反省自身行为，要遵循自然规律，不要过分虚荣，要尊重他人的劳动成果，倡导人与自然和谐发展。茶文化讲究的“茶如人生”，人生如茶，有淡淡的苦涩，亦有咀嚼不尽的甘甜，茶味不管有过怎样浓郁的甘甜或苦涩，最终会归于平淡，正如同人生无论有过怎样的辉煌，最终总不失质朴与平凡的本真。告诫大学生要先吃苦、多拼搏，不要养成“好逸恶劳”、爱享受的人生观。而泡茶、鉴茶的过程中要求泡茶者、品鉴者必须静气凝神，这是进行以上过程的前提，在潜移默化中帮助学习者摈弃浮躁情绪，茶文化中的礼仪让当代大学生能养成文明的举止，培养高尚的道德情操，养成谦和礼让、敬爱为人的良好品格，从而陶冶了情操，升华了思想，净化了心灵。笔者在“茶艺”课程讲授时从水的选择讲到道家的“上善若水”，从茶的冲泡讲到水的

包容、无私到团队精神的培养，这无疑对时下的新生代特别是独生子女相对比较自私的问题有一定的引导意义，由此看来茶文化课讲授中一定要有德育内容，这是学生素质培养和提升的一个重要体现。

3. 茶文化课程要关注美学教育，提升学生美学人文素质

茶文化课程还有极高的艺术性和怡情性，表现在茶艺表演的韵律美与动作美、茶席设计的意境美、茶具之美、茶馆的环境美、茶包装之美、茶香、茶味之美等，同时还强调仪表美、仪态美、语言美等，旨在无形中培养学生美的言行、美的举止，在课上老师还会对不同小组进行美育方面的指导。在期末的考试中仪态、仪表、礼仪等项目也在评分体系中，使学生在课上就注意自己的言行举止等，尽量把自己最美的状态展示出来，课后对中国传统服饰以及个人气质、仪态、礼仪等方面有更多的关注和提升。因此，茶文化课也是一种美的享受、美的提升过程，能达到培养审美情趣且陶冶性情的目的，在茶文化教学中加强美学教育是提升学生人文素养的又一关键途径。

四、结语

本文以为茶文化课离不开学校的支持，要实现教学内容的科学化、艺术化、技能化，教学方法的灵活多样，关注与实践的结合，实现教学评价形式多样，重在培养学生的兴趣，关注素质培养和提升，对大学生的素质教育影响深远。

参考文献

［1］青海民族大学宣传部．青海民族大学简介［EB/OL］．http：//www. qhmu. edu. cn/menushow/36. html.

［2］熊杰．茶道的礼仪表现及其精神内涵探析［J］．福建茶叶，2017（6）：98－101.

［3］乔心阳．茶道的修行思想在大学生挫折教育中的运用［J］．福建茶叶，2017（2）：266－267.

［4］焦巧．基于素质教育理念的高职院校《大学茶文化》公选课课程建设研究［J］．太原城市职业技术学院学报，2014（1）：155－157.

［5］黄晓琴，张丽霞，向勤锃．试论《茶文化学》课程对大学生人文素质和创新能力的培养［J］．茶叶加工，2010（1）：40－42.

[6] 张玥娟. 基于提升大学生素质教育的茶文化课程建设研究 [J]. 辽宁经济职业技术学院学报，2015 (6)：44-47.

[7] 李翠英，余有本，周天山，王荣花. 基于素质教育的茶文化课程教学改革与实践 [J]. 教育教学论坛，2014 (2)：173-174.

统计学课程对培养工商管理专业创新人才的影响研究

——以青海民族大学工商专业为例*

孙爱存　李　毅　夏红梅①

培养创新型人才的关键离不开高校对各专业培养方案的科学规划，而组成培养方案的具体专业课程，将是培养方案中的核心所在。统计学课程是教育部规定的工商管理各专业必修课的基础核心课程之一，与高校高素质技能型人才培养的目标相结合，成为学科基础教育的重要环节。因此，统计学的课程教育必须在高校科学的教育体系中实现其培养目标。在高校统计学课程学习体系中，统计学的教学内容从理论建构到实践应用与操作，要求学生必须掌握知识构架并且能熟练运用到工作中去。统计学教学不仅是方法类的学习指导，更是学生在实际工作过程中应用能力的具体体现。因此，本文以青海民族大学工商管理专业本科生为研究对象，对本科创新人才培养进行了相关调查研究，其目的是了解目前高校统计学课程对创新人才培养的作用、意义及其在实际工作中的应用水平。从搜集的调查数据出发，探讨目前统计学课程在教学与实践中的经验与存在问题，让学生充分掌握统计学的原理并提高分析问题与解决问题的能力。从长远角度看，也为地方人才的建设与培育提供了理论参考并给予了一定的建议。

本文采用第一手调研数据，调查中总共发放问卷200份，其中有效问卷为148份，回收率为74%，所有回收的问卷全部为有效问卷。其中男生人数为52

* 基金项目：青海民族大学本科教学改革重点项目《工商管理专业优秀创新型人才培养途径和方法的探索与实践》（2015－BKJXZD－02）。

① 孙爱存，女，陕西人，青海民族大学工商管理学院副教授、高级统计师，硕士。主要研究方向：应用统计。李毅，经济学博士，教授，青海民族大学工商管理学院副院长。主要研究方向：藏区特色产业发展、中小企业创新发展，产业集群、跨国经营与利用外资、区域经济。夏红梅，女，湖南桃源人，天津大学经济与管理学部博士生。主要研究方向：公共管理。

人，占总调查人数的35.1%，女生人数为96人，占总调查人数的64.9%。运用SPSS19.0软件进行相关分析，从中了解统计学课程在本科生教育中的实际状况。

一、高校统计学课程在本科教学中的实用性讨论

从表1中的数据我们可以看出，在被调查的148人中，有84人认为统计学课程具有很强的实践应用意义，占被调查总人数的56.7%，认为没用的只占24.3%。由此可见，多数学生认为统计学课程的实用性强。统计学的理论与方法增强了本科毕业生分析、处理实际问题的能力，并且在各行各业的工作中发挥了十分重要的作用。

表1　统计学课程的实用性

		频率	百分比（%）	有效百分比（%）	累计百分比（%）
有效	很实用	44	29.7	29.7	29.7
	实用	40	27.0	27.0	56.8
	一般	28	18.9	18.9	75.7
	不太实用	24	16.2	16.2	91.9
	不实用	12	8.1	8.1	100.0
	合计	148	100.0	100.0	—

二、高校毕业生对统计学课程实用性的主观判断解读

（一）女生在工作中应用统计分析思路解决实际问题更多

在被调查的148人中，男同学认为统计学课程实用的人数占所有毕业生的

53.9%，女同学认为实用的人数占所有女生的58.4%，选择很实用这一选项的男生略高于女生（见表2）。可见，女生在工作中应用统计分析思路解决实际问题更多。

表2　统计学与性别交叉制

			性别		合计
			男	女	
统计学	很实用	计数（人）	16	28	44
		比重（%）	30.8	29.2	29.7
	实用	计数（人）	12	28	40
		比重（%）	23.1	29.2	27.0
	一般	计数（人）	4	24	28
		比重（%）	7.7	25.0	18.9
	不太实用	计数（人）	12	12	24
		比重（%）	23.1	12.5	16.2
	不实用	计数（人）	8	4	12
		比重（%）	15.4	4.2	8.1
合计		计数（人）	52	96	148
		比重（%）	100.0	100.0	100.0

（二）毕业年限越长，统计学课程学习后对工作的实用性越强

通过调查我们发现，毕业1年以下的有54.6%的学生认为统计学学习后对工作有所帮助，毕业1~2年的仅有33.4%的学生认为统计学学习后对工作有所帮助，毕业2~3年的有57.2%学生认为统计学学习后对工作有所帮助，毕业3~4年和毕业4~5年的各有50%的学生认为统计学学习后对工作有所帮助，而毕业5年以上的有高达77.8%的学生认为统计学学习后对工作有所帮助（见表3）。可见，毕业年限越长，统计学知识在工作中的实用性越强。

表3　统计学与毕业年限交叉制

			毕业年限						合计
			1年以下	1~2年	2~3年	3~4年	4~5年	满5年及以上	
统计学	很实用	计数（人）	12	4	4	4	0	20	44
		比重（%）	27.3	16.7	14.3	50.0	0.0	55.6	29.7
	实用	计数（人）	12	4	12	0	4	8	40
		比重（%）	27.3	16.7	42.9	0.0	50.0	22.2	27.0
	一般	计数（人）	8	4	8	0	4	4	28
		比重（%）	18.2	16.7	28.6	0.0	50.0	11.1	18.9
	不太实用	计数（人）	8	8	4	0	0	4	24
		比重（%）	18.2	33.3	14.3	0.0	0.0	11.1	16.2
	不实用	计数（人）	4	4	0	4	0	0	12
		比重（%）	9.1	16.7	0.0	50.0	0.0	0.0	8.1
合计		计数（人）	44	24	28	8	8	36	148
		比重（%）	100.0	100.0	100.0	100.0	100.0	100.0	100.0

（三）财务管理专业毕业生的统计知识应用广泛

调查数据显示，会计专业有62.5%的毕业生认为统计学实用，财务管理专业有66.7%的毕业生认为统计学很实用，人力资源管理专业有50.0%的毕业生认为统计学实用，工商管理专业有52.6%的毕业生认为统计学实用（见表4）。由此可得，统计学课程对财会类专业用处最大，其次是工商管理专业，最后才是人力资源管理专业。

（四）统计学课程开设对外资企业工作的学生用处最大

调查结果显示，在政府部门工作的毕业生中，有70%认为在实际工作中运用过统计学知识解决面临的实际问题，外资企业工作中能用统计学知识解决问题的毕业生占100.0%，私营企业工作中运用统计学知识解决问题的毕业生占56.3%，在其他部门的工作中运用统计学知识解决问题的毕业生占75.0%，在国有企业就业及自主创业中运用统计学知识解决问题的毕业生为0（见表5）。可见，

表 4　统计学与本科所学专业交叉制

			本科所学专业				合计
			会计学	财务管理	人力资源管理	工商管理	
统计学	很实用	计数（人）	0	16	0	28	44
		比重（%）	0	66.7	0	36.8	29.7
	实用	计数（人）	20	0	8	12	40
		比重（%）	62.5	0	50.0	15.8	27.0
	一般	计数（人）	8	4	4	12	28
		比重（%）	25.0	16.7	25.0	15.8	18.9
	不太实用	计数（人）	4	4	4	12	24
		比重（%）	12.5	16.7	25.0	15.8	16.2
	不实用	计数（人）	0	0	0	12	12
		比重（%）	0	0	0	15.8	8.1
合计		计数（人）	32	24	16	76	148
		比重（%）	100.0	100.0	100.0	100.0	100.0

表 5　统计学实际应用与毕业生就业单位性质相关性交叉制

			就业的单位性质						合计
			国有企业	政府部门	外资企业	私营企业	自主创业	其他	
统计学	很实用	计数（家）	0	20	8	12	0	4	44
		比重（%）	0.00	50.00	100.00	18.80	0.00	25.00	29.70
	实用	计数（家）	0	8	0	24	0	8	40
		比重（%）	0.00	20.00	0.00	37.50	0.00	50.00	27.00
	一般	计数（家）	4	0	0	16	8	0	28
		比重（%）	33.30	0.00	0.00	25.00	100.00	0.00	18.90

续表

			就业的单位性质						合计
			国有企业	政府部门	外资企业	私营企业	自主创业	其他	
统计学	不太实用	计数（家）	8	8	0	8	0	0	24
		比重（%）	66.70	20.00	0.00	12.50	0.00	0.00	16.20
	不实用	计数（家）	0	4	0	4	0	4	12
		比重（%）	0.00	10.00	0.00	6.30	0.00	25.00	8.10
合计		计数（家）	12	40	8	64	8	16	148
		比重（%）	100.00	100.00	100.00	100.00	100.00	100.00	100.00

外资企业、政府部门、其他部门运用统计学知识解决问题的毕业生较多，占到70%以上。究其原因，可能是国有企业在用人方面本着人才的专业性原则，相应引进对口专业的人才，而非统计专业的毕业生在国有企业中一般不可能被分配从事相关的统计工作，如果真引进了这样的人才，其在上岗初期会使工作效率大打折扣。相对来说，自创业的毕业生则要全盘统筹进行创业，具体业务由专业人员来做，自己做好管理即可，因此统计知识应用几乎很少。

（五）组织单位的中层运用统计学知识解决问题的毕业生最多

由表6可知，在组织单位的基层中，认为统计学课程实用的毕业生占41.1%；在组织单位的中层中，认为统计学课程实用的毕业生占77.0%；在组织单位的其他层中，认为统计学课程实用的毕业生占57.2%（见表6）。可见，在组织单位的中层中，运用统计学知识解决工作中实际问题的毕业生最多。

表6　统计学应用与就职单位所处的位置相关性交叉制

			就职单位所处的层			合计
			组织单位的基层	组织单位的中层	其他	
统计学	很实用	计数（家）	16	24	4	44
		比重（%）	23.50	46.20	14.30	29.70
	实用	计数（家）	12	16	12	40
		比重（%）	17.60	30.80	42.90	27.00

续表

			就职单位所处的层			合计
			组织单位的基层	组织单位的中层	其他	
统计学	一般	计数（家）	16	4	8	28
		比重（%）	23.50	7.70	28.60	18.90
	不太实用	计数（家）	16	8	0	24
		比重（%）	23.50	15.40	0.00	16.20
	不实用	计数（家）	8	0	4	12
		比重（%）	11.80	0.00	14.30	8.10
合计		计数（家）	68	52	28	148
		比重（%）	100.00	100.00	100.00	100.00

三、统计学课程教学方法选择、存在问题与教学经验

良好的教学方法是培育高素质学生的重要条件，不同的教学方法会影响学生掌握知识、应用知识的能力。统计学课程是理论与实践相结合的具体体现，因此，其教学方法的选择至关重要，直接影响学生的学习效果和解决实际问题的能力。据被调查的148名毕业生反映，有4人、占总人数2.7%的毕业生认为纯理论教学效果较好；有112人、占总人数75.7%的毕业生认为案例教学效果较好；有96人、占总人数64.9%的毕业生认为项目教学效果较好；有120人、占总人数81.1%的毕业生认为校企合作（实践教学）效果较好；有76人、占总人数51.4%的毕业生认为实验教学效果较好（见表7）。综合以上数据分析，在本科生的统计学教学过程中，案例教学、项目教学、实践教学、实验教学各具特色，发挥着不同的教学效果。因此，在统计学教学中必须注重多种方法的交叉式、多样化教学，将不同的形式互相融合，才能产生极佳的效果，大大提升学生学习的兴趣与操作能力。

表7　统计学课程教学方法效果

		响应		个案百分比（%）
		N	百分比（%）	
教学方法[a]	纯理论教学	4	1.0	2.7
	案例教学	112	27.5	75.7
	项目教学	96	23.5	64.9
	校企合作	120	29.4	81.1
	实验教学	76	18.6	51.4
合计		408	100.0	275.7

注：a 值为 1 时制表的二分组。调查的有效样本为 148 人。

（一）案例教学法在统计学教学中的实际效果

由图 1 可以看出，在 148 人的有效样本中，认为案例教学帮助很大和帮助一般的人数是 68 人，各占总人数的 46.0%。所有毕业生都认为统计学理论的学习是必要的，说不清楚的仅有 12 人、占总人数的 8%。由此得知，案例教学在统计学教学中起到一定的作用。

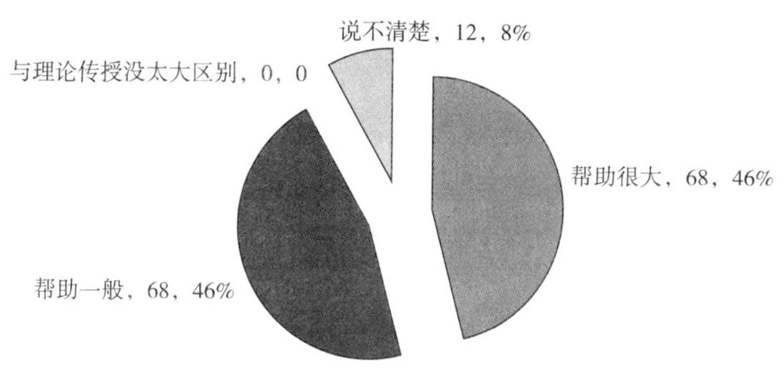

图1　案例教学法在统计学教学中的实际效果分析

（二）工商管理类专业统计学知识学习与运用效果解析

调查结果显示，有 20 人、占总调查人数 13.5% 的毕业生认为统计学理论教

学与实践教学相结合的实际效果很好；有 76 人、占总调查人数 51.4% 的毕业生认为统计学理论教学与实践教学相结合的实际效果一般；有 52 人、占总调查人数 35.1% 的毕业生认为统计学理论教学与实践脱节。综合以上分析，目前工商管理类专业统计学课程存在一定的问题，即理论与实际应用的偏差。所以，针对工商管理专业的学生应制定合理的统计学教学体系，找到理论知识与实践操作的结合点，防止出现“死读书、轻动手、无能力”的培育模式。

（三）高校教师在统计学课程的教学方向

在被访问的 148 人中，只有 36 人、占总调查人数 24.3% 的毕业生认为在校教师的教学方式在培养学生的应用能力和创新能力方面作用较强；其余 44 人、占总调查人数 29.7% 的毕业生说不清楚；还有 68 人、占调查人数 45.9% 的毕业生认为在校教师的教学方式在培养学生的应用能力和创新能力方面作用较弱。因此，在以后的教学过程中，在校教师应该选择更为适合的教学方式，以增强学生应用能力和创新能力的培养。

（四）高校统计学教学的能力培养问题

在被调查的 148 人中，有 36 人、占总调查人数 24.3% 的毕业生认为教师在教学过程中应更加注重知识传授；有 140 人、占总调查人数 94.6% 的毕业生认为教师在教学过程中应更加注重能力培养；有 104 人、占总调查人数 70.3% 的毕业生认为教师在教学过程中应更加注重素质教育（见表 8）。从以上分析中不难看出，在统计学教学中，应把培养学生的能力放在首要位置，同时还要把学生素质培养、知识传授结合到能力的培养当中去，形成高能力、高素质、高水平的现代化人才培养模式。

（五）收益最大的教学形式是实践教学（实习）

在 148 名被调查的学生中，有 60 人、占被调查总人数 40.5% 的毕业生认为教师在课堂上边讲边练时自己收益最大；有 72 人、占被调查总人数 48.6% 的毕业生认为教师在课堂上实际操作时自己收益最大；有 100 人、占总调查人数 67.7% 的学生认为教师在实践教学（实习）中的讲授使自己收益最大；有 12 人、占被调查总人数 8.1% 的学生认为教师在课堂上做大量作业时自己收益最大；仅有 4 人，占被调查总人数 2.7% 的学生认为教师在课堂上讲授时自己收益最大（见表 9）。可见，教师在课堂上实践教学（实习）是学生公认的最好教学形式。

表 8　高校统计学教学的能力培养侧重比例分析

		响应		个案百分比（%）
		N	百分比（%）	
教学培养[a]	知识传授	36	12.9	24.3
	能力培养	140	50.0	94.6
	素质教育	104	37.1	70.3
合计		280	100.0	189.2

注：a 值为 1 时制表的二分组。调查的有效样本为 148 人。

表 9　收益最大的教学形式

		响应		个案百分比（%）
		N	百分比（%）	
教学形式[a]	课堂讲授	4	1.6	2.7
	边讲边练	60	24.2	40.5
	实际操作	72	29.0	48.6
	做大量作业	12	4.8	8.1
	其他	100	40.3	67.6
合计		248	100.0	167.6

注：a 值为 1 时制表的二分组。调查的有效样本为 148 人。

四、对策建议

针对以上分析，本文提出以下对策建议：

（一）逐步提高教师的案例教学水平

逐步提高统计学教师使用案例的教学水平，在对案例教学的案例选取基础上，提升教师的教学技巧。采用“以老带新”的培养教师方式，让经验丰富的教师“传、帮、带”年轻教师进行有效的案例教学。第一，多组织教师进行观摩教学，听取经验丰富、案例教学能力强的教师的课，在观摩中学习，在课后研讨，取别人之长，补自己之短。第二，鼓励教师参加各类案例研讨的学术会议、学术讨论，或是学院组织举办一些相关的学术研讨会。例如，开展校内 MBA、MPAcc 的案例教学研讨会，使得教师相互学习，提高案例编写、案例教学的水平。第三，通过学校的教学资源、微信、腾讯等公众服务平台，例如通过学校图书馆的电子资源获取一些经典教学案例，在此基础上教师还要进行自我提高，主动研习各类经典案例，力求在课堂上将教学案例分析透彻，做到举一反三的效果。

（二）逐步加强教师授课过程中理论与实践的结合

理论教学与实践教学结合的教学方法，说简单也简单，说难也难。高校教师只有自己实践经验丰富了，才能很好地应用这一方法。一是毕业后直接进入高校的教师，实践能力肯定欠缺，对此，学院应给这部分教师提供相应的实践平台，使教师可以到一线去体会、去实践，以提高自己的实践能力。二是从社会上引进一些正在从事统计工作的人员来承担相应的实践课程，或者进行相应的实践讲座，以弥补实践教学的不足。三是让具有实践经验的教师带领学生进行实际演练，帮助学生真正掌握、科学使用统计学的方法。四是积极与国内优秀高校进行合作，一方面选派校内优秀教师去外校进修学习；另一方面将外校优秀的教师请来本校，进行示范性教学，以帮助教师提高自己的教学能力与水平。

（三）逐步提升学生的综合能力

鉴于我校是教学型大学，培养的是应用型人才，在创新人才培养方面必须注重学生综合能力的培养。学生综合能力的增强是学生在社会上获得更高社会地位的关键，要培养学生各个方面的能力，包括学术专业能力、人际交往能力、承受压力能力等。工商管理专业的统计课程是基础课，这就要求教师在教学过程中，一是培养学生掌握基本理论知识，通过案例教学引导学生认识问题、获取统计资料、整理资料、分析资料的方法。二是提高学生对几种基础统计软件，例如 EXCEL 的数据分析、SPSS 等的熟练操作，指导学生对操作所得的图、表等结果用统计学术语进行描述、建模、检验等分析，从而达到统计能力培养的目的。同时，还要培养学生认真细致、一丝不苟、耐心等人文综合素养。

（四）平衡理论教学和实践教学的时间分配

由于工商管理类各专业开设的统计方向的课程只有统计学，开设时间只有一个学期，学生在当期学完理论知识、熟练进行实践操作并考核通过后，在专业培养方案中再无这方面相关课程的设置，除非有些同学感兴趣会看一些相关的书籍或选学全校的相关公开课外，绝大部分同学不会再抽出时间加强统计应用能力的提升。鉴于此，对于处于西部地区，学生本身基础差的院校来说，要在有限的时间内增加统计学课程的实践教学，就只有在总课时不变的情况下，适当地缩减理论教学时间，将部分时间分配给实践教学，以达到增加实践教学时间的目的。

参考文献

［1］孙爱存，李毅，夏红梅．工商管理专业本科创新人才培养调查研究［J］．江苏商论，2017（7）：116－120.

［2］李毅，刘琦，夏红梅．工商管理专业毕业生就业问题探析——基于青海民族大学工商管理学院的调查［J］．江苏商论，2016（8）：74－78.

［3］李勇．国有企业真的抑制了自主创新吗？［J］．中南财经政法大学学报，2017（4）：20－29.

［4］刘健，江文，张敏强，罗寿权．应用型本科院校大学生课程兴趣影响因素实证研究［J］．高教探索，2016（7）：72－77.

［5］汤美玲，杨立军．中外课程教学及学生学习收获差异的实证研究——以南京某工科高校中外合作办学项目为例［J］．复旦教育论，2015（1）：30－36.

［6］魏海勇，刘剑青．美国一流人才培养的政策机制与实践创新［J］．中国高教研究，2016（7）：82.

［7］登云，齐恬雨．论高等教育普及化阶段的人才培养［J］．中国高教研究，2016（4）：15－17.

课程认知对学习积极性影响的思考

韩育晟

一、问题的提出

工商学院成立已有10余年，在学校的关心和领导下，学院已经有了很大的发展，形成了一所集本科教育和研究生教育于一体，在校学生规模较大的学院。作为一名工商学院的教师，我有幸见证了学院各个方面的发展，时至今日，学院在发展的道路上遇到了一些问题，现谈一下自己的一些看法。

作为一名教师，在学院发展的相关问题中，首先要谈的一定是教学工作。近年来学院在教学方面取得了一定的成绩，但也存在一定的问题。笔者认为主要表现为学生学习的积极性不高，学习的效果不佳，课程通过率降低，并且呈现逐年降低的趋势，尤其在近年来这种感觉越发明显。如果任其发展，其后果是可想而知的，因此如何提高学生的学习热情和积极性、提高教学质量，是现在亟待解决的问题。

作为一名教师，笔者一直被这个现状困扰，曾有许多次与老师们探讨过这个问题，并且也一直在思考这个问题。如果要找一个简单的，让自己相对能够接受的思路和答案，那么很快就能得到这么一个答案：那就是教师不变、课程不变、方法照常，甚至在上课过程中，比之前花费更大的精力与时间，那么如果教学效果不佳，原因就在于学生。是学生发生了变化，学生学习不努力。这样想当然地将责任推给学生，由于学生的懒惰不学造成教学效果不理想。诚然学生当中会有这种情况存在，但作为一名教学工作的主导者，如果这样去思考问题，那么这种情况就无法改变，其结果是现在出现这种情况也不难理解。

教学工作是一项系统工程，其质量会受到许多因素的影响，但如果要解决教学工作中存在的问题，就应该从众多影响因素中，寻找并抓住主要因素进行分析。本人认为，影响教学的主要因素在于教师和学生，因此就这一问题，应该从学生和教师两个角度去进行分析。

从学生层面分析影响学生教学效果的因素，主要应该从学生是否能够主动积极地学习方面去入手。具体来讲，如果学生能够主动积极地学习，那么教学效果的提高是必然的。这是一个非常简单的道理，甚至有啰唆之嫌。笔者认为，这是一个简单浅显的道理，但却是学生学习结果的体现，出现不同的学习结果与学生对课程的认知程度密切相关。从学生的角度而言，对于任何一门课程，都会有一个从认知到实践到结果的过程，这个过程的结果最终体现在教学效果方面。具体来讲，如果学生首先对所学习的课程有一个良好的认知，那么他们学习的主动性就会提高，最终的学习效果也会有一个良好的反映。如果学生对所学的课程认知程度不高、学习的积极性低下、学习过程中感到痛苦，那最终的效果不言而喻。因此本人认为从学生对课程认知的角度，来寻找提高学生学习积极性的途径，也不失为一个好的思路。

二、对课程认知的解释

笔者认为对于课程认知，我们应该从以下几个方面去理解。

首先是对于课程认知的认识，课程认知是指学生初次接触一门课程或从课程表当中看到课程时的初次印象，以及在学习过程当中从心理上形成的，对这门课程的喜好程度。这种喜好程度的心理取向，在一定程度上决定了学习态度以及学习的积极性，进而会影响教学效果。

其次是课程认知过程的认识，课程认知有一个初期认知和后期认知的过程。前者主要体现在初次接触课程时所形成的心理偏好上，后者主要是后续学习过程当中所形成的喜好程度。

再次是课程认知有主动形成和被动认可之分。主动形成主要体现在初次认知方面，被动形成主要体现在后续学习方面。就初期认知和后续认知本身而言，由于形成时间的差异，初次认知和后续认知存在稳定性不同的特点，后续认知相对稳定。

最后就初期认知和后期认知的结果而言，二者对课程认知的取向有时一致，有时是不一致的。

三、影响课程认知的因素

从课程认知这个概念的提出，可以看出课程认知在一定程度上反映一个心理现象或活动，而这种心理活动最后会体现在学习的行动方面以及最后的教学结果上。因此教师在教学工作中，应该承认学生对于这种现象所表现出来的理性和感性结果，也就是说学生是一个理性和感性相结合的“人”。那么影响学生课程认知程度的因素，有理性因素和感性因素两个方面。

所谓理性因素是指决定学生能够做出理性选择的因素，最终体现在学生对课程价值的认识上。如果我们理性地分析一门课程价值，我认为应从课程在整个专业的贡献程度以及对自己未来就业、考研，甚至将来考试通过的可能性等方面做出对课程价值判断，这几个方面也构成了学生对一门课程认知程度的主要影响因素。

除了理性因素之外，感性因素也是至关重要的，感性因素对于学生的影响应该是多方面的，并且呈现出多元化和不确定的特征。诸如课程名称、教师名气、对教师的喜好程度、课堂气氛、甚至教师的关心程度等可能都会影响学生对于课程的认知。就这两个因素而言，对于课程认知的影响，两个因素都很重要，但笔者认为教学更应该注意理性因素对课程认知的影响。

四、从课程认知看不同时期学生变化

关于“人”的概念，如果从“经济人”对人性的解释来看，每门课程应该都是有价值的课程，那么学生对于课程的认知程度更多地应该受到理性因素的影响，因此学生对于课程的认知，应该都是理性的。在这种情况下如果教师能够悉心地完成教学任务，那么结果应该是呈现出一种学习态度端正、教学效果良好的状况，然而现实情况却不尽人意。

从课程认知程度的影响因素角度来分析这个问题，我们可以比较不同入学时间学生的变化情况，从中发现问题。笔者通过前几年的教学经验以及前几年与学生的接触中，发现影响课程认知程度的因素中，理性因素是高于感性因素的。

学生对于所学习的专业有一个清楚的认识，知道各门课程对于自己的价值。在教学过程当中教师能切实地感受到学生对知识的渴望，学生在学习过程中经常出现“吃不饱”的情况。教师在课间休息时，学生问题不断，提前主动学习现象比较普遍，对于课程讲授深度不满的情况也屡有发生。甚至出现有自己不喜欢教师所授课程，但成绩非常好的情况。这些情况与现在的学生情况形成较为鲜明的对比。这说明以前学生在课程认知中理性因素高于感性因素，在这种情况下教学效果也就可想而知了。形成这种情况的原因是多方面的，笔者认为最主要的有以下几个方面：

第一，学生存在危机意识，这是由以下几个方面的原因导致的。其一是学院学生中家庭贫困的较多，知道学习改变命运的道理。认为学习就是大学期间最重要的事情，因此学生对自己的未来有一定的设计和规划，同时学习能力较强，学习相对刻苦。其二是对自己学校和专业有一个比较清楚的把握，清楚自己学校在全国高校中的排名。其三是学生学习基础存在差异化，本地学生以前存在的优越感缺失。

第二，本专业的学生有一定的专业荣誉感。我校属于地方性二本院校，但不可否认财会专业在学校是一个热门专业的事实。热门专业的学生普遍存在一定的专业荣誉感，为能够在青海民族大学财务专业学习存在一定的自豪感。因此无论是在学习还是在集体活动中，都会维持专业的荣誉感，因此在学习过程中能够对专业课程有良好的认知也是必然的。

第三，学生在大学学习期间考取各类证书的机会较多，学生的学习目标明确。财务专业相对于其他专业，在大学期间有许多证书可以考取，从简单的会计从业资格证、初级会计师，到相对高级的证书中级会计师证、注册会计师、注册税务师证书，我院的学生基本都具有考取的资格。这些证书的考取过程也是学生充分自主学习的过程，这种效果非常明显。这一因素在很长时间当中，影响着财务专业学生的学习热情。以上情况在近年来已悄然发生了变化，现今的学生体现出了不同的特点。一是危机意识不强。相对于以前的学生，如今的学生中虽然贫困学生仍然存在，但得益于国家良好的政策，贫困学生的情况已经明显得到改善。同学家庭条件普遍较好，在这种情况下只要求考试通过、拿个文凭就好的思想意识很重，学习努力程度和自主意识较弱。二是对专业课程，主动认识、把握的意识不强。三是缺乏专业荣誉感。四是考证环境发生变化，随着国家政策的变化，许多证书已经取消，或者无法报考从业资格证书，2017 年取消中级会计证、注册会计师证、税务师证书，在校学生已经无法报考，目前能报考的证书，只有初级会计师证和国际内部审计师证书。这一现状使学生在一定程度上缺少了学习的目标和动力。

通过对现在学生和以前学生的对比分析，可以清楚地发现，学生的状况已经发生了很大的变化。对目前的学生状况进行总结，可以得出以下结论：

由于近几年来家庭条件的变化，学生学习压力不大，独生子女现象普遍，因此学生的自我管理、自我约束能力较弱，娇生惯养情况普遍存在，在学习中表现为怕吃苦、对学习的重要性认识不足，在学习的主动性和自主性方面有所下降，学习比较随性，不想学习的理由充分。在这种情况下，对专业课程做出理性的判断就比较困难。

从课程认知的角度来看，以前学生对于课程认知相对主动和正向，目前学生对于课程认知偏向被动和消极。根据认知过程分析，目前学生认知需要以学校和教师为主进行正向引导，要注重后期课程中认知变化的特点，并注重被动认知改变的规律。

五、注重课程认知程度，提高学生学习积极性的途径

提高和引导学生对课程的认知程度是提高学生学习积极性的重要方面，而提高课程认知需要从不同的层面去努力，笔者认为可以从学院层面和教师层面入手来提高课程的认知程度。

（一）学院层面

学院作为学生管理的一个直接主体，其具体工作的效果相对于教师和班级层面更加权威和具体，所以在提高课程认知程度方面应发挥其应有的作用。具体可以从以下几个方面入手：

1. 积极引导学生对专业的认识和课程的理解

学生对课程的认知很大程度上与对专业的认知有关，从学生对于专业认知的时间来看，除了在填报志愿的阶段外，学院的入学教育阶段是学生加强专业认知的绝佳机会，因此学院应充分发挥入学教学阶段的时间，通过举办各种活动使学

生充分认识所报考的专业，让学生认识专业，喜欢所学的专业，进而培养学生的专业荣誉感。

2. 营造良好的考证环境树立学生学习目标

由于近年来考证环境的变化，学院对考证工作的重视也有所下降。前几年的教学实践已经证明，考证对于学生学习热情的影响和学习热情持续性的作用是非常明显的。良好的考证环境下良好的教学效果，也曾成为学院教学的亮点之一。因此学院在教学管理工作中还是需要营造良好的考证环境，例如考证相关课程的上课学期和课时的安排、考证期间课程的调停课等。

3. 充分发挥学业导师的作用

学生导师工作是我校教学改革的一项重要内容，期望通过学业导师来引导学生高质量地完成专业的学习，因此学业导师可以充分利用好指导的时间，引导学生建立良好的课程认知。

4. 适当加大对学生报考本院研究生的支持力度

学生学习的积极影响因素是多方面的，其中学习目标的树立比较关键。在缺少了考证机会的情况下，引导学生考取硕士研究生也是使学生树立学习目标的有效方法。由于学生基础和专业热度的原因，学院学生报考的录取率普遍不高，这在很大程度上影响了学生报考的积极性。近年来学院硕士点的建设已初具规模，已经可以满足学生报考硕士的相关专业要求，所以学院如果给予我院学生报考优惠政策，可以提高学生报考的积极性。

（二）教师层面

教师是课程认知的中心环节，直接决定着学生对于课程的认知效果。所以教师教学工作对于学生课程认知的影响最为直接。笔者认为可以从以下几个方面入手。

1. 上好第一堂课

从学生对于课程认知的过程来看，有初期课程认知阶段和后期认知阶段之分，初期认知阶段对于课程认知的形成比较重要。从目前学生对于课程认知的主动性来看，主动了解课程的情况较少，因此教师第一堂课的效果对于学生的影响是非常大的。教师是否能够充分利用第一堂课的时间，使学生树立正确合理的课程认知至关重要。上好第一堂课可以从课程在学科中的重要性入手，从基本内容的介绍和学习方法的引导等方面出发，同时应该注意课程重要性和课程学习难度的平衡，尽量避免由于过分强调学习难度让学生产生课程太难而“知难而退”的思想。

2. 采用多元化方式，提高课堂教学效果

课程认知的后期认知在于学生在平时的学习中所形成的课程偏好程度，因此课堂教学永远是建立良好的课程认知，进而提高学生学习积极性的主要“阵地”，教师应该牢牢掌握阵地的主动权来吸引学生，进而树立良好的课程认知。在课堂教学中教师在完成教学内容的基础上，采用多种教学方式是非常重要的。

3. 拓展课堂教学空间

课程认知除了要关注学生课堂教学环节之外，更应该把握学生的主动性。从目前学生的学习状态来看，学生主动了解课程的情况较少，因此教师应该引导学生形成主动学习的习惯，可以通过拓展教学空间的方式来督促学生自主学习，变被动为主动。主动学习的过程就结果来看，实际是加深良好课程认知的过程。

4. 关爱学生尊重学生

学生对于课程的认知会受理性因素的影响，同时也会受到感性因素干扰，虽然从决定的因素来看理性因素更加重要。从目前学生的状态来看，学生对于课程的认知呈现受多元化因素影响的趋势，因此在教学管理工作中，感性因素也是一项不可忽视的方面。感性因素对于课程的影响是多元化的，同时感性因素有一定的不稳定性。

笔者认为只要以关爱学生、尊重学生的方式减少感性因素中不利因素，培养感性因素中的有利因素，就会达到事半功倍的效果。

参考文献

[1] 许枫叶，宋晓华．影响大学生学习积极性因素调查及对策研究［J］．课程教育研究，2013（1）．

[2] 王云海，武丹丹，李峰．影响大学生学习积极性的因素研究与对策分析［J］．河南大学学报（社会科学版），2006（9）．

[3] 张永生，张曼曼．影响大学生学习积极性的因素分析［J］．河南科技学院学报，2016（2）．

面向创新能力培养的财务管理课程教学改革探讨

王韶君①

“探索多种培养方式，形成各类人才辈出、拔尖创新人才不断涌现的局面”是我国在《国家中长期教育改革和发展规划纲要（2010～2020年）》中明确提出的教育改革的目标和要求。《国家“十三五”规划纲要》也提出“要改革人才培养机制，实行学术人才和应用人才分类，强化实践教学，着力培养学生创新创业能力”。因此培养创新人才已成为我国高等教育工作的一项影响时代发展的迫切需要和战略任务。而培养具有创新能力的人才，也是知识经济时代高等学校培养高层次人才的重要内涵。在财务管理专业中，财务管理课程属于专业核心课程，是一门专业性、实践性、实用性、综合性很强的课程，在培养财务管理专业学生创新能力和提高学生综合素质方面起着非常重要的作用。但在学生创新能力培养方面却存在诸多问题，很大程度上影响了财会专业培养创新人才的数量和质量。因此，研究面向创新能力人才培养的财务管理课程教学改革与实践问题，对促进财务管理课程教学改革和全面提升财务管理课程的教学质量和教学效果，培养财务管理专业创新人才，具有十分重要的理论意义和实践意义。

---

① 王韶君（1980—），青海民族大学工商管理学院讲师。主要研究方向：企业财务管理理论与实务、中小企业理财研究。

一、财务管理课程教学中存在的问题

（一）财务管理课程创新性人才培养目标不清

专业人才培养目标指引着与专业相关的课程目标，而课程目标又影响着课程的教学过程，指引着专业教育培养的具体方向和内容。适应社会主义市场经济发展需要、服务地方经济建设、培养财经类专门人才是当前财会类专业人才培养的主要目标，其实质就是就业教育。在这种教育目标的主导下，财务管理课程的教学目标专业性、技术性强，但对学生个性发展和创造性的培养却并没有在专业人才培养目标中明确体现出来。

（二）教学内容脱离实际

创新的实现需要掌握一定的理论知识和技能，从财务管理课程教学来看，就是教学内容必须符合实际，能够反映和指导社会实践。目前财务管理教材多采用西方财务管理理论，内容都是围绕上市公司展开的，但西方企业的理财环境与我国是不同的，因此造成了财务管理的教学内容与我国现实之间的差距，使得财务管理课程的教学内容不能满足创新创业对财务管理不断升级的要求。另外，从青海民族大学自身二本院校的特点出发，学生毕业后的就业去向很多都是中小企业，而传统的财务管理随着创新创业的兴起，所涉及的内容不断扩展，创业型企业财务管理在融资、投资、资金运营等方面不可能完全照搬大公司的财务管理模式，例如：从融资方式上看，除传统的银行贷款、发行股票或债券、股本融资、商业信用等渠道以外，新兴的风险投资、P2P 网络借贷、众筹、创业基金等也成为企业融资的新方式，而现行教材内容做不到及时更新，往往导致财务管理的教学内容更新速度慢，无法满足创新创业对财务管理不断升级的要求。

（三）教学方法和教学手段单一

在教学过程中，财务管理课程的教学方法大多是传统的教师主导型的教学模式，财务管理课程教学的大部分时间都是由教师讲授为主，这种单一的教学形式使得教与学不能很好结合。现在的学生自主意识强烈，个性十分鲜明，对新鲜事物表现出强烈的兴趣，但教师主导授课的教学模式无法适应学生的这种特点，因而学生的学习兴趣和热情不高。虽然在教学中对案例教学法、分享教学法、参与教学法等教学方法也有采用，但案例教学法的运用，多数情况下也是教师一个人独立完成案例介绍、分析等工作，学生参与较少，学生缺少学习的积极性。同时，在有限的总学时下，实践学时占比不高，简单的单项训练代替了实践训练，形式上又多以强化对原理掌握的习题练习为主，教学偏理论、实践教学不足的问题表现得非常明显。学生由于缺乏财务管理应用能力训练以及财务管理在创新创业中的应用体验，在创新创业过程中面对实际问题时难以解决。

（四）“双师型”教师缺失，教师企业实战经验不足

我国普遍存在着会计博士较少的现状，而青海民族大学会计学博士教师缺失是一个不容忽视的现状。现有的财务管理教师都是硕士研究生，虽然不少教师已取得中级会计师、高级会计师证书，理论知识渊博，但是科研能力有限，缺少财务管理科研团队。同时很多教师从学校到学校，或者长期待在学校，缺乏实际的企业实践工作经验，不能及时地掌握相关最新知识以及实际的理财工作变化动态，在为学生讲解财务管理理论知识时，难免显得空洞乏味。教师在授课过程中往往从自身优势出发，只重视知识理论教学的完整性，忽视了实践环节，理论教学与社会实践脱节，实践教学无法满足学生的需求。

（五）课程考核方式不合理

工商管理学院财务管理课程的考核形式是70%试卷成绩加30%平时成绩，闭卷考试侧重检验学生对各种概念、原理、模型和计算的掌握情况。这种考核方式着重考核学生的记忆能力，导致了学生学习死板，缺乏对课程知识的深入理解和灵活应用，缺少对分析问题和解决问题能力的考核，不能全面评价学生的学习质量，也不能培养学生应用知识的能力，同时也无法激发学生的创造性潜能，不利于学生创新，很大程度上制约了学生创新能力的培养。

（六）学生动手能力差，自主创新兴趣和能力不足

学生的主动参与、教师的正确引导和良好的氛围条件是培养学生创新能力所不可或缺的，只有在教学中尊重学生的主体地位，调动学生学习的主动性和积极性，实现教学相长和在教学中有效积极互动，才能培养出高质量的创新人才。财务管理课程教学大多是教师在课堂上传授知识，教师只注重理论，不重视实践教

学，学生所学的知识是从书本到书本，模拟的仿真性不强，基本上是计算做题，与实际联系不紧密，使得学生的动手能力很差。而学生课后自觉学习不够，主动学习的热情不高，一遇到实际问题，不知道如何分析和解决问题，无从入手，这极大影响了学生的创新意识和能力，导致创新动力不足。

二、面向创新能力培养的财务管理课程教学改革建议

（一）明确财务管理教学创新性人才培养目标

为了使财务管理专业培养的人才具备良好的职业素质和创新创业能力，必须从学生培养目标的确定开始就明确应用型、创新型人才培养的目标。具体来说就是要在教学各个环节中，思考如何将学生大学中所学习的知识能力素质沉淀，与现实就业相结合，引导学生将课程知识、课堂讨论、实验室实训等教学过程中所获得的知识整合能力、人际沟通能力、实践操作能力等予以实际应用，重视学生个性发展和创造性的培养。

（二）根据创新人才培养需要调整和更新教学内容

首先，在保留财务管理的基础理论知识的基础上，注意学科发展的最新成果和动态，不断更新和充实财务管理的教学内容，力求从学科前沿的角度，让学生掌握新知识、新技术、新方法；其次，财务管理课程内容设置要有层次性，合理界定财务管理基础、中级财务管理、高级财务管理和财务管理案例的内容，避免知识的重复和遗漏；最后，理顺理论教学与实践教学的关系，在实践教学中，引导学生从财务管理的角度出发，应用所学理论知识和基本方法，分析和解决企业的实际问题，在巩固理论知识的同时，不断提高学生的实际动手能力和解决问题的能力。

（三）选择多样化教学方法

财务管理课程可以采用教师讲授、小组讨论、问题分析等常用的教学方法，培养学生的学习兴趣，提高知识理解能力和实际操作能力。还可以结合学生的实际情况采用更加多样化的教学方法，比如可以采用问题引导法，通过集中讨论和

分析重点、难点问题，在当堂讲解重点、难点问题的同时，培养学生发现和解决问题的能力。还可以采用案例教学法，通过分析案例的核心内容，引导学生运用所学知识解决案例问题，培养学生解决实际问题的能力。另外还可以通过模拟扮演不同角色进行问题剖析和决策，培养学生在实践过程中的团队合作意识，为创新创业的开展奠定基础。

（四）加强财务管理课程实践教学环节

创新能力培养过程中必须加强实践教学环节，在财务管理课程的教学过程中要以学生为主体，鼓励学生创新，提高学生参与的程度，将财务管理课堂讲授、课堂讨论、撰写案例或论文、财务管理综合实训等有机结合，加强对学生信息获取与表达能力、知识再认与再现能力、知识重组与综合能力、动手操作与实践能力的培养和训练。在财务管理课程教学实训中可利用ERP沙盘模拟经营，达到学生强化对财务管理知识整体性、系统性的掌握的目的。在ERP沙盘模拟经营中，对学生分组后，在各组内分别让学生模拟担任企业CEO、CFO等职位，通过模拟企业在竞争环境下几年间的运作过程，让学生在操作中深刻认识竞争、生产、预算、筹资管理、投资管理、成本管理、现金流等概念，深入了解企业经营过程和财务管理的重要性。可见，通过类似ERP沙盘模拟经营等实训，可以充分调动学生的学习积极性和课程参与度，在提升应用专业知识能力的同时，有效提升学生的创新意识和创新能力。

（五）优化设计课程考核方式，全面评价学生

在财务管理课程考核方式选择上，可以将多种考核方式综合起来全面评价学生。具体的考核方式可以选择课程参与度、小组贡献、实践操作结果、闭卷考试等方式，其中闭卷考试可以促进学生掌握财务管理知识、基本观念、基本的技能，课程参与度、小组贡献、实践操作结果等考核，有助于提升学生对财务管理课程日常学习的重视度和参与度。采用不同的考核方式，从不同方面对学生进行考察，可以真正通过课程考核正面激励和刺激学生的创新意识和积极性。

（六）加强师资队伍建设，支持教师参与企业实践工作

师资队伍的建设对学生的创新能力培养具有重要的作用，可以采取“引进来”和“走出去”两种方式来进行。“引进来”就是通过聘请企业财务总监、财务经理或财务主管，或者是会计师事务所的执业注册会计师等优秀专业人才作为

兼职教师，在讲解财务管理实践部分时承担一些教学任务。充实兼职教师数据库，不仅可以建成专兼结合、实践经验丰富的教学团队，同时也能达到快速提升实践教学指导教师的整体素质和业务水平的目的。“走出去”就是积极为教师提供条件，鼓励教师深造提高学历、去高校进修或者鼓励教师进实训基地，进校外实践基地，进企业，鼓励年轻教师到会计师事务所等进行驻点锻炼，体验实际工作过程，发现理论与实际的差异，积累实际工作中的专业素材，编写实践教学案例，快速成长为双师双能型教师。

参考文献

[1] 宗声．基于创新能力培养的财务管理教学改革［J］．现代企业教育，2012（21）．

[2] 者吉莲．基于 TOPCARES－CDIO 的《财务管理》课程教学改革［J］．经贸实践，2015（6）．

[3] 黄瑞．谈融入创新创业理念的财务管理课程改革［J］．财会月刊，2016（30）．

[4] 袁洁贞．基于业务素质培养的财务管理课程教学体系改革与创新［J］．佳木斯职业学院学报，2016（12）．

互联网思维对管理职能的影响

王 炜

进入 2012 年后，大数据（Big Data）一词越来越多地被提及，人们用它来描述和定义信息爆炸时代产生的海量数据，并命名与之相关的技术发展与创新。据 IBM 的研究称，整个人类文明所获得的全部数据中，有 90% 是过去两年内产生的。而到了 2020 年，全世界所产生的数据规模将达到今天的 44 倍。

数据正在迅速膨胀并变大，它决定着企业未来的发展，随着时间的推移，人们将越来越多地意识到数据对企业的重要性。正如《纽约时报》在 2012 年 2 月的一篇专栏中所称，"大数据"时代已经降临，在商业、经济及其他领域中，决策将日益基于数据和分析而做出，而并非基于经验和直觉。哈佛大学社会学教授加里·金说："这是一场革命，庞大的数据资源使得各个领域开始了量化进程，无论学术界、商界还是政府，所有领域都将开始这种进程。"

而互联网的思维也对管理的职能产生了重要的影响，因此本文认为在教学中应该加入这部分内容。

一、互联网思维与计划

管理者的职能有计划、组织、领导、控制，在这四个职能中，计划职能是首位职能。或者说一个管理者在行使管理权力的时候第一个使用的就是计划职能。所以计划职能在整个管理的过程中可以说是举足轻重的。互联网思维对计划有哪些影响呢?

1. 用户思维：目标使命化

互联网，特别是移动互联网的迅速发展，使整个社会信息高度透明。在过去的年代中，信息封闭造成信息的严重不对称，而现在这种严重不对称的现象大大缓解。在这种情况下用户的需求、要求、话语权日益显得重要。

一个企业要生存，就必须牢记自己的使命，企业的使命是什么？就是你生存的理由，你为哪类顾客服务，这些顾客就是你的衣食父母。所以，当你的顾客对整个商品服务的信息了如指掌的时候，企业的目标只能是回归到你的使命，你到底应该为你的服务对象提供什么样的服务？满足他们什么样的需求？从而使他们从心里感到他们得到了实惠，获得了愉悦的体验。在这样一个大的趋势下，管理者必须高度重视用户的价值、用户的满意度，要把使用户获得愉悦的体验作为整个企业目标确定的根据，这样企业才能发展。过去的企业更多关注市场的占有率、企业的收入、企业的利润，而这些在当今都不能成为企业生存发展的决定因素，而只有企业回归到自己的使命，真正满足顾客的需求，使顾客真正获得愉悦体验的时候，企业才能快速得到生存和发展。

2. NO. 1 思维：竞争目标剩者为王

这里不是说胜利的胜，而是剩下的剩。就是在激烈的竞争中，谁剩下来，那他就是老大。许多企业家都悟出了这个道理：就是只有第一，没有第二。

比如，你的手机下载了微信的 APP，但同时因为你长期使用 163 的信箱，你也会使用 163 推出的易信。你可能会想要保留易信，争取用易信更多地去联系别人，但是会发现这种努力没有用，因为周围的朋友都在用微信，所以最后只能舍弃它。再比如说淘宝网上也推出了即时通信软件，但是它也很难全面推广。所以说这个互联网有时是很残忍的，只有老大没有老二，所以企业一定要树立 NO. 1 思维，你的目标就是要得第一。

3. 迭代思维：大目标与小创新

互联网时代是一个什么样的客观环境呢？就是一个动态多变的环境。所以在这种环境中企业的管理者既可以树立远大的目标，通过一次性的运作做出巨大的创新，迅速获得成果，这是有的。但更多的是需要快速的迭代创新。为什么呢？因为情况多变，环境不明。因此经常会出现一个大的目标需要通过不断的创新来完成的情况。

我们现在经常用的即时通信软件是微信，但它并不是首创，而是模仿的。在它之前已经有非常不错的即时通信软件出现了，但是微信一经推出，就坚持不断地创新，所以迅速发展。2011 年，它的用户就达到了 400 万。2011 年 5 月公司发现用户数量的增速明显放缓，他们意识到用户在不断减少，于是立刻推出了一个新的项目：对讲机。对讲机一上线微信又火了，后来它不断创新版本，包括附近的人、摇一摇、漂流瓶等。而且在功能上还有一个重大的突破：过去的微信是熟人可以联系，而现在变成陌生人也可以联系。它不断地快速地迭代创新，使它的功能日益完善，所以它获得了极快的发展，到 2015 年，它已经覆盖了 90% 的中国智能手机，月活动用户达到 5.49 亿，而且已走出国门，世界上有 200 个国家和地区都有人在使用。

二、互联网思维与组织结构

互联网快速发展的今天，对管理职能造成了巨大的影响，最显著地体现在组织上，它使组织出现了明显的信息化趋势。

1. 零距离思维：直接导致组织结构的扁平化

随着互联网的发展，用户、员工的话语权逐渐增强。在过去高耸式的组织结构中，他们没有机会发声。现在这些都改变了，特别是现在消费者要求高，需求变化快。那种僵化的庞大的组织体系，无法迅速反应消费者迅速变化的需求。所以要想办法缩小高层到基层、组织到客户之间的行政距离、心理距离，这就是零距离的含义（就是想办法大幅度地削减中间层，从而使高层和基层能够近距离接触）。

例如，在零距离上做得最好的是 360 公司。它有十几条的业务线，一共可分为 400 个小团体，这 400 个小团队有问题直接向周鸿祎和齐向东汇报，中间层几乎没有了。因此许多企业 10 多天才能搞定的事，它十分钟就做完了。

2. 跨界思维：组织虚拟化

互联网为企业管理者打开了新的视野，他的组织资源完全不必拘泥于自身内部，也可以向外企业、外地、甚至全球进行整合，所以可以实现广泛的、跨时空的业务和资源的整合，这种整合自然带动了组织的变革。

这种情况下再搞实体组织肯定是不行的，因而诞生了虚拟连接的虚拟组织。这种组织可以使一些中小企业一步登天。比如，一个小企业，人财物都不具有优势，但是在互联网情况下可以借助互联网在全球范围内寻找伙伴、在全世界范围内整合职能、优化资源。所以在这个时代，互联网很可能令一个小企业迅速做大。

3. 平台思维：企业小微化

过去，企业都注重规模的发展，现在如果用平台思维去分析，就可能得出完全不同的结论。企业的发展不是靠规模的扩大，平台思维最本质、最核心的是：开放和共享。

大企业有条件，可以建平台，之后诸多的中小企业乃至个人都可以参与到平台上来。所以这个平台发展得很快。大企业发展平台可以控制制高点，掌控全局。而小企业完全可以放弃小而全的僵化市场，去做小而专的东西，这样能够占领优势，获得迅速发展。所以，这个时代许多企业都纷纷画小他的企业规模。

例如，日本一个生产精工产品的企业——奇谭俱乐部，加上老板只有 13 人。它在这个产品领域的市场占有率高达60%，拥有 1.3 万家国外用户。因为它的企业规模很小，所以企业效率特别高，一年中所有的开会时间加起来不到 30 分钟。它的供货速度非常快，1～3 天货物就可以送到顾客手中。而且这个企业根本就没有组织，13 人没有职位头衔。上市的时候因为没有头衔、组织被担心责任混乱。老板说所有的责任都是公司承担，这样员工才敢挑战困难。

4. 简约思维：做减法

机构拓展，是业务发展的客观条件，但在互联网条件下，能够做到简约。比如乔布斯就很欣赏，至繁归于至简，就是说烦琐到一定程度，能简化就是创新，就是优势。所以组织创新的时候，能有效实现目标的最简单的组织就是最优组织或最佳组织。

例如，通用电气的前董事局主席杰克·韦尔奇做过大胆的尝试。他上任的时候通用的规模相当大，经理就有 2.5 万个，其中高级经理有 500 个，副总裁一级以上的有 1130 位，这么多管理层次、机构、干部存在，事件就会在单位内部做公文旅行。所以他大胆地提出搞“零层次管理”，大幅度压缩管理层，把 24 个管理层压缩到只剩 6 个。这样做大幅度提高了效率，使通用成为全美盈利最高的企业。

三、互联网思维与领导

在互联网时代，领导者的人格魅力已经成为领导力的重要组成部分。互联网对领导有哪些重要的影响呢？尽管领导者可以依靠自己的权威下达命令，去实施领导职能。但是在互联网快速发展的今天，管理者更多的是依靠自己的人格魅力、与员工之间的社会化交往来实现一种感召力。

1. 用户思维：两个上帝

过去，一个企业一个上帝——消费者。由于信息网络的发展，消费者的话语权得到提升，信息的不对称现象消除。用户对商品乃至企业的信息都非常了解，这时候用户的实际作用、用户对企业的影响是空前的。所以企业管理者必须高度重视用户的需求，真正把用户当作上帝。

除此以外，互联网时代，企业必须把员工也当作上帝。过去基本是领导说了算，员工的话语权非常受限制，而在互联网时代，基于自媒体，每个人（员工）都可以发声，有了话语权，所以管理者必须把本企业员工也当作上帝，首先把他们也作为用户，因为现代企业经营是靠员工与用户面对面接触的，甚至是社交化的交往过程，来实现企业产品的营销和服务，以此让顾客获得良好的体验。所以在这样一个运作中，如果员工不满意，员工不热爱企业，在与顾客的直接接触中就不会起到好的作用。所以只有让员工满意，才能让顾客满意。

2. 去中心化思维：超权威管理

在互联网时代，由于上述原因，所以非常推崇去中心化思维。在一个单位，管理者不可能一手遮天。过去你权威，你就说了算。可现在不是了，在网络上发声的门槛非常低，谁都可以在网络上发布自己的新闻，甚至一条新闻可以让全世界震惊。在这样的背景下，企业管理者就要尊重员工的话语权，管理者在理念上就应该去掉以自我为中心的传统的、落后的领导理念，力求建立一种超权威式的管理。

这样就涉及如权力的方式问题。不要过分倚重过去那种依据行政权威、下命

令的方式，而更多靠人格魅力、相互的交流，实行一种柔性的管理。同时要转换机制，在整个企业中领导、管理机制是一种民主的、平等的、扁平的、充分尊重员工的管理机制。

在美国出现过两场运动："茶党"和"占领华尔街"。这两次运动没有领导者、没有发言人，完全是一种公民自主行为，大家聚在一起进行抗议，所以整个过程就是公民自发的一种行为，完全没有中心、完全没有领导、权威人士、所谓的领袖人物。这两个事件折射出世界正在进入一种去中心化、扁平化、民主化的大的领导趋势。

3. 跨界思维：无边界管理

互联网，特别是移动互联网的快速发展，使得任何管理者所管理的系统一定是开放的，是跨界思维的。

为什么呢？一个管理者，所管理的再也不是原来管理的那个封闭的系统。管理者管理的系统一定是个开放的系统，管理的人、财、物等诸多因素不仅仅是企业内部的，因为借助虚拟管理的方式，许多跨地区的、跨国的都可能成为管理的对象或者说虚拟管理的对象。所以管理的系统由封闭走向开放，管理者过去对外的管理职能是营销比较多一些，现在由单职能变成多职能了。而且管理的手段出现了重要的变化。过去实体化内部的管理就是靠权威，而现在虚拟化了，比如与国外的一个研究所合作，不可能依靠权威管理，这就需要改变。

4. 粉丝思维：人格魅力型领导

领导者依靠人格魅力实施领导。网上的一些公众人物、大咖，他们在互联网上拥有成千上万的拥护者。他们可能并非什么领导人，但是借助互联网，可以在网络上一呼百应，影响很大。

这种现象虽然始于互联网，但是并不只局限于网络，这样一个粉丝效应，必然会辐射到或渗透进企业管理的领域。

所以作为现代领导者，要在网络环境下成为一个非常有影响力的领导者，就应该有粉丝。你的员工、打交道的合作者、顾客都是你的粉丝。如苹果手机畅销的原因除了自身产品精良外，和乔布斯乃至苹果公司的果粉数量大、热情高关系密切。

所以在现代社会，领导者必须有相当多的粉丝，才能具有强大的网络领导力。奥巴马在全球拥有4000多万粉丝，竞选连任时有3000多万粉丝，这些粉丝鼎立为他助选，这是他赢得连任的主要因素之一，所以有些人称他为“网络总统”。

四、互联网思维与控制

1. 社会化思维：强化社群控制

（1）社会关系与文化因素影响加大：人们之间的社会交往日益紧密、频繁，社会因素与相互作用对控制过程产生影响的范围与深度出现巨大变化。

（2）社群化控制：管理者应高度重视人与人之间乃至群体之间与群体内部之间关系的影响，特别是对群体文化进行社会化控制。善于运用社会互动、价值观念、社会潮流、群体规范、组织氛围等社会文化机制。

2. 平台思维：多主体开放控制

（1）企业平台化（开放）：在互联网时代，企业将建设开放式平台。因此，管理控制也将随之出现开放格局，从而使得对产品生产与服务的过程走向开放，生产经营的整个过程将会更加透明。

（2）多主体参与控制：不但在企业内部让员工参与监督控制，而且相关组织、合作者、特别是用户也将参与监督控制。食品等与人们生活息息相关的产品，可能会受到来自社会的更为广泛、力度更大的监督控制。

3. 大数据思维：科学化的数据控制

（1）大数据显著提高了科学化程度：企业实施管理控制，能够以更加低廉的成本，更加便捷地获得大量相关数据，可以使控制过程由于有大数据而更加科学。

（2）数据、网络控制手段的应用：在相当多的领域借助软件、计算机，乃至网络实行虚拟化、自动化控制。

4. 用户思维：市场控制

（1）强化价值尺度：用户是产品与服务的使用者与最终评价者，为用户带来最大化价值是控制的终极目标。

（2）市场化控制：从理念到组织、从研发到生产，都尽可能做到与用户零距离，向用户提供能带来价值最大化的产品与服务。实行市场化控制，就是将市场机制引进企业内部，将企业生产经营过程向用户开放。

参考文献

［1］周三多．管理学［M］．北京：高等教育出版社，2010.

［2］斯蒂芬·P. 罗宾斯．管理学［M］．北京：中国人民大学出版社，2017.

［3］里基·W. 格里芬．管理学［M］．第 8 版．北京：中国市场出版社，2007.

［4］王利平．管理学原理［M］．北京：中国人民大学出版社，2017.

［5］穆胜．私董会 2.0［M］．北京：中国人民大学出版社，2016.

［6］安妮·M. 许勒尔．触点管理：互联网 + 时代的德国人才管理模式［M］．于嵩楠译. 北京：中国人民大学出版社，2015.

地方高校工商管理专业双语教学探析

——以青海民族大学工商管理学院为例

张　戈

一、研究背景和意义

从国家层面来看，随着高等教育国际化的逐步深入，各国政府纷纷采取措施积极应对。我国采取了鼓励师生出国深造、扩大留学生规模、提高外籍教师比例、中外合作办学等各种措施积极参与高等教育国际化，其中一项重要措施是实行高校双语教学。高校双语教学自21世纪初兴起，是促进我国高等教育国际化的重要助推器。2001年8月，教育部印发《关于加强高等学校本科教学工作提高教学质量的若干意见》（教高〔2001〕4号），其中第八条规定："按照教育'面向现代化、面向世界、面向未来'的要求，为适应经济全球化和科技革命的挑战，本科教育要创造条件使用英语等外语进行公共课和专业课教学。对高新技术领域的生物技术、信息技术等专业及为适应我国加入WTO后需要的金融、法律等专业，更要先行一步，力争在三年内，外语教学课程达到所开课程5%～10%暂不具备直接用外语讲授条件的学校、专业，可以对部分课程先实行外语教材、中文授课，分步到位。"这一文件的印发拉开了我国高校双语教学规模化发展的序幕。接着，2004年8月，教育部高教司为进一步推进高校双语教学工作，以高教司函〔2004〕197号文的形式，正式成立高校双语教学协作组，作为联系广大高等学校双语教学教师、教学管理人员、教育研究人员的协作组织，负责双语教学相关事项。同年，教育部又颁布了《普通高等学校本科教学工作水平评估方案（试行)》（教高〔2004〕21 号)，把开展双语教学的情况作为评估指标的观测点之一，这标志着双语教学作为评估高校教学水平的一项指标有据可循。2007 年 8 月，教育部印发《关于启动 2007 年度双语教学示范课程建设项目的通知》（教高〔2007〕137 号)，提出“按照分批建设的原则，从 2007 年至 2010 年共支持建设 500 门双语教学示范课程，每年将确定有关学科领域进行重点建设”，进一步推动了高校双语教学的发展和双语课程数量的增长、质量的提升。从这些文件可以看出，教育部对推动高校双语教学方面十分重视。除此之外，部分省（市）教育厅也相继制定了推行高校双语教学的配套政策。

从高校来看，许多高校响应教育部文件，做出了更细节的规定，例如双语人才的引进、双语教师的培养、原版教材的使用等。以上海外国语大学为例，在工商管理专业的课程设置上，管理学、人力资源管理、战略管理等核心课程都为双语课程，采用原版教材。

从学生来看，双语课程的优势在于既让学生获取专业知识，也有利于解决“哑巴英语”的困境。大学生普遍通过了英语四级、六级考试，有一定的英语基础，使用英语完成作业的难度有所降低。

二、相关概念界定

1. 双语

双语（Bilingual Instruction)，顾名思义，即母语和外语，也称第一语言和第二语言。如果一个人能够运用外语或第二语言熟练地进行听、说、读、写，并且这种熟练程度基本等同于母语或第一语言，则称其具有双语能力。

2. 双语教学

对于双语教学的定义，不同的人给出了不同的理解。根据英国著名《朗曼应用语言学词典》所给的定义是：

The use of a second or foreign language in school for the teaching of content subjects.

Bilingual education programs may be of different types and include:

(a) The use of a single school language which is not the child's home language. This is sometimes called an immersion program.

(b) The use of the child's home language when the child enters school but later a gradual change to the use of the school language for teaching some subjects and the home language for teaching others. This is sometimes called maintenance bilingual education.

(c) The partial or total use of the child's home language when the child enters school, and a later change to the use of the school language only. This is sometimes called transitional bilingual education. ①

即在学校的教学中能够使用外语或第二语言进行学科教学。同时，词典给出了三种双语教学的途径。①浸入型双语教学，学校使用的教学语言与学生在家使用的语言不同。②保持型双语教学，从刚进入学校时，学生使用母语；逐渐过渡到部分学科使用第二语言进行教学，而其他学科仍采取母语教学。③在进入学校后，教学部分或全部采用双语教学。简单理解，双语教学是指以两种以上语言作为教学媒介的教学，其中一种语言不是学生的母语。

高校双语教学一般指将英语引入高校教学中，部分课程或全部课程以英语作为一种语言媒介，来讲授专业理论知识的教学方式。

3. 工商管理专业

根据素质教育中关于工商管理的一般理解：大学里设立工商管理专业，其培养目标是主要培养德、智、体、美全面发展，具备创新精神和实践能力，具有较高的英语和计算机应用能力，掌握现代管理基本理论和基本技能，具备专业基本素质，适应新经济，知识经济，经济全球化和国际化要求，从事企业管理，策划，咨询，教学和培训，面向国际、国内人才市场需求的高级管理人才。②

工商管理是一门应用性很强的学科，主要研究企业经济管理基本理论和一般方法。

目前，我国开设工商管理专业的院校很多，但各院校的师资力量、教学设施、学科方向又各具特色。教育部根据学科评估的结果对各个院校的工商管理专业进行了排名，如评定级别为 A^+ 的院校包括中国人民大学、清华大学、上海交通大学和中山大学。

① 杰克・里查兹等．朗曼应用语言学词典［M］．刘润清译．太原：山西教育出版社，1992.

② 引自 MBA 智库百科．

三、青海民族大学工商管理学院双语教学探析

1. 双语教学实施条件

高校双语教学有双重目标，即专业目标和语言目标。在现实生活中，往往会出现专业目标与语言目标产生冲突的情况，此时，有的教师还会在课堂教给学生一些相关的专业词汇和专业表达方式，或者放松对专业知识的解读，这就易使双语教学偏向专业英语教学，完不成专业教学任务。大多数教师选择舍弃语言目标，改为“母语教学”。可见，双语教学对教师的要求非常高，既要求教师有较好的英语水平，更要求教师对课程教学非常熟练，在二者之间把握平衡。

双语课程对学生也提出了一定的要求，首先学生要有良好的英语基础，尤其是听、读能力。我国要求大学生在大学期间参加全国大学生英语四级、六级考试，这为开展双语教学奠定了基础。

2. 青海民族大学工商管理学院双语教学条件分析

青海民族大学是青藏高原建立最早的高校，是新中国建校最早的民族院校之一，是全国首批获得硕士学位授予权的单位，是青海省人民政府与国家民委共建的高校，入选国家“中西部高校基础能力建设工程”。

从师资力量上看，我院工商管理教研室共 14 人，教师情况统计如表 1、表 2 所示。

表 1 教师基本信息统计情况

信息类别		人数	百分比（%）
教师性别	男	5	36
	女	9	64
	总计	14	100
教师年龄	30 岁以下	3	36
	30～40 岁	6	43
	40～50 岁	5	21
	总计	14	100

表 2　教师职称信息统计情况

信息类别		人数	百分比（%）
教师职称	教授	1	7
	副教授	5	36
	讲师	3	21
	助教	5	36
	总计	14	100
其他职称信息	国外获得专业学位	4	29
	国外进修	3	21
	相关英语专业证书	3	21
	其他	4	29
	总计	14	100

从表 1、表 2 中可以看出：①从性别上看，女性教师占多数；从年龄上看，30～40 岁的教师占多数。②从职称信息看，职称为副教授和讲师的教师占多数；71% 的老师有相关国外学习经历或取得了英语专业证书。

从师资力量上看，工商管理教研室有开展双语教学的可能性。教师的职称为专业理论的教授提供了保证；国外经历及获得英语专业证书为英语语言能力提供了保证。但是我院开展双语课程也存在一些问题。第一，有经验的双语教师较少。五名有能力开展双语教学的教师中，只有两名有开展双语教学的经验。其他教师虽然有较好的英语能力，但是在平衡双语教学的两个目标上还有待提高。第二，在教材选择上，多数教材以中文教材为主，少数为中英文结合教材，原版进口教材没有。第三，教师在授课时，还是以中文为主，如布置作业和考试形式等。

从学生英语能力看，通过大学英语四级的人数有所增加，通过大学英语六级的人数减少。由于 2016 年我院未进行工商管理专业的本科招生，2017 年工商管理专业的学生还未进行大学英语四六级考试，因此无法获得数据（见表 3）。整体来看，我院工商管理专业的学生英语水平一般，以英语为媒介，获取专业知识的难度更大，实施双语教学有一定的难度。

表 3　工商管理专业学生英语水平统计情况

班级	大学英语四级通过人数（人）	大学英语四级通过率（%）	大学英语六级通过人数（人）	大学英语六级通过率（%）	其他英语证书
2014 级工商管理	8	20	3	7.5	无
2015 级工商管理	12	37	无	无	无

四、青海民族大学工商管理学院双语教学改进策略

1. 对符合要求的双语教师进行培训

想要双语教学取得较好的效果，提高双语教师的素质和能力是关键。一方面，要加强双语教师的个人知识素养和提高教学水平；另一方面，要优化双语教师的整体结构，使双语教师多元化，而不是“一枝独秀”。

从目前的情况看，我院的双语教师少数在国外获得专业学位或短期出国进修过，而合格的双语教师不仅要具备扎实的专业理论基础，还要有较高的语言水平，如用英语备课和编写讲义的能力和即兴表达和灵活变通的能力。短期的出国交流对提高教师的语言水平有一定帮助，但并未形成系统方法，因此，为教师提供相应的双语教学培训十分重要。

首先，鼓励教师进行双语教学方法的探讨和教学经验交流。一是可以在院内开展双语教学方法探讨和经验交流会。通过这种类型的会议让教师了解基本的双语教学方法和技巧，有一定经验的教师可以向其他教师传授经验，相互学习，形成良好的氛围。二是可以开展双语公开课活动，通过聘请其他大学优秀双语专家来院讲学，为教师提供向优秀双语教师学习的机会。三是组织教师到其他院校参观学习，尤其是以双语教学为特色的学校或学院。也可以鼓励教师参加短期的双语培训班，提升教师的双语教学能力。

其次，以科研促教学，鼓励开展双语课题研究。除了教学方式的提升外，科研也是双语教学的重要组成部分。学院可以制定相关的政策鼓励教师进行有关双语课题的研究。教师可以结合学院实际和专业课特点，积极探索和申报双语课题，推动双语教学的进行。双语课题研究不仅有利于双语教学水平和能力的提高，更重要的意义在于通过科研水平的提升，可以使教师由经验型双语授课转向专家型的双语授课。这对想要从事双语教学的教师来说具有重要意义。

2. 提高学生的英语水平

双语课程要取得好的效果，不仅需要教师的努力，还对学生的英语水平提出了要求。学院应当营造英语学习的氛围，鼓励学生学好英语。除了通过大学英语

四级、六级之外，也可以开设相关的英语专业课，如会计专业的会计英语、商务英语等课程使学生较好地掌握专业英语词汇，为双语教学打下基础。

3. 采用循序渐进的方式，鼓励、支持双语教学

按照双语教学的“金字塔”理论，可将其由低到高分为三个层面：英语“渗透型”英语“整合型”和英语“主体型”双语教学。目前我国大部分高校的双语教学水平基本处在第一个层面。我院在双语教学上还未形成足够的课程来判断其属于哪一阶段，目前仍在尝试和探索阶段，因此学院需要采取一些鼓励和支持措施，循序渐进地开展双语教学活动，最终争取达到第一个层面，即“渗透”层面。第一层面要求教师能够熟练地应用英语传授专业知识，要求学生能够使用英语理解专业课程的概念，解决专业课程的问题。想要达到这个要求，双语教学的实施应当本着“由浅到深、循序渐进”的原则，对一些课程尝试性采取双语教学的方式，在取得较好的效果后，再逐渐推广到其他课程中。这个过程既需要教师提高教学水平，也需要学生的语言能力有较大的提高，在这方面，我院需要一个较长的时期进行改进。为了较好地提高学生的英语水平，教师可以将本领域的专业术语双语化，增加学生的英语词汇量，还可以适时印发相关英文文献资料，学生通过资料阅读更感性、直接地了解本学科的知识体系，逐渐形成英语思维的习惯。

此外，也可以采用示范课的形式，循序渐进地引入双语教学，使得教师和学生都有一个适应的过程，并在这个过程中鼓励师生参与双语教学，培养双语教学的氛围。除此之外，在教材的采用上，合理引入原版英文教材，如采取原版教材中的经典内容进行讲解等。

五、结论

综上所述，双语教学不是一蹴而就的事情，需要学校、学院、教师和学生各方面的努力。尽管我院在双语教学上存在一些问题，但是已经有所尝试，教师们的年龄较年轻，语言基础也不错，双语教学从整体上看有较好的前景。

参考文献

[1] 袁明达，许荣祥. 民族地方高校工商管理专业创业型实践教学体系绩效评价研

究——以吉首大学为例［J］．黑龙江教育（高教研究与评估），2013（6）．

［2］王丽娜．我国高校工商管理专业双语教学模式的改革与创新［J］．国际会议，2014（8）．

［3］任荣．地方高校工商管理专业双语教学探析［J］．科技信息（学术研究），2008（30）．

［4］唐时俊．创新独立学院工商管理专业双语教学——以管理学专业英语为例［J］．现代商贸工业，2014（4）．

［5］张陈杰，陈灿，胡小玲．“管理信息系统”双语教学探讨——以同济大学浙江学院工商管理专业为例［J］．西部素质教育，2018（6）．

［6］李京勋．工商管理专业国际商务课程双语教学现状调查分析［J］．科教文汇，2018（6）．

第四部分　就业与创业

大学生就业准备问题调查研究

——以青海民族大学工商管理学院为例

王昕正

面对持续推进的经济结构调整与深刻变革的社会，就业市场不协调的情况愈加显著。供需存在不匹配，就业市场上既有就业难，也有招聘难的状况。大学生的工作环境较以往有明显变化，各领域人士开始对大学生就业问题越发关注，政府报告中反复提及就业，新闻媒体对这方面的报道数不胜数，专家学者们在这方面的学术研究也日益增多。

一、大学生就业准备调查设计

本文以青海民族大学工商管理学院在校大学生为研究对象，剖析大学生就业准备状况，发现其中存在的问题，概括出其中的相似之处，给出有利于改善准备状况的对策，希望能提升准备水平。调查方法：①文献分析法。②问卷调查法。通过电子问卷的形式搜集资料，共发放263份，最终收回263份，所有收回的问卷全部有效。样本包括了三个年级，其中2014级112人，占总受访人数的42.59%；2015级59人，占总受访人数的22.43%；2016级92人，占总受访人数的34.98%，调查人数覆盖面广，具备一定的广泛性和参考性。③访问法。本文访问的内容主要是目前的就业认识、就业期望和就业准备状况，包括知识技能、心理、实习经验三方面，然后通过SPSS19.0统计分析软件对问卷资料进行数据处理。

二、大学生就业现状

（一）大学生就业问题日渐显露

我国高校毕业生在2017年为795万人，较2013年增加了96万人，年均增长2.7%[①]。2017年青海省普通高等教育招生人数为2.59万人，较2013年增加了0.51万人，年均增长4.9%。毕业生人数在2017年为1.98万人，较2013年增加了0.25万人，年均增长2.9%[②]。由此可见，随着高校的扩招，毕业生人数不断增加，竞争将越发激烈，加之我国经济结构调整的深入，经济增长开始放缓，再加上国外经济形势不容乐观，以及人工智能技术进步所产生的人力替代，可从事的岗位将越来越少，所需要的技术和能力的门槛将越来越高，可以想到以后的就业将会更难，所以在如此严峻的环境下，大学生更应提前做好准备，为之后的求职打下良好的底子，才能占据上风。

（二）大学生就业准备现状分析

根据对问卷的统计，调查数据整理如下：

1. 就业形势认识

调查显示，在被调查的263名本科生中，有221名受访者觉得“形势严峻，就业困难”；占84.0%，有26名受访者觉得“形势正常，未曾担心”，占9.9%；有15名的受访者觉得“不甚清楚，尚未了解”，占5.7%；只有1名受访者觉得“形势极好，就业容易”，占0.4%（见图1）。显而易见，多数学生对环境的恶劣程度有自己清楚的认识，不清楚的情况较少。

① “2018届全国高校毕业生人数将达820万人　再创历史新高值（附历年毕业生人数统计）”，引自中商情报网：http：//www.askci.com/news/chanye/20171207/105320113516.shtml，最后登录时间：2018年3月21日。

② “2013年青海省国民经济和社会发展统计公报”，“青海省2017年国民经济和社会发展统计公报”，引自青海统计信息网：http：//www.qhtjj.gov.cn/，最后登录时间：2018年3月28日。

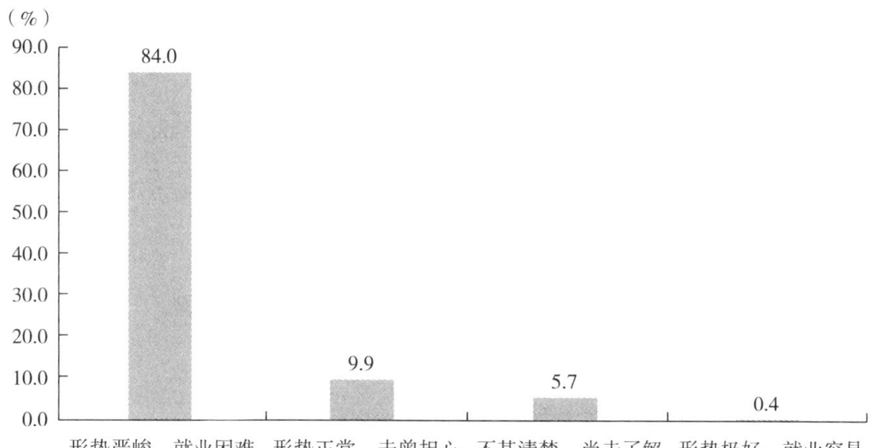

图1　大学生对就业形势的看法

2. 毕业后出路选择方向

数据显示，在被调查的263名本科生中，其毕业后出路选择分别是：找工作占44.9%、考研占28.5%、考公务员占16.0%、自主创业占7.2%和出国留学占1.1%，没想过的仅占2.3%（见图2）。对出路选择与性别交叉进行分析后发现，

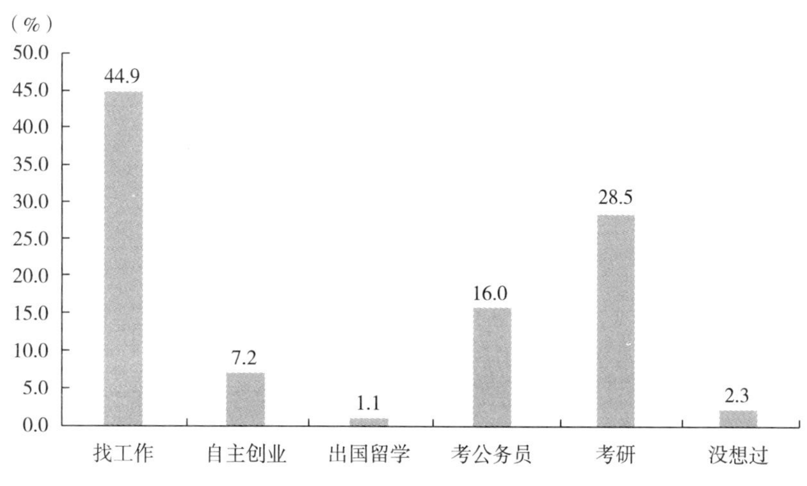

图2　大学生出路选择

有创业意愿的男生在男性受访者中占 15.6%，女生在女性受访者中仅占 2.9%（见表1）。

表1　大学生出路选择性别交叉制情况

			大学毕业后，你会选择何种出路						合计
			找工作	自主创业	出国留学	考公务员	考研	没想过	
您的性别	男	计数（人）	38	14	2	11	24	1	90
		占比（%）	42.2	15.6	2.2	12.2	26.7	1.1	100.0
	女	计数（人）	80	5	1	31	51	5	173
		占比（%）	46.2	2.9	0.6	17.9	29.5	2.9	100.0
合计		计数（人）	118	19	3	42	75	6	263
		占比（%）	44.9	7.2	1.1	16.0	28.5	2.3	100.0

综上所述，大学生的前途多元化，先找工作仍是优先的选择。有意愿考公务员的人数较多，表明公务员对大学生仍具有较强的吸引力；选择读研的大学生占比也较高，说明大学生对提升学历、学习本领的兴趣增强；在双创政策下，大学生热情较高，愿意进行自主创业，其中男生更青睐创业，期望开创自己的事业，实现价值。

3. 就业困难认识

就业困难认识数据分析显示，在被调查的 263 名本科生中，有 230 名受访者觉得缺乏实践经验是主要的困难，占 87.5%；有 178 名觉得是缺乏面试技巧，占 67.7%；有 171 名觉得是社会关系欠缺，占 65.0%；有 155 名觉得是就业信息、渠道不通畅，占 58.9%；有 126 名觉得是就业信息机制不健全，占 47.9%；有 121 名觉得是专业不对口，占 46.0%；有 39 名认为还有其他困难存在，占 14.8%（见表2）。由此可知，大学生对未来就业中会遇到的困难已有了初步的认知，开始意识到社会实践、面试技巧等方面的重要性。

表 2　就业困难认识

		响应		个案百分比（%）
		N	百分比（%）	
就业困难[a]	缺乏面试技巧	178	17.5	67.7
	专业不对口	121	11.9	46.0
	就业信息、渠道不通畅	155	15.2	58.9
	就业信息机制不健全	126	12.4	47.9
	缺乏实践经验	230	22.5	87.5
	社会关系欠缺	171	16.8	65.0
	其他	39	3.8	14.8
总计		1020	100.0%	387.8%

注：a. 值为 1 时制表的二分组。

4. 就业信息关注

数据显示，关注就业形势、用人单位、社会需求、专业就业信息的学生分别有 181 名、177 名、175 名和 174 名，分别占 68.8%、67.3%、66.5% 和 66.2%；对其他方面的就业信息进行关注的有 39 名，占 14.8%（见图 3）。可见，学生并没有片面关注其中一方面的现象出现，而是了解多方面的就业信息，通过对就业信息的关注来把握机遇，了解企业的需求。

5. 就业采取的媒介手段

调查显示，在被调查的 263 名本科生中，其就业采取的媒介分别是招聘会占 73.8%、人才市场占 66.9%、人才网站占 62.7%，以其他媒介进行就业的占 30.4%（见图 4）。显而易见，人才网站、招聘会和人才市场为大学生主要的就业媒介，也有部分学生通过其他媒介进行就业。

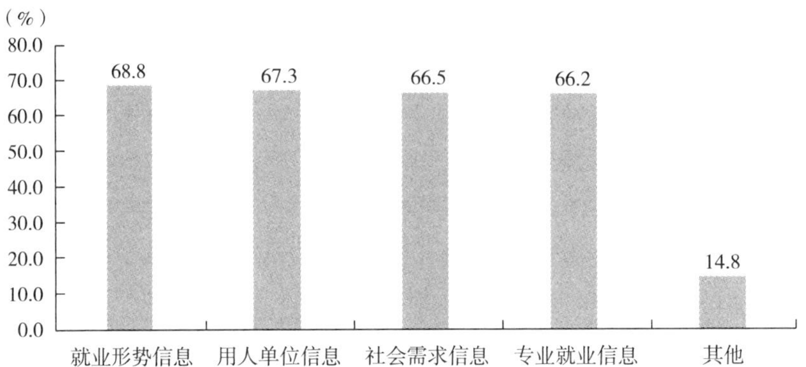

图3　大学生就业信息关注情况

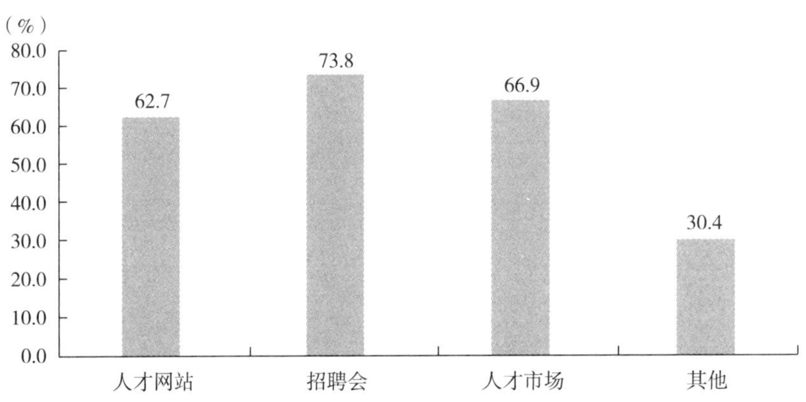

图4　大学生采用的媒介

6. 期望获取的信息

数据显示，希望了解面试、就业政策解读、专业前景分析、知晓简历方面信息的分别有193名、181名、203名和198名，分别占77.2%、75.3%、73.4%和68.8%；希望了解其他方面的信息的有81名，占30.8%（见图5）。总之，大学生希望可以获取各个方面的信息，在掌握各种信息后提升自己的认识，把握住机会。

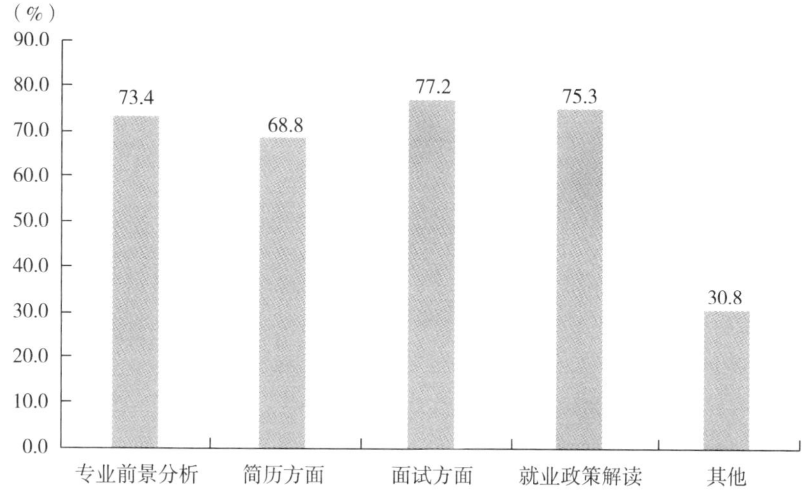

图5 大学生希望获取的信息

三、大学生就业准备中存在的问题及原因分析

（一）大学生就业准备中存在的问题

1. 职业规划仍不明确，对未来发展充满疑惑

数据显示，大学生有明确职业规划的仅占28.5%，有较模糊规划的占57.8%，甚至还有13.7%的人是走一步、算一步（见图6）。可见，许多大学生对自己的职业仍无明确规划，对自己未来所追求或想要发展的方向还不清楚，也无具体的计划安排。

对大学生职业规划认知与年级交叉情况进行分析后发现，2014级中有明确规划的受访者占44.64%，有较模糊规划的占45.54%，有9.82%的是走一步、算一步；2015级中有明确规划的受访者仅占18.64%，有较模糊规划的占57.63%，有23.73%的是走一步、算一步；2016级中有明确规划的受访者仅占15.22%，有较模糊规划的占72.83%，有11.96%的是走一步、算一步（见表3）。可见，大学生在大学期间对职业规划的认知在不断增强，但仍有较多学生未足够认识到职业规划的重要性，缺乏对自身和专业的认知。

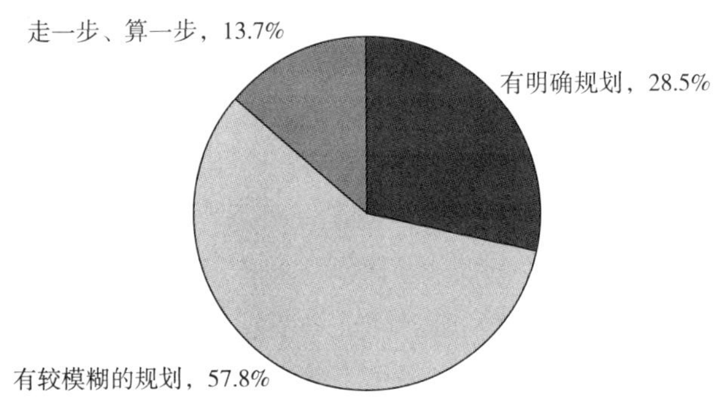

图6　大学生职业规划认知

表3　职业规划认知年级交叉

			您是否有比较清晰的职业规划			合计
			有明确规划	有较模糊的规划	走一步、算一步	
您的年级	2014级	计数（人）	50	51	11	112
		占比（%）	44.64	45.54	9.82	100.00
	2015级	计数（人）	11	34	14	59
		占比（%）	18.64	57.63	23.73	100.00
	2016级	计数（人）	14	67	11	92
		占比（%）	15.22	72.83	11.96	100.00
合计		计数（人）	75	152	36	263
		占比（%）	28.52	57.79	13.69	100.00

2. 就业政策、就业手续办理及相关制度不甚了解

如图7所示，在被调查的263名本科生中，有7名受访者非常了解就业政策、就业手续办理及相关制度，仅占2.7%；有49名基本了解，占18.6%；有161名不太了解，占61.2%；甚至还有46名不了解，占17.5%。总而言之，大部分学生对就业政策、手续及相关制度不够关注，仍未意识到它们的重要性，导致在面临就业时不知所措，甚至错失好的就业机会。

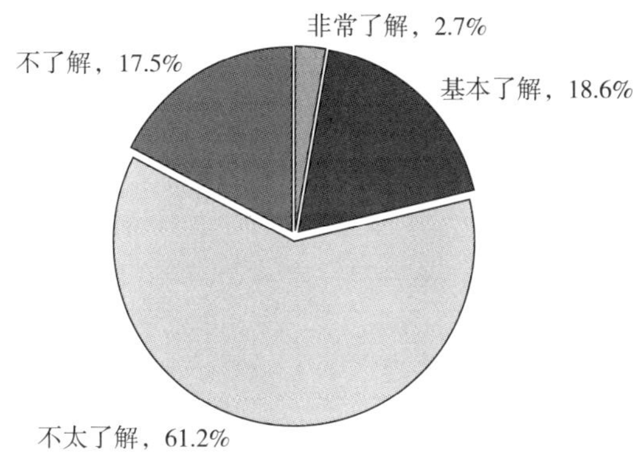

图7 就业政策、就业手续办理及相关制度的了解程度

3. 部分大学生的就业压力亟待舒缓

数据显示，有42.6%的学生认为自己尚未准备好，缺少承受压力、经受困难的能力（见表4）。进行就业欠缺认知与年级交叉制表后发现，2014级、2015级、2016级中分别有40.2%、33.9%、51.1%的心理未准备的情况（见表5）。由此可知，较多大学生在就业前存在未准备好的情况，需要进行心理辅导，舒缓压力。

表4 就业欠缺认知

		响应		个案百分比（%）
		N	百分比（%）	
就业欠缺	专业知识	186	27.5	70.7
	就业技能	150	22.2	57.0
	承受压力、克服困难的能力	112	16.5	42.6
	相关工作或实习经验	220	32.5	83.7
	其他	9	1.3	3.4
总计		677	100.0	257.4

表 5　就业欠缺认知年级交叉情况

<table>
<tr><td colspan="3" rowspan="2"></td><td colspan="5">就业欠缺</td><td rowspan="2">总计</td></tr>
<tr><td>专业知识</td><td>就业技能</td><td>承受压力、克服困难的能力</td><td>相关工作或实习经验</td><td>其他</td></tr>
<tr><td rowspan="6">您的年级</td><td rowspan="2">2014 级</td><td>计数（人）</td><td>75</td><td>58</td><td>45</td><td>93</td><td>3</td><td>112</td></tr>
<tr><td>占比（%）</td><td>67.0</td><td>51.8</td><td>40.2</td><td>83.0</td><td>2.7</td><td></td></tr>
<tr><td rowspan="2">2015 级</td><td>计数（人）</td><td>43</td><td>34</td><td>20</td><td>45</td><td>4</td><td>59</td></tr>
<tr><td>占比（%）</td><td>72.9</td><td>57.6</td><td>33.9</td><td>76.3</td><td>6.8</td><td></td></tr>
<tr><td rowspan="2">2016 级</td><td>计数（人）</td><td>68</td><td>58</td><td>47</td><td>82</td><td>2</td><td>92</td></tr>
<tr><td>占比（%）</td><td>73.9</td><td>63.0</td><td>51.1</td><td>89.1</td><td>2.2</td><td></td></tr>
<tr><td colspan="2">总计</td><td>计数（人）</td><td>186</td><td>150</td><td>112</td><td>220</td><td>9</td><td>263</td></tr>
</table>

注：百分比和总计以响应者为基础。

4. 专业知识和就业技能准备不充分

根据表 4 可知，有 70.7% 的学生感觉本身的专业知识没学好，57.0% 的学生感觉本身的求职技能不够好。可见，大部分学生在大学期间对专业知识和就业技巧的掌握仍不太好。

5. 缺乏相关工作或实习经验的现象普遍

表 5 中数据显示，有 83.7% 的受访者没有进行过相关的专业实习，进行就业欠缺认知与年级交叉制表后发现，2014 级、2015 级、2016 级中分别有 83.0%、76.3%、89.1% 的学生无实习经验。总之，大学生在大学期间没有充分地利用时间和主动去寻找机会，导致没有在实践中积累经验，缺乏实践的现象普遍。

（二）大学生就业准备不足的原因分析

1. 认知不足，缺乏基本的职业规划知识

职业规划是通过分析自身状况和客观情况，设定职业目标，进行职业选择，并制定计划和方案达成。大学生从始至终既没认识到职业规划的重要性，也没认真结合实际情况进行系统计划。在进入大学之前，大学生了解职业规划的机会不多。进入大学之后，大学生的认识仍不深，也没有进行专业的职业规划教育。而高校也没有对大学生进行系统的职业规划教育，职业生涯教育机制不健全，因此许多大学生缺乏基本的职业规划知识。

2. 过于依赖外部，依赖心理强导致就业准备主动性弱

大学生过于依赖外部，尤其是依赖学校，导致就业准备主动性弱，积极性差。大学生在大学期间极少主动地进行就业准备，屡屡被动地等待学校安排，指望学校能全盘包揽，对学校太过依赖，自身就业准备主动性差。

3. 就业心态未及时转变

“90后”已渐渐成为大学生主体，并拥有显著的时代烙印。大部分“90后”学生虽意识到当前就业形势严峻，但仍存在“觉得准备时间尚早，只需临时就业准备即可”的心理，危机意识不强，没有做好就业前的心理准备。此外，心理辅导的缺失也使部分大学生在面临就业时感到紧张和焦虑。

4. 学习目标不明确、态度不端正导致知识、技能储备不足

在访谈过程中，部分被访者对自己所学的专业缺乏兴趣，还有部分被访者认为所学知识过于理论化，与实际联系不大，从而缺乏学习的积极性。同时，进入大学后，许多大学生在学习上失去了主动性，往往是在测试前对知识点进行突击，对知识的掌握情况非常不乐观，在这样的态度下，专业知识没学好就不奇怪了。

大部分学生在大学期间对求职知识缺乏了解，也没有参加专业的求职技巧培训加深了解，所以大学生在个人简历的制作、面试技巧的了解上缺乏准备，往往在就业前短时间内进行突击准备，而这往往会暴露出许多问题。

5. 高校与用人单位间存在信息不对称

信息不对称指市场中每个人所处的地位不一样，得到的信息也存在巨大差异。大学生找不到中意的工作，这说明高校的专业设立存在一定问题，也说明学校和企业进行评价时所依据的标准不一致。大学生就业是一项涉及招生、培养等环节的系统性工作，而这恰恰反映了在招生、培养时对有关信息的了解有差异，影响其就业准备工作，致使认可度下滑。

四、提高大学生就业准备水平的对策

（一）合理定位，提早做好职业规划

大学生首先要“知外情，评己力”，找准自身的位置并提早做好职业规划。其次，职业规划要和学习、生活结合起来。所谓“知外情”即明晰企业需求，所从事行业的相关政策、发展环境及外部社会环境等；“评己力”即明了自身的优缺点。要积极了解专业特色和前景，从自身的爱好和天赋出发，发掘爱好与专业的相关点，合理定位和评估，并做初步的职业规划。

（二）加强自身主动性

大学生自身是实现顺利就业的重要因素。大学生在就业准备过程中往往不注重自身的主动性。在就业难的环境下，大学生更要加强自身的主动性，要意识到自身的重要性，主动去了解就业政策、就业手续办理及相关制度，积极寻找实习实践机会。好的经历可以提升能力，提升后的能力又可以丰富经历。通过参加各种活动和专业竞赛来锻炼能力，主动携带简历去往心仪的公司进行自荐或在网上平台投简历来获得实习机会，从而提升自己。

（三）及时转变就业心态

“90”后大学生自我意识较强，思维较成熟，但情绪驾驭能力不行，思想认知不深，易在就业形势不好的情况下出现就业心理问题。大学生产生就业心理问题则会影响其正常的选择职业和寻找工作，所以大学生要改变自身的心态，要清楚地意识到就业环境的严峻，不要走一步、看一步，尽早调整好心态，持续强化适应环境、承受压力以及调整状态的能力，在就业前做好充分的思想准备。

（四）认真学好专业知识、就业技能

大学生要注重专业知识的学习，要清楚地意识到如果没有过硬的本事，毕业即失业。只有通过对专业知识的学习，明晰未来的职业规划，努力成为一个与时俱进的人才，才能在激烈的就业竞争中脱颖而出。要认识到态度的重要性，若无

好的态度，在修习专业知识的过程中易失去动力。同时，要明确自身的学习目标，要知道学习是为了提升自己，增长见识，掌握技能，而不是为了应付考试。

学习就业技能同样是格外重要的一件事。在求职过程中，人力主管对你知之甚少，主要是通过你的简历对你建立初步的印象。你的简历相当于“名片”，上面有你大学期间的重要足迹，而这些“足迹”决定了你是否有面试的资格。面试相当于进行当面营销，你要在面试中推销自己，把自己的优点展现给面试官，从而获取职位。

（五）做好指导工作，与社会接轨

高校要做好指导工作，加强对一二年级学生的引导，开设专业的职业规划课程，通过授课的方式来进行系统全面的引导；通过开展心理转变讲座来宣传正确的心理知识、缓解情绪和加强心理疏导；提供实习机会，安排进行专业对口的实习，在实习过程中强化社会认识，提高适应社会的能力，也有利于缓解大学生就业前紧张、焦虑的情绪。

高校要与社会接轨，一是从企业需求出发，二是强化校企合作。通过增加案例、情景交互教学等课程，培养大学生对问题的思辨能力，提高大学生思考的积极性；提高实操课程的比重，锻炼大学生的实操能力，让大学生明白如何在实践中对理论进行运用，强化大学生的记忆；布置小组作业，让组员们在相互配合中学会合作和动手实践。强化与企业的合作，把教学拓展到校外。在合作过程中，企业能更了解高校大学生的水平、具体情况和信息，而大学生能更明确企业的需求。校企合作增强了高校、大学生与企业间的交流了解，保证了信息的准确性，减少了准备过程中因信息不对称而造成的弊端。

五、结束语

在如今就业形势严峻、经济增长放缓的情况下，大学生就业问题已经成为一个严峻的现实问题，影响未来的发展。但要解决这一问题，主要还是在于大学生自身的主动性，需要大学生自己积极主动地去做好就业准备工作。学校也要为大学生创造良好的条件和机会。只有这样，才能使大学生在如此严峻的形势下仍能找到合适的岗位，最终得到一份好工作。

参考文献

[1] 刘艳辉．浅析劳动力市场供求的结构性矛盾［J］．人力资源管理，2013（10）：250－251.

[2] 董克用，李超平．人力资源管理概论［M］．北京：中国人民大学出版社，2015：227.

[3] 董晶晶，姚本先．90后大学生就业心理问题现状的调查研究［J］．社会心理科学，2015，30（10）：84－89.

[4] 王昭，李继霞．信息不对称视角下高校人才就业问题探究［J］．人力资源开发，2017（22）：87－89.

[5] 于洋，唐瑞．从用人单位对高校毕业生的录用标准反思大学生综合素质测评［J］．理工高教研究，2008（4）：92－95.

[6] 邹霞，李继富．论职业生涯规划在提升大学生就业竞争力中的作用及其实现途径［J］．重庆理工大学学报（社会科学），2014，28（7）：150－152.

[7] 魏泽．当前大学生就业存在的问题与对策——基于学生自我提升的视角［J］．黑龙江高教研究，2016（11）：98－101.

[8] 张建奇，杨柳玉．我国大学生就业准备中的误区及改进策略［J］．现代教育论丛，2014（2）：63－67.

[9] 周文霞，薛晓洲，李锦飞，高雪原，辛璐．大学生在校经历对职业发展影响的调查研究［J］．重庆理工大学学报（社会科学），2016，30（10）：67－72.

[10] 韩春．大学生就业心理的误区分析及对策研究［J］．企业科技与发展，2017（12）：200－202.

[11] 李娜，李娟，杨金云．基于就业能力导向的工商管理类大学生培养路径的创新研究［J］．中国市场，2016（20）：233－234.

附　录

工商管理学院本科生就业准备摸底调查

1. 您的年级?

A. 2014 级　　B. 2015 级　　C. 2016 级

2. 您的性别?

A. 男　　B. 女

3. 您是否有比较清晰的职业规划?

A. 有明确规划　　B. 有较模糊的规划　　C. 走一步、算一步

4. 大学毕业后，你会选择何种出路?

A. 找工作　　B. 自主创业　　C. 出国留学

D. 考公务员　　E. 考研　　F. 没想过

5. 请问你觉得当前大学生的就业形势严峻吗?

A. 形势严峻，就业困难　　B. 形势正常，未曾担心

C. 不甚清楚，尚未了解　　D. 形势极好，就业容易

6. 您认为大学生遇到的就业困难有?［多选题］

A. 缺乏面试技巧　　B. 专业不对口

C. 就业信息、渠道不通畅　　D. 就业信息机制不健全

E. 缺乏实践经验　　F. 社会关系欠缺

G. 其他

7. 您关注的就业信息主要是?［多选题］

A. 就业形势信息　　B. 用人单位信息

C. 社会需求信息　　D. 专业就业信息

E. 其他

8. 您认为自己目前求职欠缺的方面主要是?［多选题］

A. 专业知识　　B. 就业技能

C. 承受压力，克服困难的能力　　D. 相关工作或实习经验

E. 其他

9. 您认为用人单位关心毕业生的哪些条件?[多选题]

A. 专业成绩　B. 专业技能　C. 综合能力　D. 学校名气

E. 社会经验　F. 发展潜力　G. 思想品德　H. 其他

10. 您对我校的就业政策、手续办理及相关制度的了解程度?

A. 非常了解　B. 基本了解　C. 不太了解　D. 不了解

11. 您想采取哪些媒介手段来帮助自己就业?[多选题]

A. 人才网站　B. 招聘会　C. 人才市场　D. 其他

12. 您希望获取就业方面的哪些信息?[多选题]

A. 专业前景分析　B. 简历方面内容

C. 面试方面内容　D. 就业政策解读

E. 其他相关服务

13. 对于简历方面内容,您希望获取哪些方面信息?[多选题]

A. 撰写简历内容　B. 简历的形式

C. 简历如何投递　D. 电子简历、求职信

E. 简历注意事项

14. 对于面试方面内容,您希望在哪些方面获取信息?[多选题]

A. 面试问题及解答技巧　B. 面试礼仪

C. 面试结束后的注意事项　D. 面试规则

E. 面试题目详解　F. 面试实例

15. 对于就业政策解读,您最希望获取哪方面信息?

A. 毕业生就业创业新政策

B. 就业政策百问

C. 劳动法规

D. 解读“限定 985、211 高校毕业生就业招聘”禁令

E. 五险一金

16. 对于就业相关服务,您最希望获取哪方面信息?

A. 就业报到证　B. 就业协议书　C. 其他

17. 您还希望能了解哪些内容?[填空题]

____

____

____

大学生创业运营能力调查分析

——基于西宁市城东区大学生创业的调查

范佳勇

一、引言

根据国家统计局数据库数据显示，截止到目前我国高校应届毕业生人数逐年递增，而且没有减少的趋势。这与当今时代教育普及有着密切的关系，同时老一辈人极其重视教育，无论怎样都要将自己的儿女送到大学中去。毕业生人数的增加同时也意味着待就业人数的持续增长。

2013 年中国应届大学毕业生人数达到 699 万人；

2014 年中国应届大学毕业生人数达到 727 万人；

2015 年这一数量增加到 749 万人；

2016 届毕业生人数达到 765 万人；

2017 届毕业生人数高达 795 万人。

随着人类跨入经济全球化时代，创新创业也随之在全世界范围内迅速得以发展壮大。经济的区域化全球化、科技社会普遍化、信息透明化网络化，资本迅速流通，一个个既充斥着机遇又充满了挑战的全球化大时代正逐步向我们走来。伴随着时代的步伐，大学生创业同时被众多大学生所选择，然而创业之后的企业运营便成为了另一大问题，大学生的企业运营能力如何？这是我们这次调查研究的主题。

二、西宁城东区创业运营能力现状调查分析

在大学生就业情况日渐苛刻的当下，大学生凭借自身对美好未来的向往憧憬、人生价值的实现，利用自己在大学中学习到的知识和技能，通过自筹资金创办、技术入股管理、团队合作兴办企业等多种方式，在极为有限的就业环境中创造出了一片属于自己的领域，为社会就业水平的提升也做出了重要贡献，使自身从知识技术的拥有者变成社会价值的创造者、经济财富的创造者。

本次调查采用抽样调查方式，以西宁城东区创业孵化基地大学生创业企业为调查对象，对20家创业企业的运行情况进行了调查，表1为本次的调查结果：

表1　企业运营情况反馈情况

企业	运营时间	运营情况
A1	半年以上	盈利 > 亏损
A2	一年以上	盈利 = 亏损
A3	半年以下	盈利 < 亏损
A4	一年以上	盈利 > 亏损
A5	半年以下	盈利 < 亏损
A6	半年以上	盈利 > 亏损
A7	半年以上	盈利 < 亏损
A8	半年以下	盈利 = 亏损
A9	一年以上	盈利 < 亏损
A10	半年以上	盈利 = 亏损
A11	半年以上	盈利 < 亏损
A12	两年以上	盈利 > 亏损
A13	半年以下	盈利 > 亏损
A14	半年以下	盈利 < 亏损
A15	半年以下	盈利 = 亏损
A16	一年以上	盈利 < 亏损
A17	半年以下	盈利 < 亏损
A18	一年以上	盈利 > 亏损
A19	半年以下	盈利 < 亏损
A20	半年以下	盈利 > 亏损

注：数据来源于对城东区创业孵化基地的实地调研。

另外，20 家企业大多以经营电子商务、电子物流为主，还涉及创意设计、网站建设、文化传媒、广告设计等业务。从表 1 中可以看出大学生创业的运营能力在运营的时间上也有所表现，大部分盈利的企业运营时间都超过半年以上，亏损企业占比较大。可以看出，大学生创业的运营能力并不强。

对 20 家创业公司企业运营情况的抽样调查结果如图 1 所示：

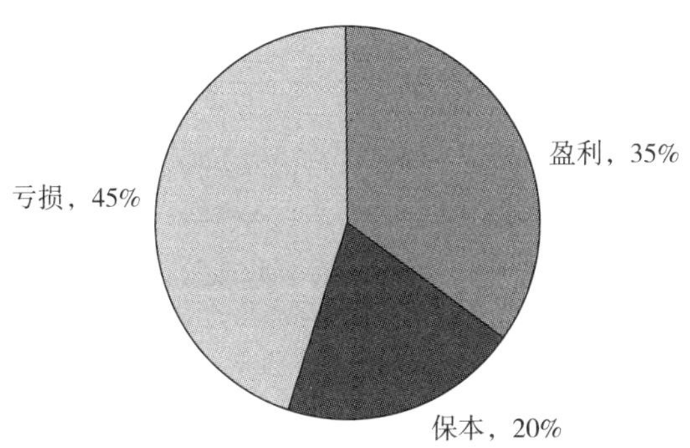

图 1　调研企业盈利情况

结果显示，有 35% 的创业公司处于基本盈利的状态，有 20% 的企业处于盈亏平衡的状态，有 45% 的企业处于亏损的状态。为调查已破产企业，故亏损企业占比应大于当前值，可以说：大学生创业成功率很低，大学生创业的运营能力也很低。

通过问卷调查法对西宁市城东区在校大学生进行问卷调查，问卷数量 200 份。

根据图 2 显示，在大学生心中，创业是一个比较有吸引力的东西。不感兴趣的人群所占比重不大。出去创业是大学生心中存在的一种普遍心理，加之国家也针对大学生创业问题推出了许多优惠政策，使他们能够有热情去投身创业创新的事业中去。只有对创业有足够的兴趣，才有动力去建立运营自己的企业，才能提高大学生的整体运营能力。

根据图 3 显示，创业人群中男性所占比例约为 77%，这可能是由于男生大多较为理性，他们更有承担创业风险的勇气和意志。他们的创业热情相对来说更加强烈，创业方向也更加明确。但是这并不说明女性普遍不喜欢创业，而是因为女性在自己的人生中需要考虑的问题往往比男性多，她们权衡将来的家庭和自身的条件，最终选择了放弃。但是，男性大多都较为粗心大意，他们在运营中往往注意不到很多细节要点，这可能也是大学生创业运营能力差的原因之一。

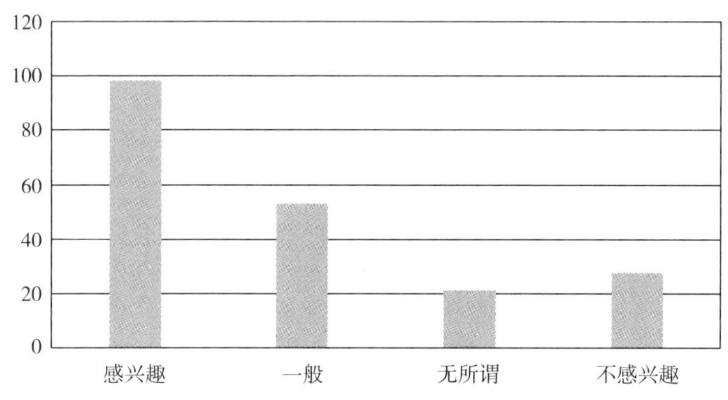

图 2　大学生创业兴趣程度调查

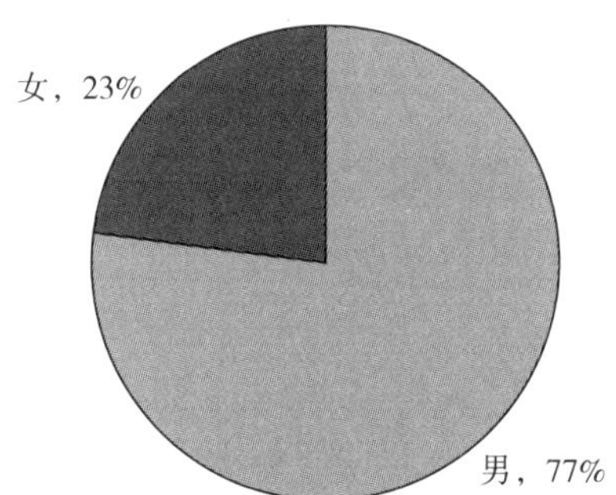

图 3　大学生创业男女比例分布

通过图 4 我们可以很明显地看出，大学生创业者中 57% 来自大二学生，其他年级所占的比例都相对较小，占比最小的是大四的学生，仅占 5%。创业的大学生人群中大二的学生最多，这可能是由于他们在诸多方面占有优势。相对于大一的学弟来说，他们有着在校一年的经验和知识水平，往往可以比大一的学生做出更好的判断和选择，他们可以根据自身的条件更好地完善自己的创业计划；而对于大三大四的学长们来说，大二的学生在课程的安排上更少，他们有更充足的时间出去请教专业老师，提高自己对创业创新的认知度，从而提高创业的成功率。很多大三、大四的学子由于生活压力所迫，需要更多地去考虑自己的就业问题，从而使他们可以考虑创业的时间就变得更少了。总的来说大学生的时间相对社会企业家们偏少，这就导致他们关注企业运营情况的时间少，从而导致运营能力低。

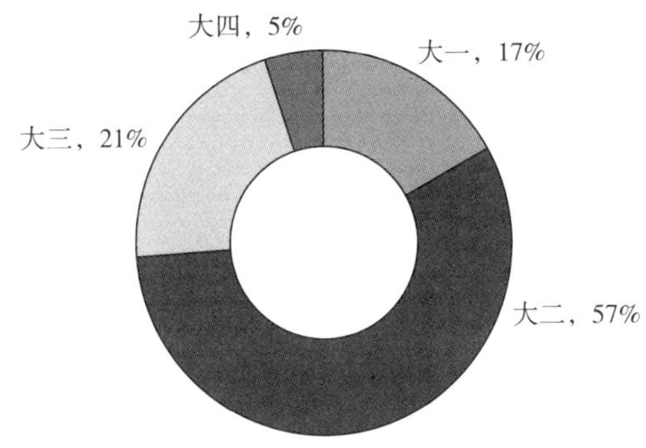

图4　大学生创业年级状况分布

图5显示，学生选择创业大多是为了实现自己的人生价值，可见大学生作为接受过高等教育的人群，没有盲目地去追求经济利益。同时选择不想为别人打工和不想被别人管理的人群也占很大的比重，大学生普遍是向往自由的群体。然而，自身创业也往往会受到客户、业主的制约，如果为了所谓的自由和自己的客户发生冲突，必然会影响到企业的运营。

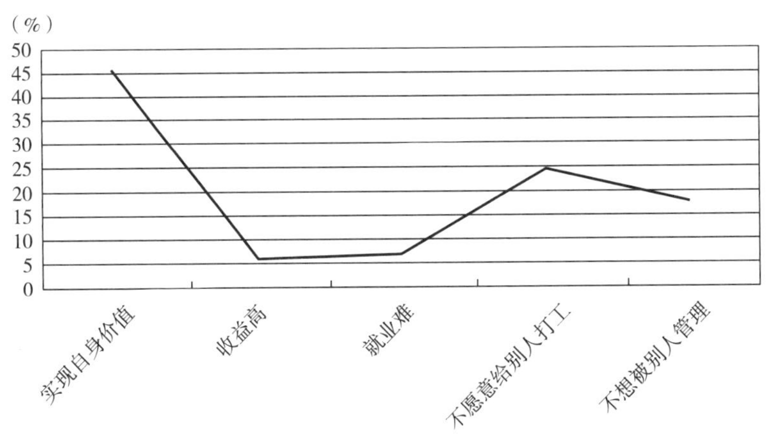

图5　大学生创业动机占比

图6结果显示：57%的大学生认为创业有风险但是自己可以成功，42%的学生认为创业风险大，仅有1%的学生觉得创业风险小。结果表明，大学生对创业的风险有着较为理性的认识，他们同时有着战胜创业风险的勇气和自信心。这在他们今后的创业中，是一笔很重要的财富。

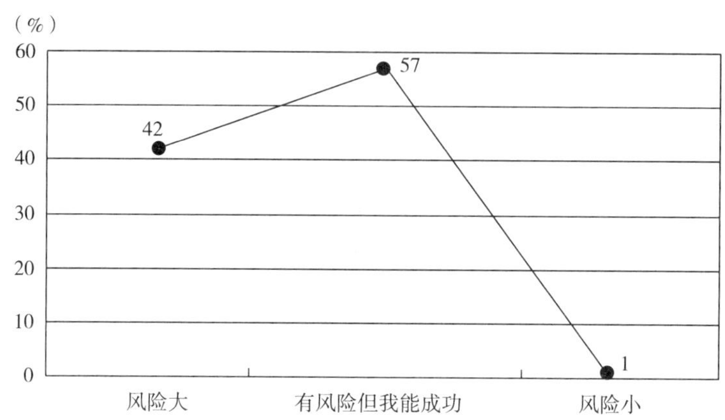

图 6　大学生创业风险认知

图 7 显示，和朋友以及同学合伙的人数最多，说明大学生选择创业的方式更倾向于去寻找同龄人合伙，这样做既有优点，也有缺点。优点是相对于自己单干，合伙可以有效地减少风险，同时，同学、朋友间的优势互补可以增加运营效率。但是，缺点也异常明显，大学生的同龄人，也同样是社会经验和相关知识不多的个体，这样最终还是无法弥补缺乏经验和眼界所带来的企业运营能力低的现状。

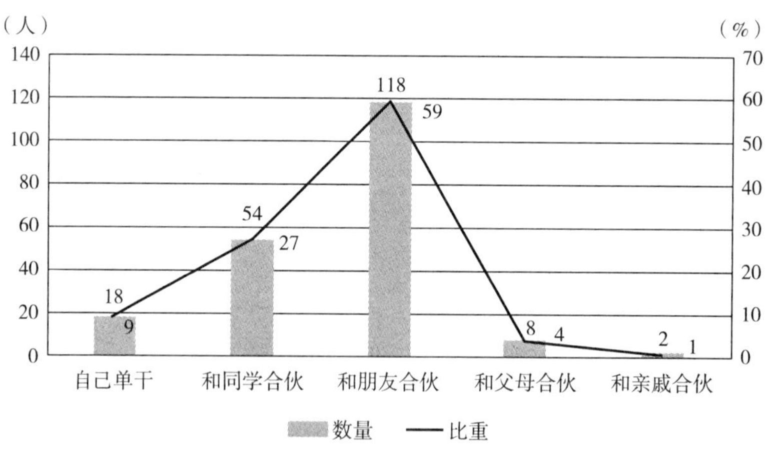

图 7　大学生创业方式选择

企业的创立者管理者更倾向于开放性、责任性、相容性、外向性的人格，不希望存在情绪化的人格（见图8）。这和人们日常生活的经验以及处理事情的习惯有很大关系。往往开放的人更容易获得更好的人际关系，而责任承担的意识是一个企业运营中不可缺少的重要部分。过于内向的人，不敢说话、不善言谈，在与客户的沟通中会让客户觉得你对自己的企业都没有自信，想要使企业运营能力增强，就要让客户觉得你的企业有很多优势，你对自己的企业有足够的自信。

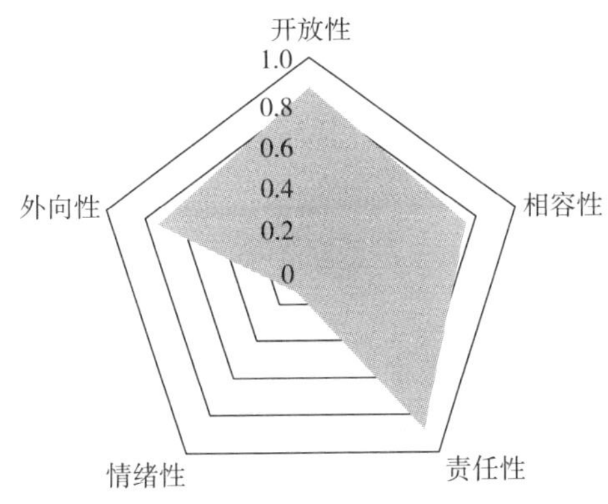

图8　大学生创业人格分析

三、大学生创业运营能力的问题及原因

（一）大学生创业运营能力存在的问题

大学生创业能力存在以下两类问题，如图9所示。

1. A类问题：创业者自身的问题

（1）创业产品过于单一。通过对城东区大学生创业孵化基地的调查研究，发现其中创业企业大多以电子商务、电子物流为主，以创意设计、网站建设、文化传媒、广告设计等为辅，业务模式较为单一。大学生创业的领域非常狭窄，单一的运营模式极大地限制了自身企业的运营能力。

（2）盛行稳中求进的运营理念，不敢去创新。此次调研中几乎所有的大学生创业者都反映，在创业初期不敢进行有风险的尝试。大学生本身的创业条件就不是很优越，因此不敢在运营中尝试创新，害怕创新带来失败。

（3）企业运营者性格不够开放，过于内向。通过调研发现，受访企业中很多创业者的人际交往能力并不是很强，这可能因为他们大部分都是男生，而且大部分都从事网络运营设计工作，不经常与人打交道。然而，这一点在企业的后续运营中便会作为问题出现。

2. B 类问题：客观条件的问题

（1）时间少，无法在企业上投入全部精力。通过对 20 家企业的调研发现，所有大学生创业者所反映出的一个普遍现象就是时间少。这就使他们能在企业运营上花费的精力变少，使得大学生创业的企业运营能力整体处在比较低的水平。

（2）缺少运营资本。城东区大学生创业孵化基地中很多大学生创业者都反映企业的运营资本并不充足。

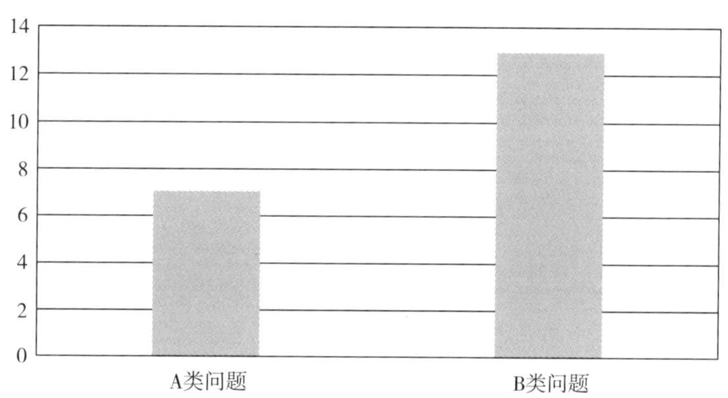

图 9　大学生创业运营能力问题分布

（二）大学生创业运营能力问题导致的原因

（1）创业产品过于单一。这首先与大学生的眼界以及大学生所具备的运营条件是分不开的。大学生是一群初入社会的群体，对自己和社会的认知都是不够的，不知道自己在这个社会能做什么，加之电子商务所需成本相对于其他商务模式较低、所需要的设备要求较低，于是就跟风从事电子商务等相关的网络商务。

（2）创业总是面临风险的。尽管孵化基地提倡“无论成功与否，都要发挥勇于创造创新的企业家精神”，但是大部分的创业者反映，不想因为自己的原因而导致企业运营失败，这种过度的责任心是导致这种问题的最根本原因之一。并不是说这种理念是错误的，只是说大学生创业的企业，没有足够的社会地位、没有足够的企业资质、同时还不选择去着眼客户进行创新，是很难在激烈的市场竞争中优于同行业的。

（3）不是所有的大学生都有能力做到良好的交流。有人不善与人交流或者交流能力不强，在以后的企业运营中，尤其是与客户沟通时，不能表现出自己的自信，让客户怀疑企业的能力。可能是因为大学生并没有接触过这些，没有足够的职场经验。在这个社会上，客户是创造资本的源头，无法让客户满意，是无法提高企业运营能力的。

（4）大学生作为一个特殊的群体，还处在学业的交界处，没有太多的时间可以全身心地投入到创业中，他们以及他们所处的社会导致他们不可能放弃学业去从事企业的运营。尽管创业的大学生大多是时间相对较多的大二学生，但能给大学生从事经营活动的时间也是远远不够的，加之经营企业并不是有时间就管，没时间就能放着的。

（5）创业活动的进行和运营，都是需要资金的。即使由政府补助款项，但因为创业大学生人数众多，最终能得到的资金是有限的。无论是租赁场地还是购买材料，能供大学生运营过程中流动的资金是有限的。做事要充分考虑运营成本，导致可能有很多很出彩的想法都止步于运营资金的缺少，从而导致企业的运营能力无法也做得很出彩。

四、国内其他地区经验借鉴

（一）浙江省经验借鉴

浙江省为大学生创建“企业大学生创业园”，立足各县基本情况，实行“建园准入制”“两主参与制”的独特创园模式。温州市运用当地众多的中小企业对人才的需求，让大学生先作为员工学习经验，为以后的创业运营做铺垫，形成一条企业人才运营链条。温州大学瓯江学院充分利用温州华侨商业资源为创业大学生搭建平台，设立企业接班人培养班，充分保障大学生的创业运营工作。搭建企业与学校的对接平台，让大学生们可以率先接触到企业运营的方式，为大学生创业者提供社会经验和管理运营方法上的经验借鉴。

（二）云南省经验借鉴

云南针对大学生创业提供大学生创业贷款，最高五万元，免担保、免税收、免利息、减免相关行政费用，借款期长达两年。云南省针对大学生创业资金困难的问题，采用了这种类似于助学贷款的创业贷款，免担保、免税收、免利息，极大地缓解了大学生创业的经济负担。自己贷款，自己承担责任，便可以自己使用。

（三）上海市经验借鉴

上海市政府为鼓励大学生创业设置了财政专项拨款，设立了上海大学生科技创业基金，在上海大学、上海理工大学、上海交通大学和复旦大学均有受理点。上海复旦大学更是创建了专门的大学生创业导师团队，为有创业需求的大学生提供最前端的知识技术支持，为有创业意向的大学生们提供了资金和师资上的保证。

（四）广州市经验借鉴

广州提供大学生就业创业实践基地，以 1 ~ 600 元月租的价格拍卖给大学生，供大学生创业作为店面运营使用。通过这种低价拍卖的方法，为创业大学生们解决创业场所的问题，这种方法不再是将场所无偿提供给创业大学生，而是让大学生以收入合法地购买场地使用权，从而提高大学生的创业信心。

五、对策和建议

针对大学生创业时间少的问题。学校方面可以调节大学生大学期间的课程安排，开设创业相关课程，并建立相应的师资团队。如复旦大学为学生提供最前端的师资力量和课程，让创业成为课程的重要一环，减少不必要或实用性不强的课程，增加创业相关的实践活动并给创业大学生群体充足的时间。

针对创业产品过于单一的问题。学校方面应该给社会经验不足的大学生提供这方面的建议，可以请有眼界的社会知名成功企业家来学校做专题讲座。也可以像温州大学一样，为大学生搭建商业资源平台，通过接触商业企业的运营来拓展自己的眼界和想法，从而优化自己的产品，提高企业的运营能力。

针对不敢创新的问题。创新并不是无脑大胆地去尝试。而是在依赖自身条件和经验的基础上，为了进一步发展而作出的决策。大学生之所以不敢创新，就是因为见识和胆量不够。他们限于自身条件，不敢去做激烈的挑战。希望大学生可以反思当初创业的动机，很大一部分人选择创业都是为了实现人生价值。或者说像温州市的企业人才运营链条一样，不要急于去创业，先从一名员工做起，增长社会经验后再来尝试新挑战。

针对企业运营者性格不够开放这一点。首先，要让企业运营者正确地认识到自身的不足，通过创业人格分析，让其了解开放型的管理者性格是大部分人的选择。其次，自身从生活中的方方面面开始练习自己的人际交往能力，多和陌生人交谈、多参加演讲辩论类比赛练习自己的语言能力，增强自信心。最后，多去听听看看优秀企业家的视频、讲座，学习他们在与客户沟通时所表现的品质。优秀的性格人格并不是一天两天就能磨炼出来的，这也需要长时间、反复的锻炼，是一个经验积累的过程。

针对大学生运营资金不足的问题。资金问题是与企业运营能力最相关的问题。大部分大学生创业和运营都止步于缺乏资金。政府方面应该做到减少行政费用、增加财政补贴，并多以地区为单位举办创业思想设计大赛等类似比赛，从中发现闪光点并予以支持，让优秀的想法不被埋没。像上海市一样设立大学生创业专项拨款、像广州市一样为大学生创业提供资金外的援助。学校方面可以做好和当地企业的沟通，让大企业帮助带动大学生们创办小企业，采取资本投资、技术支持等多种方式。大企业可以拉动产业链发展、提高社会地位；小企业可以借此机会实现运营能力大幅度提升。

参考文献

[1] 刘晓玲，付铨盛，赵琪琪，佘冠华，陈鑫．大学生创业实践基地运营现状的调研与分析［J］．现代企业教育，2012（16）．

[2] 许昌斌，尹航，于晓洋．大学生创业孵化基地建设和运营机制研究综述［J］．现代职业教育，2016（28）．

[3] 程艳林，周勇炜．大学生网络创业的困境与对策［J］．中国青年研究，2014（11）．

[4] 周常青．大学生网上创业的机会与风险分析［J］．科技创业月刊，2015（8）．

[5] 陈钟. 网络营销发展趋势研究 [J]. 当代经济，2017 (8).

[6] 曹迪，袁杰. 适应大学生创客的小微创业项目孵化运营模式优化研究[J]. 科技创业月刊，2017，30 (21).

[7] 张玉，索志慧. 探析大学生创业园的运营模式 [J]. 现代企业教育，2012 (5).

[8] 华小虎，周磊，李佳，巩少博，李妍. 基于大学生创业的乐垚陶艺苑创建及运营现状分析 [J]. 知识窗 (教师版)，2017 (8).

[9] 梁正瀚. 地方院校大学生创业园建设和运营研究 [J]. 牡丹江大学学报，2013，22 (2).

[10] 刘杨，傅红. 从大学科技园孵化器的运营和发展谈大学生创业教育[J]. 中国市场，2010 (40).

大学生创业投资调查

——以城东区大学生创业基地为例

杨真诚

现今，教育部明确提出从2016年起，所有高校都要设置创新创业教育课程。然而，关于如何鼓励大学生的创业意向、实践创业计划、积极促进创业成功等方面的研究较少。笔者认为，对于当前社会而言，如何使大学生创业实践越来越多，使成功率大大提升，是解决社会矛盾、实现中国经济成功转型的一个重要问题。本次调查目的是了解青海省大学生创业基地的创业者对于大学生创业投资的相关见解。笔者将以问卷调查自答的方式来进行调查，以此来从企业对不同创业者群体的理解入手，找到影响大学生创业者创业的因素，并积极做出分析。通过借鉴专业人员以往对大学生创业研究的经验，为培养大学生创业型人才制定优良对策，并提出合理化建议。

一、大学生创业投资现状

（一）企业财务指标状况

表1根据研究的需要人为地删减了报表中某些科目，留下了具有代表性的几个科目，由表1可以看出，大部分企业的流动资产呈上升趋势，同时也不难看出流动资产中的应收账款呈现出了增加趋势。对于应收账款而言，如果不能及时收回，将给企业后续的营运资金带来困难，有可能需要企业举债而给企业带来额外的成本。企业存货减少而应收账款增加，可能是因企业对外赊销而造成的，由此看来，企业的经营状况还是一般的。

预收货款和短期负债呈上升趋势，这可能是由于销量较好而增加了资金的投入，对外举借债务使得其他应付款增加，但由于资产负债率 =（负债/资产）× 100% =（92574/106848）×100% =86.65%，可见如果其负债过高，后续债务增长率比较快，可能存在冒进扩销生产的风险，这对企业来说是极为不佳的。

表1　资产负债情况

城东区大学生创业孵化基地创业企业平均数据

2017 年 12 月　单位：元

资产	行次	年初余额	期末余额	负债和所有者权益	行次	年初余额	期末余额
流动资产：				流动负债：			
货币资金	1	30000.00	15683.00	短期借款	9	18000.00	32000.00
应收账款	2	3000.00	74000.00	预收货款	10	2000.00	9400.00
存货	3	1000.00	165.00	应付工资	11		23174.00
				其他应付款	12	3726.00	8000.00
流动资产合计	4	34000.00	89848.00	流动负债合计	13	23726.00	72574.00
固定资产：	5	17000.00	17000.00	长期借款	14	13000.00	20000.00
				其他长期负债	15	0.00	
固定资产合计：	6	17000.00		长期负债合计	16	13000.00	20000.00
				负债合计	17	36726.00	92574.00
				股东权益：			
其他长期资产	7	0.00	0.00	实收资本	18	14274.00	14274.00
				股东权益	19	14274.00	14274.00
资产总计	8	51000.00	106848.00	负债及股东权益总计	20	51000.00	106848.00

（二）综合素质能力

专业素质无疑是创业必备的“必需品”，为培养大学生创业型人才做出参考，本文将对以下几种综合素质能力进行简单的分析调查：专业能力、计算机能力、外语能力、管理能力。针对此次问卷调查，对青海省西宁市城东区创业基地引导的创业者发放问卷 40 份，其中有效问卷 27 份，回收率 67.5%。以有效问卷自评平均分值作为指标（满分 100 分），经计算得到：专业能力 75.6 分，计算机能力 82 分，外语能力 61.2 分。由此可见，问卷调查中显示大部分创业者的外语能力较差，只能在及格边缘，而计算机能力普遍较好。城东区创业孵化基地引入

的创业项目主要以电子商务、广告设计、文化传媒等为主，而计算机能力对于此类创业项目的帮助较大，其实用性无论是在图像处理还是语言编程上都有非常大的作用。大多数创业者的专业能力较为良好，个别创业者的专业能力较为突出。对于外语能力，本文认为对于此类创业项目的帮助较为重要，电子商务英语在网络运营、市场推广、物流管理等方面都能涉及。

对创业者来说，管理能力显得尤为重要，管理者的决策在很大程度上决定了企业的发展程度。从表 2 来看，大多创业者的管理能力都处于一个中等偏下的位置，其中创新能力较其他要素相对处于弱势，而创新能力对于企业长期的运营以及发展非常重要，这对于大学生创业者来说是急需提高的能力。

表 2　创业者管理能力调查情况

序号	种类	能力要素	评分标准（分值）	平均得分（分）
1	领导能力	组织鼓励员工克服困难，完成工作的能力	非常符合（3）基本符合（2）比较符合（1）不符合（0）	1.71
2	创新能力	创造发现新事物的能力	非常符合（3）基本符合（2）比较符合（1）不符合（0）	1.16
3	判断能力	控制局势，快速做出判断，并做出决定的能力	非常符合（3）基本符合（2）比较符合（1）不符合（0）	2.16
4	策划能力	抓住主要问题，主动开展工作	非常符合（3）基本符合（2）比较符合（1）不符合（0）	1.89
5	沟通交际能力	通过和员工交流、沟通并解决问题的能力	非常符合（3）基本符合（2）比较符合（1）不符合（0）	2.33

（三）年龄状况

在此次问卷调查中，对青海省城东区创业孵化基地的创业者共发放问卷 40 份，其中有效问卷 25 份，回收率为 62.5%。在 18～25 岁的大学生创业者人数有 18 人，占比 72%；在 25～35 岁的大学生创业者人数有 7 人，占比 28%，可以明确看出在 18～25 岁的创业者占比远远领先于后者，这个年龄段正是思维特别活跃的时期。不仅充满朝气与活力，拥有较为清晰的洞察力和对于创业的激情，而且敢于创新，敢于拼搏，对专业基础知识的掌握较为扎实，对于自己创业的规划有明确的方向。

（四）实践经验状况

在访问中我们得知：此次受访人数为 35 人，其中约 65% ~70% 的人表示在创业之前有较少的实践经验，10% ~15% 的人表示基本没有实践经验，15% ~20% 的人表示有足够的实践经验。他们中 88.6% 的人表示实践经验对创业的帮助非常大，11.4% 的人表示实践经验对创业的帮助不大。如今在中国这样的教育体系下，我国各大高校的课程设置使得大学生在校期间学习并掌握了大量的理论知识，这为他们将来选择自主创业建立了深厚的理论基础，但是学校却忽略了学生的实践能力和动手能力，也正因为这样，我国在校大学生最缺乏的就是实践经验，这造成了大多大学生的动手能力和实践能力较差、对社会缺乏了解。这些问题对于大学生创业的影响无疑是非常大的，也是造成大学生创业失败率较高的原因之一。

（五）启动资金状况

大多的大学生创业者在创业之初都面临着缺乏资金这个问题，而这点在大学生创业者身上体现得尤为明显。在问卷调查中，共对创业者发放问卷 40 份，其中有效问卷 29 份，回收率为 72.4% 。其中 67.6% 的创业者表明在大学读书期间几乎是没有任何收入的；即使在平时的学习生活中，37.6% 的创业者在校期间选择在外做兼职赚取一定的资金，但是这些资金对于创立一个企业来说杯水车薪。所以大学生创业最突出的特点就是资金匮乏。

（六）国家政府政策的支持

最近几年，国家对于创业进行了大力的支持。国家领导在党的十七大上明确指出要用创业带动就业，青海省西宁市城东区创业孵化基地也是政府为了推动大学生创新创业而建立的独具特色、促进创客创业的全新服务平台，到目前为止，该平台已带动超过 1200 名大学生进行就业，入驻的企业有 23 家，园外孵化 9 家，成功孵化 2 家企业。对于大学生进行创业教育，并鼓励大学生在校期间或毕业后进行自主创业更是重中之重。为响应国家的号召，国内各大高校纷纷成立创业基金、创业协会和创业园区等，积极地培养大学生的创新意识，鼓励大学生自主创业。这为大学生创业提供了一个良好的政策环境。

二、大学生创业投资存在的问题及原因

（一）大学生创业投资存在的问题

根据以上现状我们可以得出：创业者的现状普遍都不是太理想，而产生此类影响的主要原因有：

1. 缺乏投资理财理念

拥有正确的投资理财理念可以正确地指引大学生进行创业投资活动。现在我们很多大学生在投资理财观念上都有一种不劳而获的心理，而且很容易产生一种急于求成的思想。在对城东区大学生创业基地所做的问卷调查中，共发放问卷40份，其中有效问卷31份，回收率为77.5%。而64.5%的创业者表示在创业之前都没有树立一种正确的投资理财理念，这使得他们在创业初期遇到了很多的困难。还有25.8%的人表示在某些项目投资上因此而失利，这对他们的心理造成了严重的打击。所以，大学生创业者应该重视关于投资理财方面的知识，形成一种良好的投资理财价值观，这对于大学生创业者是很有必要的。

2. 创业投资风险高

随着中国社会经济的急速发展，人们的生活水平逐渐提高，需求也随之增加，自然对市场中的各种产品的要求也有所提升。企业的技术风险也逐渐提高，而企业对于技术提高所需的技术创新就更加难以配套、成熟。

任何技术都要经过市场的检验，如果没有预测该技术在市场中的收益性、适应性，就会使得技术风险大大提高。除了此类风险，财务风险高对大学生创业投资的影响也很大。我们都知道，高收益和高风险是并存的，例如创业者在创业期间投资一个新的项目，开发新产品是企业长远发展的必经之路，而研发新产品无疑需要在高技术、高成本、高费用的基础之上进行，新产品是否适应市场的需求对创业者是很大的考验。如果产品在供、产、销等环节的多种不确定因素下出现问题，造成产品滞销，将导致企业资金流动迟缓。经营风险的出现，也将直接导致财务风险。

3. 风险管理能力差

风险管理主要包括风险识别、风险评估、风险应对等。此次对创业基地的创业者共发放问卷40份，其中有效问卷21份，回收率为52.5%。在这21份问卷中，76.2%的创业者表示在风险管理活动过程中，对投资项目采取风险应对措施的能力有待提高。为了规避风险，企业可以调整战略，通过完善公司规章制度、政策等，某些高风险特殊项目管理者应当决策是否终止该项目的进行，以避免更大的损失。另外，我们还可进行风险转移，通过合资或吸引投资者的投入，将因项目失败而产生损失的风险分担给他人。

（二）大学生创业投资存在问题的原因

1. 外部环境原因

外部环境包括家庭环境、商业环境、社会环境。如今电子商务等投资项目的竞争较大，例如以阿里巴巴、京东、国美电器、苏宁易购、聚美优品等大型电子商务为首的五大企业几乎覆盖了全国的电子商务市场。大学生创业者进行创业投资活动的目标是实现收益最大化，面临着这样一个艰难的商业环境，行业的巨大风险可能会使得创业者少有实现预期收益的机会。在这样一个市场环境中，会有很多不确定性因素，这些因素必然会导致很多竞争企业因此发生亏损，这是大学生创业投资存在风险的重要原因。

2. 创业者思想行为原因

很多大学生创业者只着眼于自己的思想却没有积极地去行动。对城东区大学生创业基地的大学生创业者发放问卷40份，其中有效问卷28份，回收率为70%。大约50%或50%以上的创业者没有主动创新而去实践的行为，在创业时处于非常被动的状态，被动地接受社会要求，而不积极寻求与自己的创业理想有关的信息和条件。调查结果显示，88.3%的创业学生持有更多的消极和恐惧心理，有64.9%的学生说承担不起创业的风险。大学生在市场上或社会上受阅历的限制，他们的态度或多或少会受到一种无形的影响。除了受到心理素质的影响外，专业知识技能和充分的实践经验也是共同决定创业是否成功的关键因素。据调查统计的数据显示，大学生创业者在诸多外部条件允许的情况下，觉得自己有充足的能力与信心去创业的学生只有3.6%，和大多数认为他们的创业能力不足的学生相比少之又少，这是让创业进阶缓慢的重要原因之一。

3. 国家优惠政策原因

以青海省为例，对城东区大学生创业基地创业者的现状进行研究和调查，对于信息的收集采用问卷调查以及访问的方式。问卷分为两部分：青海省大学生创业基地问卷调查和青海民族大学学生问卷调查。摘要对青海省西宁市城东区大学生创业基地进行了问卷调查，共发放问卷 40 份，其中有效问卷 26 份，回收率为 65%。在这 26 人当中，80.7% 的人表示该平台对于他们创业的扶持和引导作用力量较大，19.3% 的人表示该平台对于他们创业的扶持和引导作用的力量较小。创业者表示在大学期间，当涉及国家对大学生创业者的优惠政策及扶持时，只有 8.1% 的少数创业者考虑到借助政府对大学生扶持的力量。大多数受访创业者表示，他们不考虑政府的力量。以青海省政府 2014 年 11 月创立的青海省西宁市城东区创业孵化基地重点项目为典型，这是鼓励和支持大学生创业的措施之一。在对青海民族大学学生的访问调查中，82.4% 的学生说他们不知道青海省的大学生创业基地，63.8% 的学生说他们不会去那里活动，这主要是受时间的限制。创业者需要法律的认知、政策的了解、市场调查的清楚度和储备的技术知识，在访问中表示对法律法规和创业政策非常了解的学生只有 1.2%，只有 0.9% 的学生通晓技术专长和市场知识。数据显示，对于创业所需的很多必要条件，只有极少数学生达到了。而很多学生没有实习经验，这是受到阅历、知识储备等限制的结果。无论是大学生创业者还是当代大学生，由于缺乏对国家优惠政策的了解，可能会错失一些创业投资的机会，这是大学生创业投资存在问题的重要原因之一。

三、国内外经验借鉴

（一）美国地区经验借鉴

美国是当今全球经济体系中非常强大的国家之一，自 1984 年起，美国企业的数量就平均以每年 3.57% 的百分比逐年增长。在美国，对学生动手能力和实践能力的培养早在小学就已经开始了，这对于他们创业所具备的能力及素质极为重要，这使得美国的大学生创业者在创业初期起步就比我们国家的大学生早。这样的“硬实力”在中国没有得到很好的体现，本文认为这是中国教育需要完善的一点。

（二）上海市经验借鉴

上海市专门设立了大学生创业教育培训中心，能够免费为大学生提供各种创业培训、指导等。2005 年 3 月，政府启动了大学生科技创业基地，连续三年投入了 1.5 亿元，同年年底已有一百多个项目得到了创业基金的资助，创业者企业能够在选择投资项目上有较大的优势，政府政策能给大学生带来很大的帮助，使大学生创业者大大降低了创业风险。

（三）辽宁省经验借鉴

辽宁省针对高校毕业生创业者制定了多条优惠政策，例如为高校毕业创业生提供税收优惠、公司注册申办等。除此之外，政府设立的中小企业担保基金用于为高校毕业创业生创办企业申请小额贷款提供担保，据悉担保金额为 5 万元左右。为帮助大学生创业投资提供有利条件，辽宁省还专门设立了大学生创业孵化中心，能够为大学生创业投资提供实践场所，在一定程度上减轻了创业者的经济负担。

（四）浙江省经验借鉴

浙江省针对高校毕业生实行高校毕业生从事个体经营的可以减免行政事业性收费政策，而且为鼓励大学生进行创业投资，允许资金不足的大学生向当地银行申请小额贷款，其中贷款利息财政承担 50%，这在一定程度上减免了投资的成本。对高校大学生在校期间创办民营科技企业的，学校还可以保留 1～3 年的学籍，这样能够使在校大学生进行创业投资而不用担心学历的问题。

四、改善大学生创业投资的建议及意见

（一）提高大学生创业教育水平

当前大学生创业的状况和存在的问题表明，现在的大学所开展的创业教育过

于注重形式而不注重实质，不能为创业型学生提供有效的技能。创业教育不能是单一的、僵化的，创业教育要有多元化的课程体系，要涉及心理学、管理学、营销、税收制度、经济法、法律等各个方面的学生创业教育。还要结合每个区域经济发展的状况，形成一套能够体现大学特质的教材体系。鼓励大学生创业，促进创业精神的普及，为大学生创业创造良好环境。大学在完善教育制度的同时，也应该提高教育水平。大学生在学校期间主要学习知识和理论，学院和大学应该为自愿自主创业的大学生建立相应的创业计划，对大学生创业的基本理论做系统的培训，将传统的教育和创业教育相互结合起来，弥补创业教育的不足，以提高创业教育的水平。

（二）培养大学生的创业意识

创业意识指对创业的全方位和科学的理解，这是每一个大学生确定创业之前就应该有的认识。创业的目的是指向市场以及市场的消费人群，而市场往往是不可预测的，所以创业可以为创业者带来很多阅历以及直观上的利润，同时创业的两面性也较为明显。负面影响较为突出的就是创业的风险可能会带来资金亏损。如果仅仅是由于兴趣爱好、激情或追随，没有对它进行全面和客观的理解，唐突地决定并开始创业毫无疑问将会让你撞得头破血流。大学生需要注意在学校创业的优势和劣势，意识到对自身拥有的条件和创业所需条件进行比较并得出结论。同时大学生应该进行全面的SWOT分析，在形成自己的承诺之前开拓意识。和创业意识相比，打造强大的创业品质更加重要。创业精神是指努力工作和坚持不懈的精神。在进行创业的过程中会有很多不为人知的劳苦，独立、艰苦等多方面素质的培养在创业过程中会起到非常重要的作用，它能让你在创业生涯中走得更加顺利，很多学生都拥有这样的素质，但只拥有这点显然是不够的。创业是一个需要时间和精力的过程，持之以恒的心理素质很重要，而不是很短的时间内就能看到结果。一个成功的企业家不仅要有前进的激情，而且要有坚持不懈的品质。因此，大学生在创业意识和创业素质中必须学会自我评价和自我调节。

（三）减少创业者创业投资风险

如今，大多数大学生创业者主要从事商务贸易类项目，这种类型的项目无疑需要大量的资本投资。然而通过前面的分析可知，学生的财务经济状况是非常有限的，因此他们大多都只能依靠外部条件，这与从事贸易项目所需的条件大有不同，因此，这个特性也成为大多数大学生因害怕失败而不敢去创业的原因之一，金钱的损失是他们最难以承受的风险。可以看出，这种类型的项目并不是大学生创业的最合适选择。同时，为了规避创业的各种风险，需要制定良好的计划、做好一些基本的财务预算，做足市场调研，了解本行业的走势及发展前景。事实上，他们可以充分发挥和利用自己的优势，根据自己所学专业或自己的特长选择创业项目，用他们自己的智慧和优点来换取资本。大学生在校期间学习了大量的专业理论知识，具有较高的知识技能优势，这与其他普通企业家不同，很多创业的想法都有专业知识的支撑。笔者还采访了选择与自己专业相符合项目的大学生创业者，交谈过程中可以发现他们选择创业的心态平静，很多这样的创业者对于自己的创业项目有着不错的预期或势在必得的信心。不难看出，灵活地运用自己的专业优势是一个创业者走向成功的姿态。一方面，它能让你对专业知识的理解更加透彻，提高实际操作能力。另一方面，它很大程度上减少了你的创业成本，降低了创业过程中资金损失的风险。

（四）改善社会环境

建立坚实的社会支持环境。国家和政府给予社会的支持非常强大。我国高校大学生想要创业，通过社会提供的支持仍然是有希望的，对社会环境的改善也可以从“有形”和“无形”两个方面入手。“有形”需要国家和政府对大学生创业项目资金、专业技术的支持做出一个合理的规划与估算；相关环境的“无形”也应该从税收、培训、政策、法律和市场环境等方面做出“打折”。社会环境的改善不仅需要制定政策和实施政策，还需加大对创业的宣传和管理力度，让创业的精神广泛流传。我国相对于其他国家来说，创业、实践教育已经较晚。因此，本文认为国家和政府应该注重对于创业、实践的教育并支持和宣传创业的理念，使学生充分发挥自己的才能。国家和政府必须在重视大学生创业的同时，根据其特殊性加强业务推广和管理，在让整个社会环境完善的同时也完善了大学生的创业环境。

参考文献

［1］李明莉．大学生创业困境的探索性研究［D］．华东师范大学硕士学位论文，2011.

［2］刘洋．高等学校实施创业教育的研究与探索［J］．现代教育科学，2004（2）：4－7.

［3］何云景．借鉴国外经验构建我国大学生创业支持系统［J］．教育理论与实践，2016，26（2）：7－9.

［4］杨邦勇．大学生创业支持系统的构建研究［J］．中国大学生就业，2010，8（5）：

6 – 8.

［5］池仁勇．美国创业支援体系剖析［J］．外国经济与管理，2001，24（1）：5 – 10.

［6］姜春慧，姜蠡邪．对大学生创业政策理性思考与探析［J］．教育决策与管理，2017（96）：3 – 7.

［7］木志荣．创业困境及胜任力研究：基于大学生创业群体的考察［J］．2016（1）：15 – 22.

［8］陈龙，朱永华，刘海波．大学生创业支持体系评价［J］．武汉工程大学学报，2010，32（6）．

［9］蔡鑫萍．论大学生创业能力的培养［J］．湖南农业大学学报（社会科学版），2000（3）．

青海民族大学工商管理专业实践基地建设研究

高川茹

党的十九大报告指出要完善职业教育和培训体系，深化产教融合，校企合作。加快一流大学和一流学科建设，实现高等教育内涵式发展。与此同时，报告指出要深化体制改革，建立以企业为主体、市场为导向、产学研深度融合的技术创新体系，从顶层设计角度进一步要求高校加快专业实践基地建设。本文在此背景下探索青海民族大学工商管理专业实践基地的建设情况，为学院更好地建设实践基地提供参考。

一、建设实践基地的重要性

（一）有助于学生培养

1. 使学生形成专业认同和行业认知

对于尚无工作经验的工商管理专业的学生来说，参与实习实践活动，是一次接触社会的途径，有利于其形成对本专业的认同感，即对工商专业价值理念的接受、认可和践行。同时，在实习过程中实际操作，能够帮助学生全面了解工商管理专业具体工作内容以及专业所处的行业。

2. 使学生形成对自我的认知

大学生参与实践活动，走出理论课堂，走向实践应用，完成从理论迈向现实

的第一步。学生将所学基本理论、基本知识与社会实践相结合，在学习中运用，在运用中巩固深化，在实践中不断探索，发现自身的不足、工作中的不熟悉和技术的欠缺，提升个人综合素质和工作经验，对在校所学知识以及工作能力有一个初步的认识。

3. 自我定位、寻求发展

大学生实习完成后，加深了对当前社会严峻的就业形势的认识，了解了社会的需要，认知自我、准确定位，树立正确的就业观和择业观，适应就业市场的要求以及自身发展条件，在有效时间内找到适合自己的岗位，为以后的就业做铺垫和提供参考。

（二）有助于学科建设

通过建立实践基地，承担学生校内外实习实践教学任务，促进学院和企事业单位联合培养人才机制的建立。将实践基地建设成产、学、研一体的重要场所，为学院提供教育支持，推动学院转变教育思想观念，完善教学管理体系制度，加强实践教学环节，改革人才培养模式，提升大学生创新精神、实践能力和就业能力。

（三）打造民族地区特色教育

结合青海地区市场实际、工商管理专业生源状况，突出汉藏双语工商管理类人才培养的特色，依托本地特色优势产业企业，以市场实际所需人才为导向，突出青藏民族地区特殊背景。在产学研结合过程中，抓住少数民族学生语言和文化背景优势与特色民族产业发展人才需求的特色供求关系。培养出服务青海省地方经济实际发展需求的，保留可持续的优秀工商管理人才，打造青藏高原一流的商学院。

二、青海民族大学工商管理专业实践基地建设的现状

如表 1 所示，近 15 年青海民族大学工商管理专业共签约实践基地 18 家，其中校外基地 17 家、校内基地 1 家。

表 1　近 15 年青海民族大学工商管理专业校内外实践基地签约情况

序号	签约时间	实践实习单位名称
1	2018 年	青海辉色网络科技
2	2018 年	青海商盟信息科技有限公司
3	2018 年	青海旅投铁航国旅
4	2018 年	青海省康辉国旅
5	2018 年	青海水井巷实业发展有限公司
6	2018 年	西宁金智电子有限公司
7	2018 年	城东区创新创业孵化基地
8	2018 年	青海 5369 生态牧业科技有限公司
9	2018 年	青海智盈财务咨询有限公司
10	2017 年	和君纵达数据科技有限公司
11	2017 年	汇通金融数据有限公司
12	2016 年	青海民族大学大学生创新创业孵化基地
13	2006 年	青海百力水电有限责任公司
14	2006 年	西部矿业股份有限公司
15	2006 年	青海互助青稞酒有限公司
16	2006 年	青海金河藏药药业股份有限公司
17	2003 年	中国平安人寿保险公司西宁分公司
18	2003 年	青海省小岛文化教育发展基地

学院与 17 家企业本着“优势互补、资源共享、互惠双赢、共同发展”的原则，建立友好合作关系，并签订校企合作协议书，培养和锻炼学生的实际工作能力，加强学校与社会的联系。

2016 年青海民族大学西校区已建有创业孵化基地，定期对全校大三学生进行大学生创业培训，培训合格者获得由中华人民共和国人力资源和社会保障部颁发的 SIYB 证书；定期组织全校大四学生开展职来职往竞赛活动，提高学生的应聘能力和社会竞争力，为大学生求职提供模拟平台。

三、存在的问题及原因

（一）存在的问题

1. 校内大学生创新创业孵化基地存在的问题

由于青海民族大学是一所综合类高等院校，孵化基地面向全校学生，采用相同的培训手段和培训设备，导致培训课程的针对性差。同时，孵化基地内部的基础设施建设过于简单，仅配有供学生们进行信息查询的电脑设备和会议厅。

另外，职来职往竞赛活动注重比赛形式，缺少对参赛学生的就业指导，包括简历的设计以及面试技巧和注意事项等，活动结果未能达到预期目标。

2. 校外与企业合作存在的问题

（1）培养模式单一。目前学院所签约的校外企业多为第三产业服务行业，且类型和数量有限，无法为每位学生分配到专业对口的岗位，见习期间不能将所学理论知识完全运用，学生的培养模式较为单一，实习具有局限性。

（2）合作不深入。学院虽与各企业签订了实习合约，但企业仅把大学生实习当做缓解企业用工荒的途径，大多数学生都被分配到企业工厂一线充当廉价劳动力，而在管理层和技术层不安排实习生，不愿受学院教学安排的制约，不关注学院的人才培养方案和过程。

（二）原因

1. 学校政策

虽然近几年来国家一直强调要注重实践教学环节，增强大学生的创新实践能力。但作为实践能力培养的重要产学研场所——校内外实践基地却在学校得不到足够的重视，至今仍没有完备的体制、机制和制度的保障，缺乏统筹规划、统一布局，缺乏强有力的财政和政策支持，导致工商管理专业实习基地建设滞后，学生的实践能力得不到培养和发展。

2. 企业追求自身利益最大化

企业主要是营利性组织，缺少成熟的合作意识，为了保证自身利益最大化，不愿意长期与学校进行深度合作，在大学生实习期间投入过多的财力和人力，没有真正从长远考虑，抓住实习的机会，为企业培养合适的优秀人才。

3. 学生的实习意识不强

在校学生是实习活动的实践者，是活动的直接受益人。但实践活动不同于传统课堂上给学生灌输理论知识的形式，学生往往对实践活动认识不到位，没有形成实习是大学中的必修课程的正确观念，实习意愿不高，学生在校所学专业知识和技能与现代企业的需求相差较大。

4. 学院缺少学生实践管理部门

工商管理专业实践实习管理体制的科学化、合理化是建立实践基地的重要保障。但在选择实习基地的过程中，由于制度体系不健全，加之学院师资有限，无力抽调出更多师资监督学生实习。学院本科共 530 人，只有 2 名专职教师管理学生和 1 名副院长指导工作，人员不足是导致实践工作落实不到位的一个重要原因。此外，管理上存在漏洞，导致实习基地的建立不理想，实习效果不明显。如没有设立专门的实习管理部门、指定专人专员深入调研实习基地、组织实施实习计划和控制实习进度，缺乏有效的实践实习管理监督机制。

四、青海民族大学工商管理专业实践基地建设模式设计

（一）模式

1. 模式一：深化校企合作，发展校外实习基地

发展校外实习基地可以使教师与学生接触社会，了解就业形势和就业市场。同时，企业提供实习岗位，可以帮助大学生在实习过程中了解自己是否适合此类

工作，对于今后在求职中树立个人的求职目标有着非常重要的积极作用。因此，学校需深化与企业间的合作，选择固定的几家企业发展为校外实习基地。作为实习基地的企业，一方面要有良好的经营状况，愿意长期接纳学生实习，保障实践的长效性，能为学院师生实习提供所需的教学、工作及生活条件；企业经营的范围较广且与工商管理专业对口，使学生掌握全面的业务知识与能力。另一方面，校企合作机制的确定包括实践教学团队的组合。从事实践教学的师资对企业比较了解，对项目开发及技术难题攻关有热情有兴趣，具有一定的产品市场化前瞻能力；通过到政府（企业）担任兼职或顾问，与政府（企业）产生广泛的联系。学院需要聘请和培养一批双师型人才，提升双师型队伍的技术水平。同时通过校企合作实习中的实践教学环节，聘请政府（企业）高级技术人员走入课堂，给学生带来实践性强的专业知识，重构实践教学课程体系与教学方案的设计与实施，改进人才培养方案。

大学生从理论知识的接受进入实训环节，将改变以前传统式的实践活动模式。从课堂跨入政府（企业）实习基地，是一个崭新的开始。合作实习基地将制定一套完整的人才培养方案和管理方案。图 1 为依托校企合作实习基地培养创

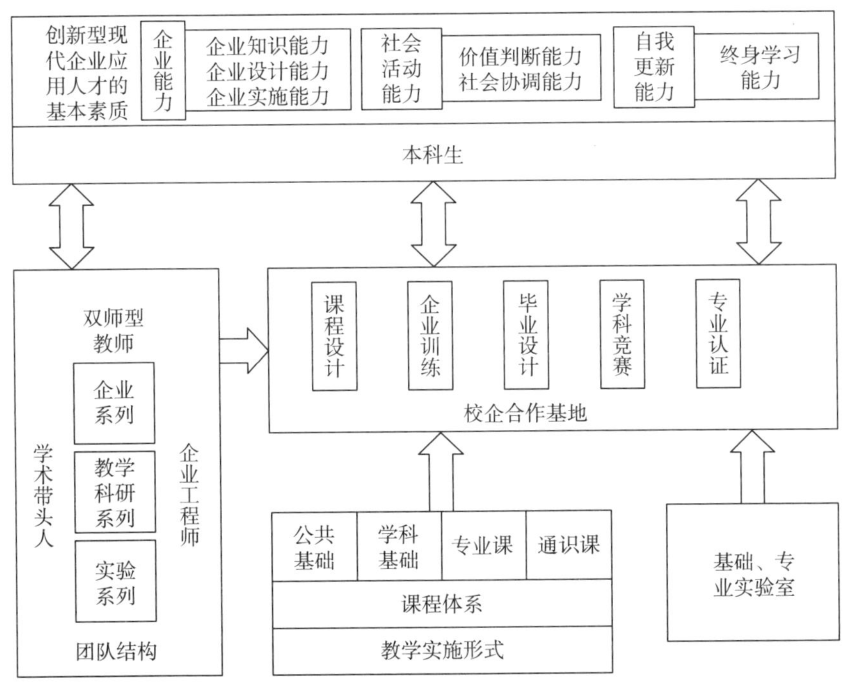

图 1　依托校企合作实习基地培养企业人才的体系结构

新工程人才的体系结构，将实习基地定位为学生实践培养的主要场所。图 2 为多层次递进的实践体系结构。

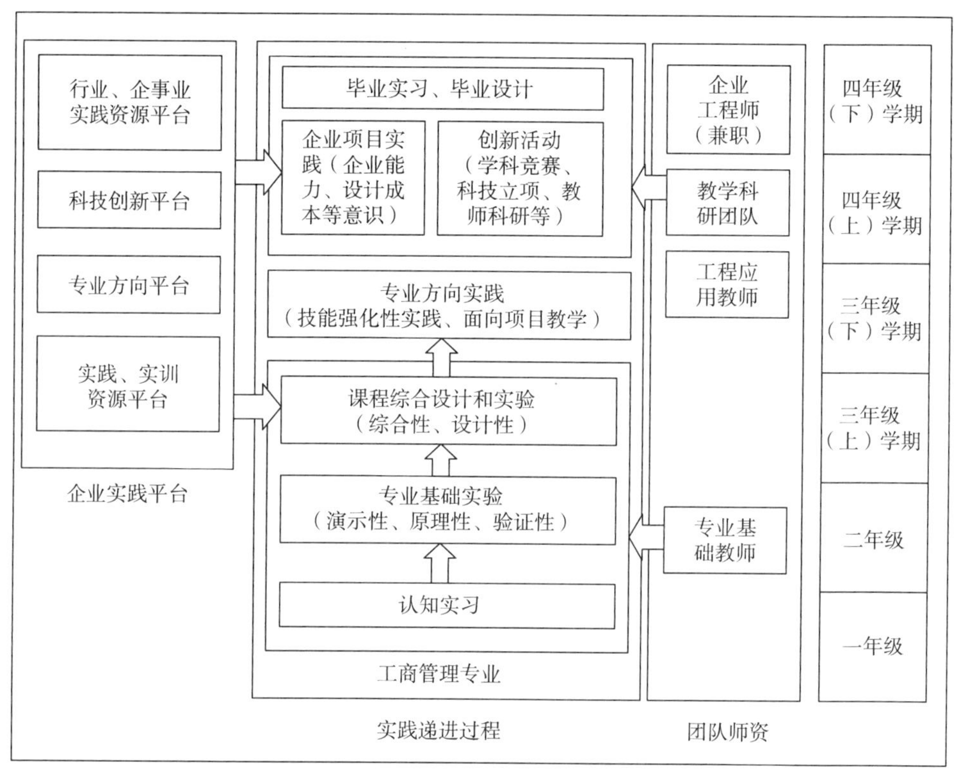

图 2　多层次递进的实践体系结构

2. 模式二：整合校内资源，建设校内实习基地

校内加强对实验室的建设。根据当下最新的市场情况，采购实验室模拟教学所需的设备和器材，建立与企业各职能相一致的微型版企业，能够真实地模拟企业运营，使学生在实践过程中深入认识自己的专业以及未来可能从事的事业的全貌。同时，建立与企业相一致的上下班时间管理及排班岗位制度，按照企业要求，将企业规章制度上墙，营造具有企业文化和校园文化的氛围，创造管理、生产一线真实的企业环境，形成良好的企业氛围。

另外，校内也要重视工商管理专业创新创业基地的建设。利用我校民族学、藏学、心理学、社会学、计算机、法学、经济学等学科，进行跨学科研究。工商

管理专业创新创业基地应根据工商管理专业的特性，配备经验丰富的指导老师以及与工商管理专业相配套的设备和器材。在实践指导老师的带领下，开展内容丰富、形式多样的活动项目，如大学生创业培训、申报大学生创业项目、指导学生参与创新竞赛活动、指导学生发表专业学术论文等。

工商管理专业创新创业基地是学生综合素质拓展的载体，是为工商管理专业学生试创业提供锻炼和服务的平台，帮助工商管理专业学生自主创业营造良好环境，为青海经济社会发展提供高素质的管理类优秀人才。

（二）运行机制

1. 建立校企合作长效机制

互相促进、互惠互赢是校企双方建立良性合作长效机制的基础。首先，在战略层面上，学院与企业应从彼此利益出发，寻找双方共同的合作点，确立长远目标、制定长远规划，实现双方优势互补、互利共赢；其次，校企双方应签订常规实习协议，建设由双方人员组成的校外实践基地领导小组和工作小组，明确相关人员的职责和分工，制定切实可行的管理制度，定期召开会议，配备专人专员管理和监督实习进度，协调好实习学生的岗位分配、实习进度、纪律考勤、食宿交通等具体日常事务；最后，学院和企业要共同遵守国家有关劳动就业的法律法规和相关规定，保障学生的各项合法权益。

2. 建立教师与学生激励机制

教师和学生是实践基地运行的主体，因此，要充分调动起教师与学生的参与积极性，制定好实践基地的激励机制。工商管理专业实践教学激励制度针对教师和学生这两个方面。教师方面，将教师的实践指导考评结果记录在专门的教学成果档案中，并与教师自身利益，例如职称评定、奖金津贴、教学总评等挂钩；奖励实践教学活动中的优秀指导教师，促进教师发挥所长，创造性地开展实践教学活动。学生方面，实行实习学分制，学生参加实习培训、考取与工商管理专业相关的资格证书、参加创新创业竞赛等都可计入实习学分中，并且考取相关资格证书后可申请免修相关的选修课课程，例如考取会计初级资格证可申请免修《基础会计》课程；参加创新创业培训并取得 SIYB 证书后，可申请免修创业相关的选修课程；在实习过程中获得“先进个人”称号者，可在评选国家励志奖学金、国家助学金、优秀学生时被优先考虑。

3. 完善实践教学效果评价机制

实践教学的效果评价构建科学的评价模式，是客观、准确地评价实践实效性的基础。模式的科学性体现为评价的有序性和多样性。有序性是指建立评价模式的标准，按照标准对实践效果进行准确评价。评价从实践目标、实践的内容、实践的方式方法等具体情况和考察侧重点确立评价分值与权重，构建相对科学合理的评价标准体系。多样性是指要多方面、多角度对实践教学进行综合评价。一是在学院成立实践教学考评小组，由学院领导担任小组组长，负责学院实习成绩的最终评定以及相关奖励、表彰工作；二是组织学生撰写实习报告，并参照考核评价指标进行打分评价，最后写出对此次活动的意见和建议；三是实践活动指导教师对实习进行评价及打分；四是走访实习单位，深入了解实习单位对实习效果的综合评价以及对实践教学的建议。将四个方面综合起来，成绩合格者可获得实习学分，成绩不合格者则需参加重修。最后，评选出优秀的实践成果，对于在实践活动中表现突出的学生或教师给予奖励和表彰。

（三）保障措施

1. 建立健全实践基地的规章制度

实践基地要以教育为中心，建立严格、科学的实践教学管理制度才能严格执行教学计划、教学方案。一是建立实践教学质量检查、监督、保障、调控制度体系，深化实践教学改革，不断更新实践内容，改进实践教学方法，保证实践教学的质量，规范实践教学的科学运行。二是建立明确具体的学生和教师的人员管理制度，明确教师的岗位职责及分工细则，有严格的考核制度和奖惩制度。规范指导师生实习，督促师生共同促进实践基地的建设与发展。三是建立设施设备管理制度。对于校内基地的各项设施设备要做到账实相符，仪器设备及时维修，安排专人负责设备设施的管理。四是实践基地的建设要严格遵守国家相关法律法规、政策及条例，建立实践环境管理和劳动保护、安全操作管理相关规定和措施，营造良好的育人环境。

2. 加强师资队伍的建设

一是学院应利用现有教师资源培养教师的实践能力。结合实践教学目标和学生实践培养方案，在管理制度和激励机制上鼓励有能力的骨干教师每隔一年去企业顶岗培训半年甚至一年，直接接触企业的生产一线，熟练掌握所在岗位的操作技能，积累经验以提高教师的实践操作和实践技能，使其既具备完善的理论知识体系，又能掌握时下最先进的实践操作，做到理论与实际对接、专业与行业对接。二是应注重营造良好的实践教学氛围，提高实践教学的整体水平。组织实践指导教师开展教学研究和经验交流研讨会以及工商管理专业知识竞赛活动，在教师间营造相互促进、相互学习的教学氛围。三是应面向企业建立校企互聘互用等灵活的人才任用机制，从企业中选拔出的优秀技术骨干可在学院担任实践活动的指导员，明确指导员的责任和待遇，并将实践教学任务纳入考核管理中。

3. 提高学生对思想教育工作在实践基地建设的重要性

首先，在新生入学讲座时安排有关就业实习的讲座，让学生从大一开始就从思想上认识到实习的重要性，转变实习观念、端正实习态度，初步了解实习内容和过程以及实习对择业就业的重要性。其次，在校期间，组织学生参观和学习实践基地、开展企业管理模拟竞赛活动，有利于发掘学生潜力、培养学习兴趣、增强专业自豪感、加强劳动观念、充分调动学生对实习的积极性，让学生对实习有更深入的了解，纠正“实习就是单位盖个章、开个证明”的认识误区。最后，辅导员要做好学生在实践实习中的思想工作，教育学生严格遵守校企双方制定的管理规章制度以及实践基地中的规定，引导学生形成主动学习、自我管理、自我约束的良好品质。

4. 完善工商管理专业课程体系

工商管理专业的学生主要是运用在校期间对企业管理方法及技巧的学习，解决企业在发展过程中遇到的管理问题。目前我院工商管理专业课程体系重视理论教学，应用型课程占比较低，造成了教学内容与社会实际脱节现象，因此应完善专业课程体系并与市场中的企业管理相适应。首先，对市场的发展进行充分有效的调研，改变以往不合理的教学课程，调整原有的培养方案，在教学课程中增加满足市场需求的实践科目，重视学生实际操作能力的培养。其次，重视课程设置之间的关联性，调整课程的学习顺序以及学期安排，使各个学科之间产生良性互动，避免学生在培养和发展过程中存在片面性，培养复合型、综合型的高质量人才。最后，多方式多渠道地开展创新实践课程，培养学生的动手能力和自主创新能力。例如，开展企业管理创新创业大赛，培养学生的管理能力；开展创新创业职业规划讲座，开拓学生的视野和思路；利用假期组织创新实践活动，培养学生的动手和调研能力。

参考文献

[1] 孙爱存，夏红梅，李毅．工商管理学院本科创新人才培养调查研究——以青海民族大学为例［J］．江苏商论，2017（7）：116－120.

[2] 李毅，田晓宁．工商管理专业如何培养创新型人才——基于青海民族大学工商管理学院的调查［J］．江苏商论，2014（11）：84－88.

[3] 李毅，刘琦，夏红梅．工商管理专业毕业生就业问题探析——基于青海民族大学工商管理学院的调查［J］．江苏商论，2016（8）：74－78.

[4] 肖黎，周镕基，皮修平．高校转型背景下地方本科院校经管类专业实践教学体系运行机制建设研究［J］．高教学刊，2017（14）：1－3，8.

[5] 高欣．高校会展专业实践教学运行机制研究［J］．河南科技学院学报，2015（10）：99－103.

[6] 林晓燕．高校大学生社会实践基地建设实效性机制探讨［J］．学理论，2015（12）：148－149.

[7] 刘海燕．高校文科专业校外实习基地培育机制探究［J］．中小企业管理与科技（中旬刊），2014（12）：219－220.

[8] 张国林．顶岗实习基地建设存在的问题及建议——以民办南华工商学院物流管理专业为例［J］．新课程研究（中旬刊），2014（3）：99－100.

[9] 李鹏．基于校企合作的大学生实践基地建设研究［J］．家教世界，2013（10）：193，198－199.

[10] 刘晓红，蔡敢为，曾冬梅，耿葵花．地方高校工科学生就业实践基地建设［J］．实验室研究与探索，2013，32（1）：114－117.

[11] 邓明，吕琳．地方院校实践教学体系运行保障机制探讨［J］．实验科学与技术，2009，7（5）：76－77，116.

大学生创业团队组建存在的问题及对策

——以西宁城东区大学生创业园为例

麦有玲

一、引言

在李克强总理“大众创业，万众创新”的号召下，各级政府部门积极推进创业支持工作，提出了各种优惠政策，尤其是大学生创业，政府更是不遗余力地支持，包括高校进行创业培训等。加之现在就业难问题的持续存在，我国掀起了一股创业热潮，“大学生”这个追求自我价值的实现又敢于冒险创新的群体，尤其热衷于创业。然而由于经验欠缺、能力不足从而出现了各种问题，其中，团队建设问题尤为重要。因此，探讨团队组建当中存在的问题并提出相关建议以帮助大学生更好地创业，是一项迫切的工作。

二、调查设计

（一）调查背景

2017 年 12 月，本次调研在青海西宁选取了城东区大学生创业园和创业孵化基地为示范研究点，其中随机抽取了 20 家公司作为深入调查对象。研究的目的是寻找出大学生创业团队组建过程中存在的问题，优化团队，减少创业障碍，帮助大学生实现其创业梦想。

（二）调查方法

本次调查采取的方法有实地观察、座谈调查和实地采样分析。其中对调查对象的基本状况分析使用的是实地采样分析，对存在问题及其原因分析采取的是座谈调查和实地考察。

三、大学生创业团队组建的现状

为了解大学生创业团队的基本概况，现以西宁市城东区大学生创业基地为例。本次调查采取实地调查的方法，共调查了20家企业。现将其情况总结如表1所示：

表1　调查样本基本概况

序号	企业名称	成立时间	经营范围	职工人数（人）	上年度营业收入（万元）
1	青海桑宝扎艺术设计有限公司	2016.08	广告设计、Logo设计	9	20
2	青海简格信息科技有限公司	2016.10	计算机技术服务	3	6
3	青海旭辉信息科技有限公司	2016.12	计算机软硬件技术开发	4	1.3
4	青海纳尔若文化创意有限公司	2017.01	翻译服务	3	0
5	青海宇拓文化传媒有限公司	2016.12	翻译服务	12	2
6	青海九叶文化传媒有限公司	2016.12	企业形象设计	3	6
7	音唯爱大学生家教中心	2016.09	教育培训中介服务	3	15
8	青海阿卡卓巴文化传媒有限公司	2016.11	婚庆服务	8	5
9	青海德艺文化传媒有限公司	2017.01	文化信息咨询	4	8
10	岗朵拉文化艺术有限公司	2016.09	文化艺术交流活动策划	4	2
11	青海秀昧网络科技有限公司	2016.12	文化教育信息咨询	2	2
12	西宁亚楠企业管理有限公司	2016.12	企业管理等	3	1
13	西宁智博人力资源服务有限公司	2016.09	中介服务	2	4
14	七月·海棠印象馆	2016.09	摄影、艺术制作	2	0.8

续表

序号	企业名称	成立时间	经营范围	职工人数（人）	上年度营业收入（万元）
15	青海胡胡商贸有限公司	2016.12	食品批发零售	5	2
16	西宁城东区创客奶茶冷饮店	2017.01	散装食品零售	3	1.2
17	西宁市城东区邂逅咖啡屋	2017.01	热食类食品制售	3	0.8
18	西宁市城东区云斌土特产商行	2017.03	预包装食品	2	0.3
19	西宁木牛网络科技有限公司	2017.01	教育信息咨询	5	5
20	一起趣户外运动有限公司	2016.09	旅游服务	20	90

根据调查，青海大学生创业公司经营趋向于咨询、计算机和饮食行业。80%的公司团队人数不超过五人，70%的公司上年度营业额低于5万元，甚至出现为0的情况。除去市场饱和的可能性之外，团队建设本身也是公司是否得以持续性发展的关键因素。根据访谈情况可知，很多公司的团队组建本身存在较大问题，并且公司负责人对于团队组建的重要性认识不到位。

四、大学生创业团队组建存在的问题

调查发现，大多数公司都存在以下几个问题：组队方式不合理、缺乏专业性、稳定性差（见图1）。

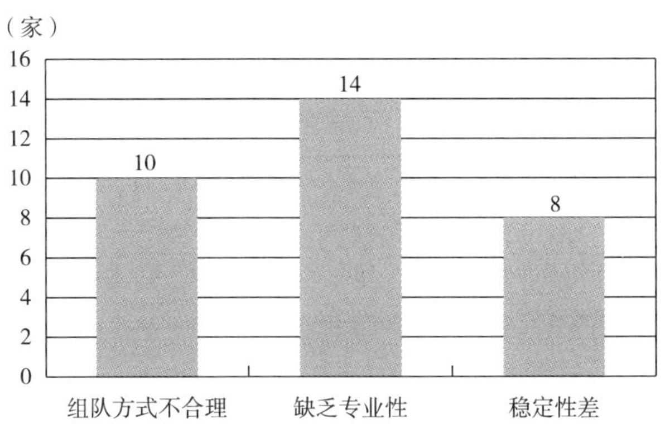

图1　问题分布

（一）组队方式不合理

调查显示，高达50%的公司存在组队方式不合理的问题。团队组建方式关乎团队能否长远发展，只有使之合理化，形成一个高效优秀的队伍，才能实现创业的目的。具体来说，不合理的组队方式分为以下几种（见图2）：

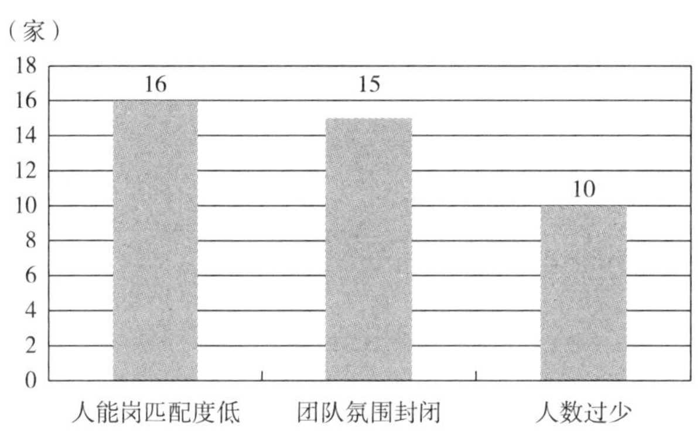

图2　不合理的组队方式种类

1. 人能岗匹配度低

公司人员本身的性格和能力与岗位不符合，不仅导致他们产生不良情绪，还直接影响着工作任务能否及时且良好地完成。

团队由各个个体组成，每个个体都不同，无论是性格、能力，还是对事物的认识看法都不尽相同，但团队合作就是要组合不同的人，扬长避短，使团队发挥最大优势。

心理学上把人的性格划分成各种类型，不同的类型有不同的思维方式，最终形成不同的处事风格，而不同的岗位需要的处事风格也不同，不宜千篇一律。例如，财务岗位需要的人才是谨慎细心、耐得住寂寞、遵守规矩，而销售岗位的人则需要外向、积极乐观、善于沟通。由此可见，不同岗位的需求可以有天壤之别，因此需要充分把握成员的性格特点和分析岗位需求。至于经验能力方面，则须根据团队成员的沟通能力、创新能力等，以及具体掌握的技能和经验，安排到合适的岗位上。

2. 团队氛围封闭

大学生创业团队在思考问题时容易产生扎堆现象，也就是说，整个团队的思维倾向于统一，产生严重的封闭。看问题的角度容易集中在一个层面，决策时容易出现一致性，缺乏异议，容易走极端，不利于问题解决。

3. 人数过少

调查发现，超过50%的公司团队人数不多于3 人。人数过少可能会导致决策时缺乏不同意见，这虽然提高了决策效率，但是人的思考能力毕竟是有限的，最终导致结果可能会存在一定的局限性；再者，每个人的能力是有限的，人数过少可能会使团队不足以应对现实中遇到的各种问题。

（二）缺乏专业性

具体来说缺乏专业性主要有以下表现（见图3）：

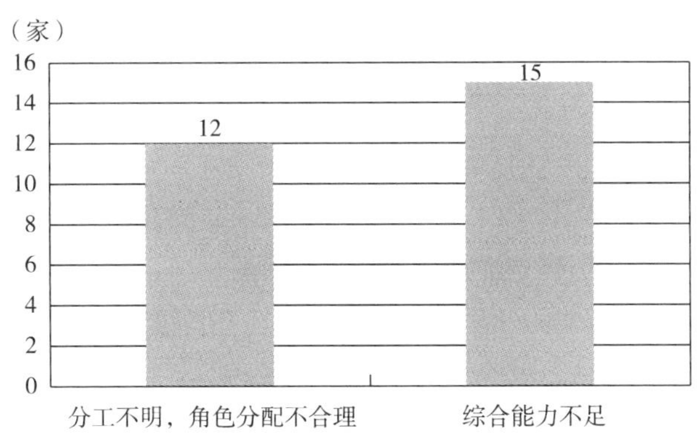

图3　缺乏专业性的表现类型

1. 分工不明，角色分配不合理

大学生创业团队还存在分工不清晰的问题，一人多职，跨越工作范畴，或者不履行本该进行的工作，成员不明确自身工作职权以致最后互相推诿问题，这容易导致工作混乱，效率低下，影响团队的工作进程。调查显示，有八家公司的员工表示分工不够明确，感受到职责不清的情况，每个人都肩负着其他岗位的工作，做不到专注于自身的工作，精力分散，业务能力不精，替代性很高。

2. 综合能力不足

调查样本中，超过半数人员表示自身的综合能力不足。大学生创业团队的综合能力缺乏，尤其是领导力、决策力、应变能力以及创新能力，以至于在遇到突发状况时产生混乱的结果，导致整个团队停滞不前甚至倒退，发展持续性低。

（三）稳定性差

在经历一个阶段后，经常出现某个甚至多个成员退出的现象，最后团队成员所剩无几，导致团队破裂，无法继续经营。根据调查，有五家公司由于成员退出而使得队伍人数减少，以致最后难以承受创业的艰难而处于苦苦维持的状态。

五、大学生创业团队组建中存在问题的原因

（一）创始人团队建设的意识薄弱

大学生创业团队的创始人在组队之初，往往是根据关系和自身创业意愿组成的，没有团队适宜人数的概念，没有能力性格互补的意识，这使得团队组成充满了随意性。而这种意识的薄弱来自于创业培训的缺乏。大学生缺乏创业经验，应该得到学校的相应辅导，以加强创业能力，然而各高校在这方面还存在不足。

（二）综合能力培养不足

大学生还未走出校园，社会阅历尚浅，在校学的也是理论，缺乏实操锻炼，因此应变能力缺乏，缺乏灵活性；虽然喜好创新，追求不同，但国内教育缺乏创新意识，教学模式僵化，不注重学生创新能力的培养，致使大学生普遍缺乏创新能力。

（三）创始人根据自身喜好择人，对岗位认识不足

大学生创业团队的人员配置不够合理，与岗位要求不符，或是个性不符，或是能力不符，相当一部分只是根据创始人的喜好选择岗位类型。一方面，大学生对人的个性分析不足，对其他成员缺乏足够的了解，凭感觉行事；另一方面，对

岗位要求也认识不足，不清楚岗位的具体要求；再者，大学生群体存在夸大自身能力的倾向，认为自己可以胜任某个喜欢的岗位。心理学家塔佩斯的大五人格模型提出，人格可分为五个维度，分别是开放性、责任心、外倾性、宜人性、神经质。开放性高的人想象力丰富、创新能力较强、情感丰富；反之，务实、遵守惯例、顺从；责任心强的人公正、做事有条理、自律、行事谨慎、克制自我、尽职尽责；反之，粗心大意、意志薄弱、逃避责任、成就动机低；外倾性高的人喜好交际、热情开朗、活跃、果断、冒险、乐观；反之，安静、喜欢沉思、行动缓慢；宜人性高的人乐于助人、直率、合作、谦虚；反之，孤僻、高傲冷漠、怀疑；神经质的人焦虑、敌对、压抑、自我意识强、脆弱；反之，情绪稳定、能承受较大压力。不同的人有着自己的个性，有优点亦有缺点，管理者应根据每个成员的个性优劣合理选择岗位，这样便可降低成员的不满意度，充分发挥各自优势；另外，还需关注既有专业能力，这是短时间内无法获得的。

（四）制度不完善

团队稳定性差，究其根本是因为制度尚未建立或者不完善，没有明确把成员中途退出的对策明确下来。世界上所有事情都在变化，唯有变化本身不变，如果创始人有危机意识，能高瞻远瞩，就能预料到未来的队伍变化，从而早早做出对策，不至于届时手足无措。具体来说，在以下两种情况下成员容易退出。

1. 沟通受阻

在调查中发现，有成员表示时常觉得与其他队友或创始人无法沟通，存在问题时憋在心里。在大学生创业团队中，存在着成员间、成员与领导人之间存在沟通不充分的问题，一方面是因为成员不积极向领导者沟通；另一方面领导者也不寻求和成员交流。成员有问题闷在心里，得不到及时沟通，容易导致成员心生不满和苦闷的情绪，没有归属感，而归属感是一个人高层次的精神追求，没有归属感，便不会对团队产生留恋等特殊的情感，当问题累积到一定程度时就会离开。这是大学生创业团队不稳定的一个原因。

2. 目标分离

大学生与其他群体存在着一个明显的区别，就是大学生还要兼顾学生的身份，创业的复杂工作和学业容易产生冲突，使其兼顾不暇，易产生身心疲倦；另外，团队初建之时，大学生往往充满创业激情，对未来充满了美好的幻想，然而创业往往要经历诸多困难，其过程的艰辛是非同一般的。理想与现实的巨大落差导致其心理失衡，进而逐渐退出创业团队而另谋他路。一个团队如果目标不一致，最终会走向瓦解的结局。这是大学生团队稳定性差的一个非常重要的原因。

六、大学生创业团队组建的建议

（一）国家层面

1. 完善创业能力培养机制

创业能力的培养具有长期性和系统性。能力的培养过程是漫长的，需要从大一、大二时就开始培养，同时，它也应该系统化，全面进行，既包括专业技术能力、管理决策能力，也包括市场洞察力、应变能力、创新能力等。不掌握必要的专业技术能力，干出实事，一切经营管理都是空谈，它是一个团队的基础，失去它相当于失去了主心骨；管理决策能力可以使团队得以有序运行，减少不必要的管理成本，带领成员一起走向奋斗目标；市场洞察力可以挖掘痛点，发现市场空白，领先于人，在成千上万的创业团队当中得以生存，因此它是创业关键的能力，对它的培养显得尤为重要。处在信息时代，一切都瞬息万变，面对诸多变化，创业者需要拥有应变能力，快速跟上时代的变化。创新是一个企业寻找升级和出路的必要条件，从某种意义上来说，缺乏创新，不懂开拓进取，这个企业就失去了生机，就要面临灭亡，因此，需要具备创新能力来突破企业自身的局限。革除不合时宜的旧制度、旧方法，在现有条件下，创造出更多适应社会需要的新体制、新举措，走在时代潮流，赢得更激烈的市场竞争。具体来说，可以从以下方面进行大学生创业能力的培养：第一，建立创业示范基地，校企合作，加强创业实践锻炼，在实际情景中不断检验所学知识，获得创业能力；第二，可以进行多次实习，让大学生将理论与实践结合，提高操作能力；第三，多举办创业讲座，邀请创业成功人士进行讲解传授，这也是获得创业能力的间接途径；第四，举办创业大赛，提升创业意识，鼓励大学生进行创业项目的策划，提高其积极性。

2. 完善高校教师指导机制，实现教师与学生共同创业

大学生属于喜好冒险但社会阅历尚浅的群体，如果在团队中得到教师的指导，势必会事半功倍。现如今，为了响应国家的号召，越来越多的高校进行创业培训，但大都流于形式，这样无益于大学生创业能力的培养。因此除了实实在在的创业培训之外，最实际的做法就是让高校教师加入大学生创业团队，以合伙人的身份进行实地指导，这样既可以提升教师的责任感，使其更积极地进行创业指导，还可以零距离接触大学生创业过程中的问题，缩短学生与教师的心理距离，并可以解决大学生创业团队当中存在的同辈人的问题。

（二）公司层面

1. 完善管理制度

针对管理决策缺乏理性这个问题，可以通过建立完善的制度来避免。决策管理时有制度可循，哪怕情感再好，也秉公办理，这样可以使团队实现高效运作的目的。各个部门有制度可依，还可以让各项具体工作得以有序高效进行，团队的根本价值就在于，通过分工合作，更快、更好地实现团队目标。在团队分工合作的过程中，离不开用制度来明确每个部门、每个岗位的工作目标及相应的权责，这样才可保证团队的正常运作。同时也需要通过制度来指导团队正确、有序、高效地开展各项具体工作。

2. 强化共同愿景，建立成员退出应对机制

随着时间流逝，重重困难过后，一些成员萌生了退出队伍的想法，并且付诸行动。为了减少这种情况的发生，不至于使创业者手足无措，领导者应该经常强化共同愿景，晓之以理动之以情，使之克服困难，对未来有信心，继续与大家一起建立事业；而对于已经必走无疑的，应当在团队组建之初就预想到并且建立应对措施，包括退出人员的利益计算、中途退出责任、候选补充人员等。

3. 完善沟通机制

管理者的真正工作就是沟通。不管到什么时候，管理都离不开沟通。沟通无极限，这更是一种态度，而非一种技巧。管理者应当把所拥有的知识和理念转化成高度热诚，传送给下属。不能准确地传递信息并且借此鼓励下属付诸行动，那么此时

的信息就如同一张废纸一样毫无价值。团队成立之初会面临很多问题，此时，如若沟通及时，成员的意见和建议得以反馈给领导人，则会使领导人的决策更加完善，避免很多问题。具体来说，顺畅沟通渠道可以通过面对面交流、书信沟通、设立匿名箱等。而且，团队应当形成鼓励沟通的氛围，有问题及时提出，没有问题时也可以进行情感交流，以加深成员之间的了解，有助于互相理解，也可以加强成员的归属感；再者，当团队成员主动来找领导者交流时，领导人应当认真倾听成员心声，使其得到宣泄，给予其安慰，使之感受到被尊重与爱，从而增强其归属感。

（三）个人层面

个人是创业的主体，对创业团队起着关键性作用，因此应该加强创始人对团队组建的相关意识。

1. 角色意识

贝尔宾团队角色模型提出，可以分成九类角色，分别是：①塑造者：善于发掘团队存在的问题，持续改善团队，但喜欢争辩，不利于成员的情感交流。②实施者：善于把团队的构想落到实处，但刻板缺少应变能力。③完成者：监督团队按时完成计划，注重细节，但喜欢事必躬亲。④协调者：善于发现成员的贡献，引导成员向团队目标前进，但是易过分授权。⑤团队工作者：促进合作，凝聚人心，处事有弹性，但优柔寡断。⑥资源调查者：积极与有利于团队的个人或组织建立良好关系，以期达到团队目的，但做事三分热度，过分乐观。⑦种植者：善于提出新观点，但缺乏社交能力。⑧检测评估者：善于评估新观点，权衡利弊。⑨专家：具有高深技能，担当团队重要角色，但也易导致视野狭窄。

在创业团队组建之初，建议恰当分析各个成员的优劣势，明确每个成员所担当的角色，对于搭配不合理的团队，须重新调整，或在原成员基础上进行划分，或重新补充人员以平衡团队；还需建立和完善企业管理制度，把各个岗位职权明确写进章程，避免互相推诿和工作重叠的弊病。

2. 团队差异化意识

扩大合伙人的选择范围，选择学校外和本专业外的合伙人，使团队人员的技能学识思维多样化，而不仅仅选择身边人，这可以使团队注入新思维、新思想、新的活力，拓宽思考面。此外，认真分析要选择的成员的性格和能力，使他们形成互补，避免同质化。

七、结语

大学生创业势头不减，该群体有着敢闯敢拼的精神，这是创业所需要的一个品质。然而该群体年轻，社会阅历缺乏，创业过程中容易产生问题。而团队组建是创业的开头，俗语称，万事开头难，有了好的开头，便成功了一半。因此，加强对团队组建的重视，选择合适的合伙人，使各个成员优势互补，加强沟通等可以减少很多问题的发生。希望未来有更多不同角度的大学生创业团队问题研究，也期待其更有针对性，更贴合当地大学生创业团队，以解决相关问题，为大学生提供更多帮助。

参考文献

[1] 王骞，邹冰雪．大学生创业团队建设研究——以广西某大学创业实践团队为例[J]．经贸实战，2017（21）：21－22.

[2] 邢晓阳．大学生创业团队建设的困境与消解思路［J］．产业与科技论坛，2015（15）：195－196.

[3] 韩志鹏，曹宇曦．浅谈大学生创业团队的组建［J］．实习就业导航，2017（8）：135.

[4] 邢皓月，周杨，陈阳．大学生创业团队的组建和培养［J］．学生管理，2015（18）：229.

[5] 张一弛．团队制胜——打造高效能团队的关键力量［M］．北京：中国纺织出版社，2012.

[6] 王丽敏，肖坤，韦福雷，胡彩梅．基于企业创业网络视角构建大学生创业团队[J]．经济视野，2015（5）：275－276.

[7] 刘显铭，熊亚洲，曾曼，向林，周瑞，耿家琪，向留言，李莎，夏嘉艺．大学生创业团队组建过程中的问题分析［J］．科技创业月刊，2017（10）.

[8] 孙阳．大学生创业团队组建管理出现的问题及对策［J］．中国管理信息化，2017（13）：248－249.

[9] 董婧，邢小博．大学生创业现状及分析［J］．教育教学论坛，2016（26）：225－228.

[10] 王子希．大学生创业团队的建设与管理［J］．亚太教育，2016（24）：236.

[11] 唐永辉．大学生创业团队培养对策探讨［J］开封教育学院学报，2017（9）：

203 – 205.

［12］汪磊，耿建祥，向诗雨．模糊层次分析法在大学生创业团队组建中的应用［J］．长沙职业工学院学报，2015（1）：236.

［13］王同岭．组建大学生创业团队的研究［J］．无线互联科技，2014（2）：153.

［14］沈宏格．以大学生社团为基础的“三三式”创业团队建设模式研究［J］．广州职业教育论坛，2016（3）：236.

［15］任红婕．在校大学生团队创业团队形成过程及教育反思研究［J］．四川师范大学，2016（15）：195 – 196.

大学生创业遇到的困难及解决对策

——基于西宁市城东区的调查

周小兰

一、引言

20 世纪 90 年代末，中国开始兴起了“创业”这样一个热潮，尤其是成千上万的大学生迷恋于其中。在 1999 年 7 月，华中科技大学一名叫李玲玲的新闻学院的学生，获得了 10 万元的风险投资，在当时也是获得风险投资的第一人。后来大家对于创业越来越好奇，都愿意去尝试，去思考。大学生创办的企业公司也越来越多，并且也获得了相应的成就，慢慢地“创业”一词深入人心。

当前，大学生就业形势严峻，国家已经背离了原有的精英教育。大众化教育开始随之发展。因此，越来越多的大学生能进入各高校，就业形势开始越来越严峻。毫无疑问，未来几年内大学生人数将继续增长，这是对大学生就业的巨大挑战。并且随着生活水平的不断提高，大学生对就业的要求也越来越高，许多大学生要求薪酬多、待遇及环境好、工作不累，可是各个企业公司需要技术性专用人才，对理论知识渊博的学生不屑一顾。面对如此严峻的就业形势，自主创业已成为大学生就业的另一种方式。

在这个“企业家”的时代，创业不是一些人的特权，每个人都可以创业，普通人可以创业，学生也可以创业，男人和女人、老人和年轻人都有这一权利。因此，民营企业的发展在大学生创业中也起着主导作用，大学生创业也会改善民营企业的结构。大学生作为未来社会的主人有着高等的理论知识，丰富的远见卓识，对社会的整体发展起着关键性的作用，因此，目前我国有关部门出台了一系列有利于大学生创业的政策。例如，在政策环境、法律环境、商业环境等方面给予相应的支持条件。地方政府还为大学生建立了科技孵化器，鼓励他们创业。还有各个高等院校也有相应的支持性措施，在校举办创业大赛来鼓励在校大学生进行创业，以增强学生的创业意识，培养学生的实践能力。此外，社会风险投资机构也逐渐加强了对大学生创业的关注和支持。这一系列优良的创业环境和创业政策都为大学生提供了有益的社会环境，增强了其创业的信心和意志。大学生自主创业虽然得到了政府的支持和鼓励。但是力度不够大，只起到了蜻蜓点水般的作用，还是落后于其他发达国家。

目前，大学生中有很大一部分正在尝试创业，而学校和相关组织部门只重视创业的理论教育和简单的实践操作。他们不注重创业能否长期发展，能否取得成功。而大学生的创业素质也不够高，都只抱着试一试的态度，没有坚强的意志，因而在创业过程中遇到了各种问题，很少能够坚持下来，大多都面临失败。为了了解大学生在创业中所遇到的困难，本文针对青海省西宁市城东区做了调查，来分析大学生创业过程中遇到的困难，并通过国内外的经验借鉴提出了相应的对策。

二、大学生创业调查样本的概况

为了了解大学生在创业中遇到的困难，并分析如何解决，本文以青海省西宁市城东区的调查为例进行了潜在的分析，以下是大学生创业的20家公司，根据调查，在遇到的困难方面做了简单的分类概述。

（一）服务类项目

序号	项目名称	总体概况
1	创客奶茶店	团队组建和筹集资金因素在服务类项目中影响很大。调查的10家大学生创业项目中出现资金不足、团队不合的情况较多，很多项目因资金短缺导致无法前行甚至出现转行的变动。其中也有学生因为团队不合而退出项目的情况
2	殡葬网络服务平台	
3	旭辉健身房	
4	安航健康服务有限公司	
5	百世汇通公司	

续表

序号	项目名称	总体概况
6	西宁城尚会计服务有限公司	团队组建和筹集资金因素在服务类项目中影响很大。调查的10家大学生创业项目中出现资金不足、团队不合的情况较多，很多项目因资金短缺导致无法前行甚至出现转行的变动。其中也有学生因为团队不合而退出项目的情况
7	西宁艾美家具安装服务有限公司	
8	海晏劳务派遣有限公司	
9	古林坊咖啡店	
10	志容食品有限公司	

（二）科技类项目

序号	项目名称	总体概况
1	桑宝扎艺术设计有限公司	科技类项目中主要遇到的困难是团队缺少专业性的技术能力，并且由于资金短缺导致技术设备不齐全，从而达不到预期的效果，使之在发展过程中有所松懈没有信心
2	千寻科技有限公司	
3	青海青鸟网络科技有限公司	
4	车贷信息交易平台	

（三）文化类项目

序号	项目名称	总体概况
1	纳尔若文化创意有限公司	文化类项目中的团队大多是对自己宗教文化的喜爱并期望将其发扬光大，在团队方面较其他项目比较团结齐心，但是由于没有明确的管理制度在工作期间比较松散，项目发展缓慢
2	青海岗朵拉文化传媒有限公司	
3	藏汉文化	

（四）旅游类项目

序号	项目名称	总体概况
1	大胖旅游服务有限公司	旅游类项目中创业精神比较重要，初期由于团队经验不足，会遇到较多的困难，若没有恒心摸索，就很容易停滞不前
2	平达旅游有限公司	
3	青海漫步行摄国际旅行社有限公司	

（五）20 家公司概况

序号	项目名称	经营范围	主要困难
1	桑宝扎艺术设计有限公司	广告设计、Logo 设计	资金短缺、缺乏合作意识和创业精神、缺乏经验、宣传力度不够
2	创客奶茶店	冷饮热饮及其他服务	缺乏资金、缺乏信心、缺乏创业精神、缺乏管理能力、市场调查不清楚
3	旭辉健身房	健身、运动及其他服务	资金短缺、缺乏信心、缺乏创业精神
4	纳尔若文化创意有限公司	漫话教育、儿童漫画等	经验欠缺、资金短缺、团队矛盾严重、管理方面欠缺
5	青海岗朵拉文化传媒有限公司	传媒、影视、藏汉互译	技术欠缺、团队管理能力弱、市场小、可知度低、可信度低
6	安航健康服务有限公司	社区医疗方面	资金短缺、社会经验不足、管理能力欠缺、抗风险能力低
7	百世汇通公司	快递物流服务等	客户黏性不强
8	殡葬网络服务平台	媒介服务	团队不和谐、资金短缺
9	西宁城尚会计服务有限公司	会计代理记账、申报纳税、清理乱账	资金短缺，客户黏性不够、知名度低
10	西宁艾美家具安装服务有限公司	室内外装饰设计、图文设计制作、建设材料	资金短缺、客户黏性不够
11	海晏劳务派遣有限公司	人力资源、劳务派遣，劳务分包	经验不足、业务拓展少、渠道开发不足、政府合作少
12	千寻科技有限公司	技术咨询、技术服务、网站建设	资金短缺、团队管理能力欠缺、技术短缺
13	青海青鸟网络科技有限公司	技术服务、计算机软硬件开发、影视制作	资金短缺、团队人员不足
14	车贷信息交易平台	通过建立互联网平台解决线下物流信息不对称的问题	资金不足、技术缺乏
15	古林坊咖啡	咖啡、小吃	资金短缺、没有创新
16	志容食品有限公司	民族特色食品	资金短缺
17	大胖旅游服务有限公司	旅游服务	资金短缺、人员缺少

续表

序号	项目名称	经营范围	主要困难
18	平达旅游	旅游服务	资金短缺
19	青海漫步行摄国际旅行社有限公司	旅游	资金短缺
20	藏汉文化	传承、创新、发扬传统文化	资金短缺

三、大学生创业遇到的困难

（一）资金短缺

目前大学生创业的意识不断加强，创业能力也不断提升，但是影响大学生创业的因素也很多，资金短缺是个很大的障碍。根据调查，很大一部分大学生在创业中遇到的困难就是资金短缺，正是因为资金短缺导致项目没法向前。虽然能得到政府的支持和鼓励，但还是解决不了大学生创业中的实际问题。

（二）缺乏创业精神

部分大学生对创业的运作过于简单，他们不清楚如何融资、如何做商业上的事务、活动筹谋，甚至在财务、人员管理方面都处于模糊状态。创业之前没有充足的准备。一遇到困难就退缩，心理承受能力欠缺，缺乏坚韧不拔的意志及永不言弃的精神。

（三）团队不和谐

团队在发展过程中会出现内部矛盾，如果能有效解决最好，若不能及时解决就会影响企业的正常运行发展。另外，团队中在项目发展方向、资金分配、劳动付出比重等方面都会出现意见不一致的情况，使整个团队缺乏凝聚力。

（四）缺乏经验及技术性能力

大学生刚毕业走进社会，对于创业也是一时的热度，对于市场还不是很清楚，对于市场的状况模糊不清，对项目急于求成，从而忽略了项目的长远发展，所以很难掌握整个项目及市场。并且大学生在校只学到了本专业相关的理论知识，实践能力不强，而且有的创业项目跟自己所学的专业是不对应的，第一次接触就会显得手忙脚乱、无从下手，这也会影响企业正常发展。

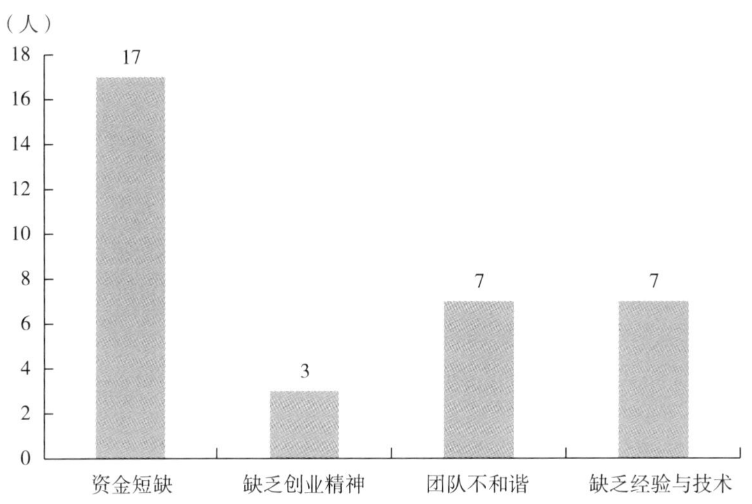

图1　大学生创业遇到的困难比重

四、大学生创业困难的原因分析

（一）在资金短缺方面的分析

大学生创业的团队成员基本上都是刚毕业的大学生，没有资金来源，如果想去创业而无法自己筹集资金，只能通过贷款或是向亲朋好友伸出援助之手，大多数也是团队拼凑，有限的资金就导致了项目运行的局限性。也可能在无奈下选择一些投资金额小的项目，偏离了自己原有的想法，正因为偏离了理想的效果，后期就会出现无法运营的情况，也会因为筹资金额的不均衡导致后期团队内部的矛盾。

（二）在缺乏创业精神方面的分析

当今大学生正好赶上这样一个“创业潮”的时代，朝气蓬勃的大学生对创业充满着好奇，都想去尝试一下，怀揣万一实现梦想的侥幸心理去尝试，但是没有做好充分的准备，不管是物质上还是心理上的准备都是模糊不清的。在创业一开始，大家都激情四射，充满信心，但是后期遇到困境并且缺乏指导无从下手时，就可能会失去信心，甚至会出现半途而废的现象。另外，大学生所学的理论知识很难实践到实际当中，有可能会出现偏差，这也会导致大学生心理上的落差。创业精神和社会经验的缺乏使企业发展处于一个瓶颈期，如果再没有一点坚忍不拔、迎难而上的精神和强大的内心，企业就有可能会面临失败。

（三）在团队管理方面的分析

大学生创业初期，团队成员大多是同学和朋友，有的队友是因为兴趣加入团队，尝试创业，没有共同的目标和详细的计划。随着这个团队的发展，会有越来越多的同学朋友加入，遇到的问题越来越复杂，也越来越多，各个成员的意见不合，团队又缺乏管理能力，很容易在沟通和工作内容上出现很大的摩擦。

（四）在经验技术不足方面的分析

在校大学生只学到了关于本专业的理论性知识，对于自己跨行业的内容不是很了解，并且好多知识只是凭空想象而没有实地操作，所以在项目运行时无从下手。另外，大学生只能根据网络环境了解市场、了解行业、很少接触市场，很难把握市场信息。

五、大学生创业的经验借鉴

查阅文献后发现，国外创业市场比国内要成熟得多。国外的创业教育体系比较完备，创业气氛浓厚，创业教育贯穿了教育的整个过程。在美国，国民创业意识强，从小学、中学、大学甚至研究生都有设置创业教育的课程，并逐步完善了创业教育课程，在高校先后授予了多个职位和创业学位。在英国开展了三个层次的创业教育，即创业启蒙教育、创业通识教育、创业教育。在瑞典，创业教育已被纳入国家教育系统，涵盖整个教育过程，如中学、大学和研究生期间。并且西方国家创业人口比例比国内高，我国大学生自主创业比例低的主要原因就是缺乏创业教育，创业的文化气息不够浓厚，所以我国应该借鉴国外的教育方式及成功的经验，这有利于推动我国经济的发展，减少大学生的就业压力，减少国内社会的矛盾。可借鉴内容如下：

（一）建立完善的创业教育体系

要建立健全创业教育体系，就要对创业教育的全过程进行教育，将创业教育纳入小学、中学、大学和研究生的专业知识，并逐步完善创业教育课程。让大学生从小就有创业的观念和意识，在大学阶段也是大学生创业的开始，需要培养一批具有实际经验的创业培训导师更为系统地指导学生学习创业。

（二）设立创业教育组织

国外的创业教育不仅在校内有所实施，而且在社会上也设立了创业教育的组织机构和培训机构，这也给大学生提供了有利的社会环境平台。这些机构大多属于非营利性机构，负责创业教育课程的研发，给大学生提供了实习的平台。所以相关部门也应该学习借鉴国外的经验，在社会上设立完善的教育组织机构和培训机构。

（三）加强创业教育支持的力度

创业教育不是一个机构的职责，也需要社会上每个人的支持，相关部门应构建一套成熟的创业教育体系，应包括财政支持、政策支持以及社会服务方面的支持。放宽大学生贷款政策，促进大学生创业的需求。

六、大学生创业困难的对策建议

（一）关于缺乏资金的建议

对于企业家来说，融资需要三个渠道：一是自筹资金，以亲友的帮助为条件；二是贷款，没有足够的资信也是贷不了款的，也要靠家人；三是风险投资，

这个属于最好的形式，然而，我国的风险资本市场还不够成熟，上市条件较高，投资者较少。风险投资管理不规范，投资风险高。能够为大学生提供投资的人很少，只能依靠国家的支持。国家应当为大学生创业设立专项基金。学校也应该举办创业大赛，选取优秀的创业计划书给予资金的奖励。相关部门应该规范风险投资管理制度，完善风险资本市场。

（二）关于创业精神的建议

大学生应具备一定的心理素质。顽强意志是创业的基石，在创业过程中必然会遇到许多矛盾和困难，如果没有良好的心理素质和顽强的意志，往往会在创业过程中退缩，很难坚持。我们必须有毅力和勇气去冒险。但是据笔者调查，好多大学生都缺乏这样的心理素质，在项目发展过程中，遇到的困难越多，就越没有信心，没了刚开始的那份激情和劲头，甚至想要放弃。所以在创业之前就应该了解到创业的心酸与艰辛，应该提前就有所准备，并且要学会克服困难，努力奋战。

（三）关于企业团队合作问题的建议

1. 进行有效的沟通交流

不管干什么，想维持一段关系就必须要学会沟通。沟通是一切活动的基础，在团队建设中特别重要，有效的沟通有助于团队思想保持一致，各个队员之间能够有效达成共识，从而有助于减轻团队之间的矛盾。

2. 确定明确清晰的利润分配方式

关于利润分配，应该根据法律条文进行，这样更容易服众。根据队员对项目的贡献程度和出资额度分配不同的薪资，并且根据项目的具体情况，按照业绩变更相应制度，分配合理的股权分红有利于团队主干的合作，有利于团队的稳定发展。

3. 构建明确的团队管理制度

作为大学生创业团队，首先要有明确的、科学的管理制度，完善薪酬体系，并且设立明确的奖罚制度，通过聚餐、旅游等团体活动增加团队的亲近度、忠诚度。促进团队的积极性和自信心，可以使团队长期稳定发展。

（四）关于缺乏经验的建议

1. 找准市场的需求

找到合适的市场需求就需要在决定创业前进行市场调查，仔细研究市场现状，了解市场需求，选择有发展前景的好项目，然后根据自己的商业计划进行改进。在网上或市场中做好调查问卷，并且进行详细的分析。

2. 学习经验，做好准备

在建立自己的团队之前，可以向有类似项目的大公司学习一段时间，因为大学生没有任何经验，对市场的了解甚少，甚至什么都不知道，而且很难直接管理。所以在大公司实习可以吸收经验，这样在自己的项目运行中可以得到一点经验的支持，而不是盲目地尝试。

3. 接受失败，增强创业精神

每一个成功的大公司都是在经历过无数的失败挫折后摸爬滚打过来的，是依靠顽强的拼搏劲头，永不言败、越挫越勇的精神打造自己的企业。最后能获得成功也是反复失败和反复尝试的结果，所以必须有很强的精神素质和创业精神，即使失败了，也要振作起来，继续尝试，继续努力，常言道“失败乃成功之母”。

4. 高等学校应该大力扶持大学生创业

各高等学校应该大力扶持大学生创业，应该邀请社会创业专业人士对大学生进行培训指导，政府也应该扶持学校找一些社会中的企业家作为大学生创业的培训导师，这样既是合理利用社会资源，也给大学生创业找到了真枪实弹。

参考文献

[1] 高会．大学生创业教育市场化问题研究［J］．纳税，2017（33）：22－24.

[2] 韩峰．加强大学生创业教育的实效性研究［D］．中北大学硕士学位论文，2016：7－11.

[3] 李江波．近十年大学生创业教育研究评述［J］．高教刊，2017（20）：22－23.

[4] 刘艳增．大学生创业教育内容与模式研究［D］．吉林大学硕士学位论文，2015：7－10.

[5] 马芳．我国大学生创业教育现状与对策探究［D］．河南大学硕士学位论文，2015：

7－9.

［6］钱俊雅．大学生创业教育现状及其对策研究［D］．扬州大学硕士学位论文，2017：14－15.

［7］宋睿．谈大学生创业存在的问题及对策［J］．校园英语，2017（47）：5－6.

［8］韦兴剑．我国高校创业教育社会适应性研究［J］．教育评论，2018（2）：11－12.

［9］信珍珍．“双创”背景下大学生创业问题研究［D］．山东中医药大学硕士学位论文，2016：7－8.

［10］严桥桥．创业教育对大学生创业意向的影响研究［D］．华中师范大学硕士学位论文，2015：9－11.

［11］张玲．基于学生主体性的高校创新创业教育研究［D］．南京理工大学硕士学位论文，2017：11－12.

［12］张宗榜．大学生创业教育政策实施的现状调查研究［D］．福建师范大学硕士学位论文，2015：6－7.

大学生创业的筹资问题分析与对策

——基于西宁市城东区大学生创业的调查

马慧玲

一、引言

随着社会的发展对人才的需求，越来越多的知识青年要想在当今社会争得一片天地，以求稳定发展，就必须有一技之长和一份稳定的工作，这是当代多数家长对孩子的渴求，也是2018年毕业生最关注的问题。据统计，2017年毕业生有950万之多，而相对产生的问题就是待业问题和择业问题，很多大学生走向社会，不知如何选择，一般的小微企业工资水平低、工作量大、任务繁重，只有极少数实在找不到工作的毕业生才会选择这类企业。中等以上的企业、大型企业、国企用人单位薪资水平是很高，但高收入带来的是更高的抗压能力、知识水平、专业素养，很多毕业生拼尽全力才能找到一份这样的工作。还有一部分毕业生选择退而求其次——考研、考企事业单位或者考公务员，只有极少数毕业生选择了创业。

中国人是世界上最具创业精神的民族，也是世界上创业成功率最高的民族。创业，对于毕业生来说，理应是一条很好的出路，可为什么在应届毕业生中就业方向最窄的却是创业呢？其实，大多数大学生还是有创业意愿的，而“融资难”成为阻碍大学生创业的重大壁垒。

尽管政府和学校为鼓励大学生创业提供了诸多便利，但大学生创业的现状却不容乐观。一方面，大学生自主创业的资金来源有限且成功率低、风险性大，企业不愿投资给大学生这样的弱势群体，而大学生也不愿一步入社会就冒风险。另外，大学生自主创业的情绪虽然高涨，但真正付出行动的人却很少，这也在一定程度上阻碍了大学生创业的积极性，使中国大学生自主创业依然处于初期阶段停滞不前。

在这样的形势下，青海民族大学的创业热情显然也不是很高，参与创业的人数也是少之又少，成功率更是很低。据此，我们通过走访了解到，跟全国的形势一样，“融资难”成为大学生创业过程中的关键制约因素。

为了进一步了解大学生创业率低的原因及大学生创业过程中遇到的困难，特对青海省西宁市城东区的一些大学生创立的企业进行调查，以研究大学生创业过程中的筹资问题，并提出一些对策，以便为有需要的人提供参考。

二、调查样本概况

为进一步了解大学生创业过程中的一些问题，特成立了“大学生创业调查团队”，团队通过对西宁市城东区大学生创立的20家企业进行调研，将结果整理如表1所示。

表1　西宁市城东区两个孵化基地其中20家企业基本概况

分类	序号	企业名称	注册时间	经营范围	注册资本（万元）	筹资渠道
科技技术类	1	桑宝扎艺术设计有限公司	2016.08	广告设计、logo设计	100	政府补贴 边营业边积累资本 参加各类创业大赛的奖励
	2	旭辉信息科技有限公司	2016.12	计算机软硬件技术开发	100	自筹 参加各类创业大赛
	3	纳尔若文化创业有限公司	2016.01	藏汉语翻译、书籍翻译	100	自筹 创业大赛奖金 贷款
	4	安航健康服务有限公司	2014.12	医疗器械	70	自筹 创业大赛奖金 贷款

续表

分类	序号	企业名称	注册时间	经营范围	注册资本（万元）	筹资渠道
科技技术类	5	安航健康服务有限公司	2014.12	医疗器械	70	自筹 创业大赛 盈利收入
	6	青海秀味网络科技有限公司	2016.12	文化教育信息咨询	100	自筹 贷款 创业大赛
	7	西宁木牛网络科技有限公司	2017.01	民族文化艺术	10	借入资本 贷款
	8	岗朵拉文化艺术有限公司	2016.09	广告设计、电子商务	300	投资获得 合作伙伴协助 自筹
	9	青海阿卡卓巴文化传媒有限公司	2016.11	婚庆服务等	300	借入资本 边营业边积累资本 政府补贴
	10	青海简格信息科技有限公司	2016.09	计算机技术	100	自筹
饮品类	1	创客奶茶	2017.01	冷饮、热饮	2	自筹资金1200元 借入资本 边营业边积累
	2	邂逅咖啡屋	2016.09	热食类食品制售	2	自筹 贷款 边营业边积累
教育咨询类	1	青海鼎瑞教育咨询有限公司	2017.01	教育信息咨询	300	自筹 借入资本
户外旅行类	1	一起趣户外运动有限公司	2016.09	影视制作、MV、微电影	100	贷款 自筹
	2	大胖旅游服务有限公司	2014.05	旅游		自筹
	3	平达旅游	2014.05	旅游	50	自筹 借入资本
	4	高山牦牛户外探险	2011.07	户外	100	自筹 贷款

续表

分类	序号	企业名称	注册时间	经营范围	注册资本（万元）	筹资渠道
管理咨询类	1	西宁绿速财务咨询有限公司	2017.01	财务代理咨询等	10	企业投资 贷款 自筹
	2	西宁亚楠企业管理有限公司	2016.09	企业管理咨询	10	创业大赛 借入资本
摄影类	1	七月·海棠映象馆	2016.09	摄影、艺术制作	10	贷款 政府补贴

根据调查可以看出，大部分企业集中在电子商务、旅游、民族文化领域，企业初创时的资金也主要依靠政府投资、自筹、借入资本或者贷款，极少有企业能获得投资。所谓“巧妇难为无米之炊”，任何企业在初创时期除了要选好项目外，还要考虑初期的资金问题。

三、大学生创业筹资现状

（一）大学生创业筹资的方式

根据对西宁市城东区两个孵化基地内 20 家企业的调查与分析，发现主要筹资渠道有以下几种：自筹、政府补贴、借入资本、创业大赛获得、贷款、投资获得（见表 2）。

表 2　筹资方式分类

序号	筹资渠道	公司个数
1	自筹	14
2	政府补贴	4
3	借入资本	6

续表

序号	筹资渠道	公司个数
4	创业大赛	6
5	贷款	8
6	投资获得	1

统计完所有数据后，综合分析了其中最具代表性的四个样本作为分析对象，并对大学生所创立的企业资金来源方式分为四大类，即自筹类、借入资本类、创业大赛获得类、贷款类，如图 1 所示。

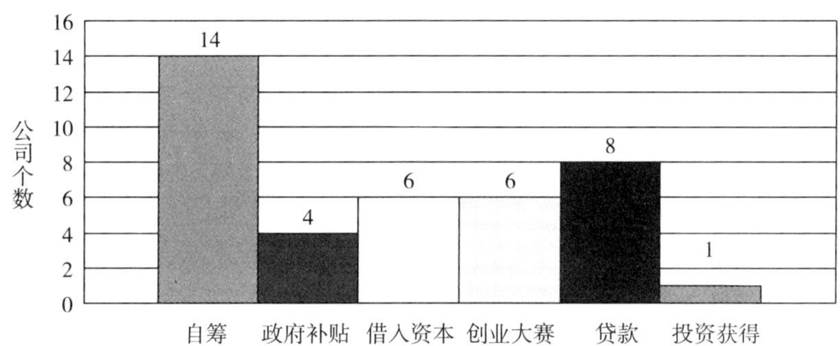

图 1　筹资方式分类

1. 自筹类

通过对城东区两个孵化基地中 20 家企业的调研、走访发现，多数企业在创立初期都选择跟自己的好朋友或者选择一些志同道合的人来一起创业，资金来源也仅限于创业初期一起合资入股，能凑多少就凑多少。另外，也因为选择的是一些进入门槛低、成本费用较少的项目（诸如孵化基地为鼓励大学生创业提供了办公场所、办公设备等便利的基础设施），操作起来也还算得心应手。

2. 借入资本类

除了自筹的资本外，在企业创立初期处处都需要资金，在自筹资金不够用的情况下，一些企业为了持续经营，会选择跟亲戚朋友借钱来维持运作。

3. 创业大赛获得类

部分企业在营业中期会购入更健全的机器设备来更好地支持企业的长期发展，这笔资金的投入会引起一些投资上的关注而获得投资，企业会参加各类创业大赛，对于初创的小微企业来说，不管是否能获得投资商的青睐，创业大赛的奖金也是一笔可观的收入。

4. 贷款类

一些做电子商务、影视制作等项目的企业前期投入比较大，企业为获得持续的竞争力不得不投入更多的资金，而对于这笔资金的来源，企业在实在筹不到资金的情况下不得不选择贷款，所幸国家对于大学生创业贷款提供了很多优惠政策。

（二）大学生创业筹资的主要类型

表 3 与图 2 是针对此次调研的大学生创业筹资方面的类型，由图 2 可知，大学生在选择创业项目时多数都以科技技术项目为主进行筹资。在此基础上，本文进一步分析了大学生筹资的主要来源，如图 2 所示。

表 3　大学生创业筹资的类型

筹资类型	企业个数
科技技术类	10
饮品类	2
教育咨询类	1
户外旅行类	4
管理咨询类	2
摄影类	1

企业最主要的融资方式是内部融资。就此次调研的结果来看，青海民族大学的学生目前的创业融资状况虽然符合这一理论，但是大学生创业者不应该仅局限于向亲朋好友借钱和通过个人储蓄来解决资金问题，而应该把思路放在银行、担保公司等方面广泛筹资。

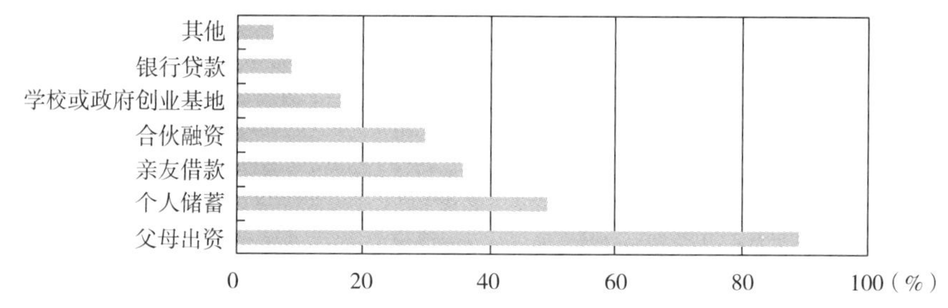

图2　大学生创业资金主要来源

资料来源：佚名．大学生创业资金主要来源．大学生创业网［EB/OL］．http：//www.askform.cn/83637－258661.aspx.

四、大学生筹资过程中存在的问题

在调研过程中也了解了一些国家或银行对于大学生筹资方面的政策。据了解，目前我国提供给大学生创业的额度有限，各大国有银行和商业银行也没有开设专门针对大学生自主创业的贷款业务，这主要是因为发放此类贷款的风险较高。银行在发放贷款时更多考虑的是贷款人是否有偿还能力。由于大学生刚毕业，缺乏相应的社会和工作经验，没有抵押物或质押物作为保证，银行一般不予发放贷款。即使大学生手头上有合适的项目作为抵押，但无法保证投入成本与收入能成正比，所以银行还是不愿贷款给大学生。对此，结合图3进一步分析大学生申请创业贷款时遇到的困难，对此次调研依然适用。

图3是一项对大学生申请创业贷款中遇到的主要困难的调查，从图中发现大学生在申请创业贷款的过程中最难的就是找不到有效的抵押物作为担保。大学生创业需要贷款，但根据旧例，贷款必须要找到担保公司愿意承担相应风险。而能否找到银行的贷款保证，是影响大学生银行贷款成功与否的主要因素。

据走访了解，大学生在创业筹资过程中普遍存在贷款无门、筹资无路的现状。除此之外，还发现大学生在筹资过程中存在以下困难（见图3）。

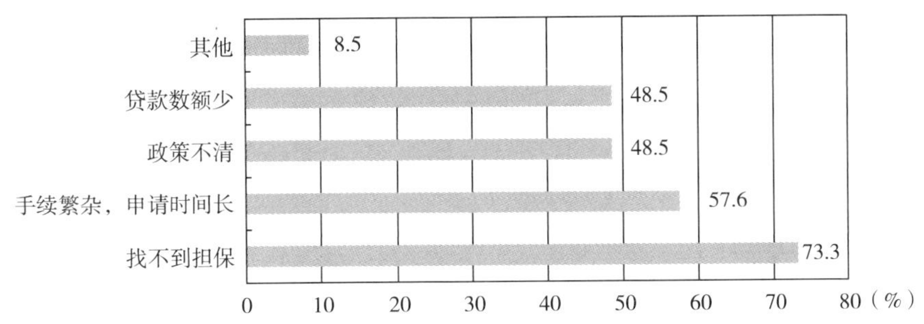

图 3　大学生在申请创业贷款中遇到的主要困难

资料来源：佚名．大学生在申请创业贷款中遇到的主要困难．河北大学生网［EB/OL］http：//www.hbdxs.com/Vote.asp？ID＝30.

（一）政策风险问题

在走访中了解到，许多企业负责人对于国家针对大学生创业方面出台的优惠政策知之甚少，对于自己企业所在的行业环境也了解不够，企业对于国家政策及环境的考察力度不够，无法及时作出调整，很容易给企业融资带来风险。例如在走访中了解到，旭辉健身这家企业在进入该行业时没有系统地了解青海民族大学学生对于健身这个行业抱有什么态度，大学生对于健身的频率、规律等无法预测，更不清楚城东区有多少健身场所，也没有了解过国家对大学生创业方面提供了哪些优惠政策。

（二）经营问题

据调查，由于在创业初期多数企业都选择跟自己熟识的朋友或者志同道合的人一起创业，在经营过程中对于企业自身的认识不足，没有明确的公司纲领、章程或者守则、考核制度一类的东西来管理公司，因此，组织结构相当混乱，对绩效业务考核制度的认识相当模糊。例如，我们从桑巴扎艺术设计有限公司和纳而若文化创业有限公司两家企业的负责人处了解到，他们本身做的是民族文化，大学期间学的也是藏语专业或艺术类，没有接触过企业管理类的书籍或者课程，根本不清楚管理一家企业需要什么知识，两家公司的负责人均坦言，希望有企业管理方面知识的有识之士来入伙，协助他们管理企业。

（三）没有明确的企业愿景

当被问及对企业未来的发展有何想法时，多数企业负责人都以“当然是希望企业越做越好”这样一个模糊的回答来一语带过，或回答得模棱两可，并没有对未来的蓝图有一个明确的构想，因此无法吸引投资，企业无法获得更广阔的筹资渠道。

临近毕业的学生巴不得企业尽快转让。在一些企业中，我们还发现一个普遍的现象，就是有三成以上的企业由在读的大三或大四的学生经营，对于持续经营这个问题他们都坦白说，不愿继续经营下去，希望尽快找到下家接手。

（四）孵化基地似空壳

城东区两个孵化基地有将近40家企业，而真正在营业的企业屈指可数，我们从青海民族大学西校区孵化基地的工作人员那里了解到，基地中只有五六家企业在正常经营，剩余企业都关门大吉或者出去跑业务，偌大个基地似空壳一般静悄悄的，毫无企业该有的活力与生机。

五、筹资过程中存在问题的原因分析

（一）大学生创业筹资失败案例

结合对20家企业的调研，特引入了两个大学生创业筹资失败的案例以便参考。

大学生创业筹资失败案例之一：身边有位同学跟好友合伙开了一家特产店，加上入股的一共有四人，总共筹资了4000元入股。初期，四人做了个网店，把店铺装扮得红红火火。有专门印制彩页去发放传单的，有专门去联系供货商的，还有专门负责网站售卖的，刚开始，四人压低了价格，用价格赢得了市场。

可好景不长，过了半个月，四人遭到同行的排挤，低价进入的货物无法推销出去，没有仓库，无法保存货物。在坚持了十几天后，四人终于坚持不下去关掉了公司。

大学生创业失败案例之二：小黄喜欢婚纱摄影、造型设计已经多年，并且开一家造型屋是她从小的梦想。大学期间她学的也是形象设计这一专业。大二期间她伙同几个志同道合的朋友一起注册了一家网上造型屋，专门低价为学生党上门服务进行造型设计，起初的成本是几人合资凑的一万元，成本也低，加上上门服

务，方便了很多不愿出门的“蜗居族”，一年下来几人收入也还不错。

可大三这一年，同宿舍的人看着收入不错也都跃跃欲试，加上几个人的网上小公司人手不足，便吸纳了很多新成员，而且小黄跟几个合伙人也一直想开一家实体店，使线上线下体验店相结合。只是实体店的位置不好选，想在校园内开一家实体店何其艰难，房租也很贵。好不容易盘下来一间小店面，几人的钱几乎耗尽，还要付装修费、道具费、水电费等，实在凑不出钱，小黄计算了一下，至少还需 30 万元。于是便去银行咨询，看能否筹到资金，几乎跑遍了当地所有国有银行和商业银行，要么利息太高，要么银行不支持给学生提供贷款。后来小黄又听说国家有相关政策支持学生创业，便去咨询当地大学生创业指导中心的工作人员，结果是国家支持的额度低，无法满足现在小黄所需的额度，或是发放大学生创业贷款的手续烦琐、周期长，只好打道回府。

就这样小黄的店因资金短缺无法持续经营，没几天就倒闭了。

由以上案例分析得出大学生创业失败的原因主要是：

1. 主观因素

（1）市场环境考察不完全。因为对自己所进入的市场环境的考察不够，公司还在创办初期就被扼杀了。就算公司成立后，也因为计划不周、资金无法周转等原因而宣告破产。

（2）心智不够成熟。大学生筹资失败与自身心智不成熟有密不可分的关系。许多学生好高骛远，不脚踏实地，一味地追名逐利，喜欢一投入马上就有回报。而事实上，多数大学生初创企业在成立初期投入多回报少，遭遇种种挫折，这使得大学生丧失信心，不能善始善终。

2. 客观因素

（1）启动资金短缺。一个项目成功的关键在于长期的投入，一旦资金链断裂，后期的一切业务都将进行不下去。

（2）高校对创业教育不够重视。许多高校虽然设立了与大学生创业相关的专业，但支持度不够，学生很难在实际操作中得到帮助。

（3）政府政策宣传力度和执行力不够。为推动大学生进行自主创业，国家出台了许多优惠和扶持政策，仅有一小部分大学生了解过这些优惠政策，大部分大学生对国家的优惠政策不太清楚，这说明政府在政策的宣传方面力度不够。

（二）筹资失败原因分析

1. 对自己定位不足

我们在与企业交谈过程中了解到，多数企业创业的初衷是因为喜欢该行业，在进入该行业时并未做详尽的考察，以为凭借自己的一腔热情就能在该行业立足。然而，当自己真正进入该行业以后才发现自己的能力、人脉、设备等都大大不足，企业创立初期就处处碰壁。例如创客奶茶的负责人坦言，他在接手该企业时一方面有学姐打下的基业为自己提供方便，更重要的是他本人喜欢喝奶茶，而且奶茶制作起来很简单，也不累人。可真正接手以后才发现不是那么回事，孵化基地位置偏远，进入大厅还有门禁，需要刷卡才能进入孵化基地，还得一层层地找到他的奶茶店所在的位置，太麻烦，还不如去校门口大叔那里买一杯奶茶来得方便，很多人都不愿意来。后来也通过宣传单、四六级培训等方式来吸引大学生注意，然而效果甚微。

2. 政策了解不足

我国虽然对大学生创业提供了很多优惠政策，但是这些政策都受个人信誉的影响，且提供的额度有限，并不能满足大学生创业的所有资金支持。

社会实践经验太少。现在大学生创业普遍存在盲目性和滞后性的特点，大学生在创业之前有一些相关的社会实践经验，对于创业成功有着至关重要的作用。然而，在调研中发现，多数创业者在创业之前的经验积累仅限于学校社团中接触到的一些领域，或者在校外做一些简单的兼职工作，就信心满满地去步入该行业，以为创业是一件很容易的事，等真正创立自己的企业以后才明白创业并不像自己想的那么简单。

3. 缺乏实务型精神和创业管理经验的指导

我们在走访过程中还发现，创业者无法或者没有门路去接触一些实务型企业，更不用说学习经验了。也没有一套管理理论的指导，企业内部管理混乱，有七成以上的创业者坦言说他们急需一套成熟的企业管理理论作为指导。

创业理论与创业实践脱节，那些由在校大学生创立的企业经常会上创业类的课程，但很难将创业理论与创业实践结合起来。课堂上老师讲的创业理论看似很简单，但操作起来并不轻松，有些理论甚至与实际相悖，所以该批创业者不得不等待有经验的创业者来接手。

4. 无法接近大企业、无法获得业务量

孵化基地中大部分企业的业务量来源于熟人介绍的小单，无法接触大企业，就算偶尔有机会接触，大中型企业也认为他们是小打小闹，上不了台面，顾客更是只选择企业规模大、专业度更高的企业，进而造成他们的业务量非常有限，这使得基地内大部分企业处于入不敷出的状态，企业不得不关门大吉或者出去跑业务。

六、解决筹资问题的对策建议

综合调查结果所得，结合省内外大学生创业成功与失败的案例、国家政策、社会反应等，对大学生创业过程中筹资方面的问题提出以下建议：

（一）完善大学生创业的相关政策，为大学生创业提供更多的优惠与激励机制

在中国这个大家庭中，大学生扮演着很重要的角色，国家也出台了许多优惠政策来鼓励大学生创业，但是在实施过程中出现了实施不到位，支持力度不够等问题。通过对孵化基地中 20 家企业的调研，我们发现，对于国家针对大学生创业出台的相关政策知之甚少或办理贷款手续烦琐成为大学生创业筹资难的一个重要的短板。因此，国家还需具体完善相关政策，放宽对大学生创业的限制，提高帮扶力度等鼓励大学生创业。

（二）提高创业能力培训机制

为响应国家鼓励大学生创业的号召，许多高校纷纷开设了有关大学生创业方面的课程来培养大学生的创业能力，社会上也纷纷成立了鼓励大学生创业的帮扶机构。然而，学生创立企业后却无从下手，出现筹资困难、经验缺乏等问题，而创业者也无从寻求帮助。

除社会、学校共同建立相关机制以外，还应建立相关团队对创业者提供专业指导，可以设一些模拟企业让学生团队体验创业的过程，也可以与一些社会企业进行合作，为学生提供更多的实践机会。

在管理团队方面，还需对创业者开设相关课题，并模拟进行团队管理，让每

个大学生创立的企业知道该如何管理团队。

（三）进入行业前企业应做好充分的准备

每个创业者在进入行业前必须充分了解该行业，对该行业进行全面的调查，充分了解该行业，确定自己的优势、劣势、机遇和挑战，全面定位自己，才能更好地在该行业内生存与发展。

（四）社会多建立一些大学生创业帮扶机构

对于一些已经毕业的大学生而言，学校提供的帮扶政策已经不能满足他们的需要，许多创业类课程或者鼓励政策他们无法享受，这时他们更多的是求助于社会上的一些大学生创业帮扶机构，然而帮扶机构有限、距离远、不够专业等问题也困扰着他们，社会急需一批更专业、更具代表性的帮扶机构。

（五）培养学生的吃苦耐劳精神和风险意识

最近，一份关于大学生的“懒惰”现状的调查问卷席卷各大网页，大学生吃苦耐劳的精神日益下降，对风险的防范意识更是日益下降。这也是多数学生空谈理想而不去行动的重要原因。为了培养学生吃苦耐劳的精神，需要学校、社会、家长共同培养，无论大学、中学，还是小学都应该设立社会实践课等，从小培养学生吃苦耐劳的精神，还要培养学生的抗压能力、风险防范意识。家长和社会也应积极配合学校。

（六）有睿智的眼界，对自己有准确的定位

从孵化基地刚朵拉文化艺术有限公司的负责人处我们了解到，他们的企业能越做越好不仅是因为他们有投资伙伴的支持，更因为他们选择的发展方向是面向于家乡。而且他们的费用相对于其他企业较低，他们的目标是造福于家乡，因而他们赢得了很多回头客，又有新客户慕名而来。

（七）勤勤恳恳、多积累经验

桑宝扎艺术设计有限公司的创始人在进入该行业之前参加了许多创业大赛，也参加过许多社会实践活动，更为自己积攒了大量的人脉，这使得其在进入广告设计这个行业后做得越来越红火。如果每一个创业者都能对自己负责，在大学期间多参加一些社会实践活动，多接触一些自己喜欢的行业，为将来的创业积攒一

些社会经验的话，相信孵化基地会吸引更多有实力有眼界的人。

（八）敢于拼搏，风险意识强

生活从来不会亏待一个有梦想，并且不断努力的人。安航健康服务有限公司负责人安寒在创业过程中凭借着一股“经得起成功，也不怕失败”的干劲走向了成功，其成功还有一个重要原因，就是他对风险的预测能力和应对能力比较强，他不怕风险，也能及时预知风险。

参考文献

［1］秦印．大学生创业融资策略探析［J］．现代商业，2017（23）：19.

［2］吴开军．大学生创业融资的困境及对策研究［J］．技术经济与管理研究，2017（8）：9.

［3］郑丹瑜，杜阳．大学生创业融资方式比较分析［J］．中国集体经济，2017（15）：34.

［4］李林海．广西大学生创业融资现状及发展对策研究［J］．南宁职业技术学院学报，2017（3）：55.

［5］陈晓红．中小企业融资创新与信任担保［M］．北京：中国人民大学出版社，2016：134－135.

［6］陈亮，杜凯．加强挫折教育在大学生创业教育中的实践作用的思考［J］．大学生创业，2016（3）：14.

［7］马晨．创业初期的融资渠道与技巧［J］．中小企业科技，2016（2）：3.

［8］刘俊琼，吴满琳．中小企业融资解困的新思维［J］．现代企业，2016（1）：23－25.

［9］刘军．我国大学生创业政策体系研究［J］．现代企业，2015（2）：16－17.

［10］肖本华．美国众筹融资模式的发展及其对我国的启示［J］．南方金融，2017（1）：52－56.

［11］张晖，金利娟．大学生创业融资模式创新研究［J］．赤峰学院学报（自然科学版），2016（22）：34－36.

［12］中国共产主义青年团成都市委员会．成都青年（大学生）创业企业融资现状与解决路径探索［J］．金融创新，2017（22）：66－67.

大学生创业激励问题调查研究
——以西宁市城东区大学生创业园为例

刘　泽

一、引言

20 世纪掀起了一阵创业狂潮，我们现在也可以看到如比尔·盖茨、马云等让人惊奇的创业故事，榜样作用的影响以及大学生对未来美好的愿望，使得大学生创业人数迅速增加。另外，随着毕业生人数迅速增加，毕业生面临的就业压力越来越大，这样，自主创业不失为一种好的选择。2015 年 3 月，第十二届全国人民代表大会和政协第十二届全国委员会第三次会议在北京召开，李克强总理提出“两创”，即“大众创业，万众创新”，为大学生创业提供了精神支持。为了促进大学生创业，国家分别在大学生创业注册公司、向银行贷款创业资金、大学生创业公司纳税、大学生创业企业职业培训等方面都实行推广了优惠政策，进而也促使大学生创业变成热潮。但是由于大学生自身缺乏创业经验、企业管理落后、企业激励机制不合理等原因，大学生的创业成功率较低。根据相关数据可知，我国有近 90% 的在校大学生有创业的意向，20% 有强烈的创业意向，然而 2016 年自主创业的大学毕业生仅占毕业生总数的 3% 左右；在这些大学生创业企业中，创业成功率只有 2% 左右。[①] 由此看来，我国大学生创新创业之路在负有国家民族的期望的同时也将无比艰难。而激励机制不合理是导致大学生创业失败的重要原

---

① 中国人民大学．中国大学生创业报告［EB/OL］．http：//www.wenshubang.com/baogao/99221.html.

因，本文的主要目的是以青海省西宁市城东区大学生创业园为例，通过对大学生企业激励机制的调查研究，分析大学生激励机制存在的问题，从而总结出一套大学生创业激励机制建立时应遵循的原则，以期给准备创业的大学生一些有效建议。

二、调查的基本状况

为了对大学生企业的激励机制有进一步的了解，我们对青海省西宁市城东区大学生创业基地的20家有代表性的企业进行了调查，具体调查结果如表1所示。

表1 西宁市城东区大学生创业园20家企业调查情况

序号	企业名称	经营范围	激励机制	经营状况
1	桑宝扎艺术设计有限公司	广告设计	①制定企业目标：制定一个公司目标 ②鼓励升职法：运用加薪，提升公司地位 ③每年多举办户外活动，如登山、骑行等	公司发展较为稳定。已经小有名气。员工积极性较高。公司处于盈利状态
2	创客奶茶	饮品、小吃	暂无明显激励机制，员工只有基本工资	发展较差，销量低，员工积极性一般
3	旭辉健身	健身	底薪加提成的激励模式，员工带私教，拉客户都会有提成	公司状况一般，无较大发展
4	纳尔若文化创业有限公司	书籍翻译，藏语、韩语翻译	以按劳分配为原则，计算薪水是建立在完成的业务量之上	公司发展较为稳定
5	安航健康服务有限公司	医疗器械	①底薪加提成的薪酬模式 ②榜样激励，设立销售精英并给予奖励	可持续经营，发展状况一般
6	古林坊咖啡	咖啡、小吃	自筹组建，员工由组建者担任，月底分红，无明显激励机制	发展较差，无法持续经营
7	青海网	电子商务、广告	①按劳分配，多劳多得加提成 ②节假日福利	发展较为稳定
8	宁聚力文化艺术工作室	民族文化艺术	①工作内容激励：按员工的爱好分配工作 ②员工只有固定底薪	公司状况较为稳定，可持续经营

续表

序号	企业名称	经营范围	激励机制	经营状况
9	青海天辰网络科技有限公司	网络推广、海报制作	①由一些网络爱好者组建，具有共同的理想和目标 ②底薪加提成的薪酬制度	公司发展呈稳定性，整体情况良好
10	岗朵拉文化艺术有限公司	广告设计、电子商务	①底薪加提成的薪酬制度，多劳多得 ②节假日公司组织户外活动，如登山、骑行等	公司可持续经营。状况一般
11	青海泰视影业有限公司	影视制作、MV、微电影	①底薪加提成的薪酬制度 ②员工可获得上镜机会	公司状况一般。无较大盈利
12	西宁城尚会计服务有限公司	会计类考试培训，外接企业账本做账	在完成基本的业务量以后，多完成的任务以按劳分配为原则	公司状况一般，无较大发展
13	青海漫步行摄国际旅行社有限公司	旅游	①以带团次数为基础，计算薪酬 ②定期组织集体活动	公司现阶段具有稳定性，没有大方向的发展趋势
14	西宁艾美家具安装服务有限公司	室内装修、装潢	选取的是以按劳分配为基础，在基础工资上，按照完成超过基础任务的任务量计算提成	公司现阶段呈现出经营困境，发展不是很好
15	高尚珍电子商务有限公司	电商平台	①底薪加提成的激励机制，多劳多得 ②节假日福利	公司发展较为稳定
16	志容食品有限公司	民族特色食品	①给每个员工自己的销售统计，并且将其由多至少的排名，员工的成绩是看排名 ②节假日聚餐活动	公司的情况具有稳定性，没有大的发展前景
17	大胖旅游服务有限公司	旅游	①按照每个员工带团的次数多少计算工钱 ②公司每月评选精英员工，给予奖励 ③节假日聚餐活动、户外登山活动等	公司的情况具有稳定性，没有大的发展前景
18	平达旅游	旅游	①以带团次数为基础，计算薪酬 ②节假日小福利 ③由一群喜爱旅游的大学生组成	发展较为稳定，公司可持续经营

续表

序号	企业名称	经营范围	激励机制	经营状况
19	高山牦牛户外探险	户外徒步	①以带团次数为基础，计算薪酬 ②每次工作结束后会组织聚餐活动	公司的发展情况是呈稳定性，且可持续性经营
20	洛克建筑装饰工程有限公司	室内装修	①采用底薪加提成的薪酬制度。多劳多得 ②公司每年会组织员工旅游活动一次	公司现阶段的情况是具有稳定性，但是并没有什么好的前景

根据调查可以看出，大学生企业一般集中在电子商务、旅游、民族传统文化，以及饮品小吃这几个方面，根据走访调查发现，大学生企业很多没有明显的激励机制，或激励机制十分单一。以至于一些想要创业的大学生并没有树立起激励机制的理念，更没有重视其作用。而正因为没有一个好的激励机制，员工工作的积极性降低，从而导致大学生创业失败。

三、大学生创业团队激励现状

调查结果显示：西宁市城东区大学生企业的激励机制十分单一，大概分为以下三类（见图1、表2）：

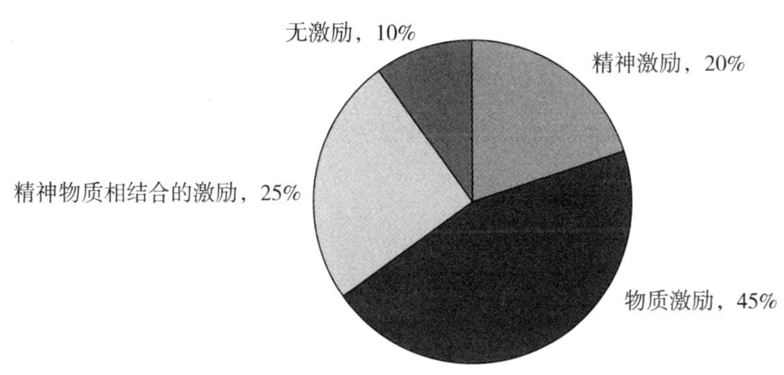

图1　激励方式统计

表 2 激励方式统计情况

激励方式	纯物质激励	纯精神激励	精神物质相结合	无激励
企业数目	9	5	4	2

（一）纯物质激励

在我们调查的 20 家企业中，大部分采取单纯的物质激励，主要企业有旭辉健身、纳尔若文化创业有限公司、西宁城尚会计服务有限公司、青海漫步行摄国际旅行社有限公司、西宁艾美家具安装服务有限公司、高尚珍电子商务有限公司、志容食品有限公司、洛克建筑装饰工程有限公司、高山牦牛户外探险。

由于大学生企业一般资金有限，这种纯物质激励的方法在一定程度上加重了公司的负担。然而通过走访发现，采用单纯物质激励的企业也并未达到预期的激励效果，员工凝聚力较差、员工积极性不高的问题比比皆是。因此这样的企业的发展情况都不是很乐观。

（二）纯精神激励

纯精神激励的主要企业有宁聚力文化艺术工作室、青海天辰网络科技有限公司、青海泰视影业有限公司、平达旅游、志容食品有限公司。

一些由大学生创办的旅游公司，也采用精神激励，根据马斯洛需求层次理论，人最基本的需求是生理需求。由于这类企业的员工一般是在校大学生，有父母的支持，所以暂无较强的生存需求。我们也调查了一些员工，他们大多是以兼职或抱着免费旅游的心态来寻求这份工作，极少有人会把它当作未来长期发展的目标。一直这样下去，单单只是选用精神上的鼓励来调动员工的积极性是行不通的，这样的做法对于公司以后的发展也是没有好处的。

（三）精神物质相结合的激励机制

采用精神激励和物质激励相结合激励方式的主要企业有桑宝扎艺术设计有限公司、安航健康服务有限公司、岗朵拉文化艺术有限公司、大胖旅游服务有限公司。

据调查表明，在这种激励制度下的企业发展要强于单独激励模式的企业，这种激励机制下的员工，实际上拥有比较高的积极性和安定性，但因管理经验有所欠缺，无论企业是否采用精神加上物质的激励制度，在激励的方式上也较为单一，没有发挥出该激励模式最大的效应。

除此以外，由于相关知识的缺乏，还有大部分的大学生创业者并没有建立激励机制的概念。例如创客奶茶，其激励机制十分缺乏，企业现状岌岌可危。员工是一个公司内部不可缺少的组成因素，所以一个企业是否拥有科学良好的鼓励机制是至关重要的，因为一个良好的鼓励机制能够将员工的积极性提高，并且可能会让全体员工的潜能得到激发。把桑宝扎艺术设计有限公司作为案例来看，其在鼓励员工激励机制方面所采用的制度原则，与其他的公司相比是比较优秀的，与我们上面调查的20家大学生创业公司相比，他们公司内部的员工工作也是最有热情的。这个企业现如今的发展趋势和发展情景也是最佳的。由此我们就要更加深入地去对大学生创业团队鼓励员工的激励机制中存在的问题进行探究。

四、大学生创业团队激励机制存在的问题及原因分析

为了进一步了解大学生创业团队激励机制中存在的问题，我们针对大学生创业的激励机制对大学生企业创始人以及员工做了访问。通过访问记录，我们整理出了如下问题（见图2）。

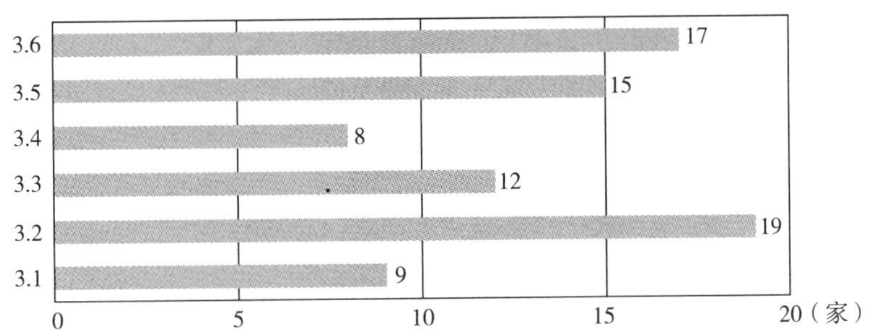

图2　大学生企业激励机制存在的问题统计

20家大学生企业的调查结果显示，上述六个问题是大学生创业企业中最为普遍的六个问题，其中问题二甚至是每家大学生企业都存在的问题。问题的具体分析如下：

（一）平时无激励意识，只有在士气低落时才想起进行激励

在我们调查的20家大学生企业中，大部分大学生创业者认为激励只是常规

性的一个工作，无须花费太多的精力，员工也只是给钱就干活，例如桑宝扎艺术设计，没有重视日常激励以及对新员工的激励，只有在新员工工作激情薄弱的时候才想起去激励。

其结果是导致新员工极度缺乏积极性与集体荣誉感，最终影响企业的发展。大学生创业者应保持激励的连贯性，这样才能增加员工的积极性，留住人才。

在我们调查的20家企业中，桑宝扎艺术设计有限公司的激励机制是较为完善的，但还是存在很多问题。其创始人说："我们公司有一个现象，虽然规章制度十分严格，但是我们每年新招的员工，其工作激情十分弱，大部分没有考虑在公司长远发展。我们尝试过采用聚餐，甚至物质奖励等方式激励新员工，但收效甚微。"

（二）激励方式单调且不够完善

根据调查，大部分的大学生创业者并无从事管理工作的经验，也没有进行过相关的培训学习。例如旭辉健身，他们认为，物质激励等同于激励，精神激励也只限于聚餐、集体活动。所以，这就导致了其激励机制过于单一，激励机制不健全。想要建立完善的激励机制，大学生创业者就必须加强相关学习。这是大学生企业普遍存在的问题。

我们对旭辉健身的创始人进行了访问，其创始人说：我们也不是管理专业毕业的，我们做过市场调查，底薪加提成的激励制度是按照行业大众的标准来制定的。当被问到精神激励时，他说："根据我们的调查，行业大众大多采用底薪加提成，所以我们现在也只有底薪加提成这种激励制度，我们有时候会一起聚餐。"

（三）在物质与精神方面，激励程度不平衡

根据调查报告显示，采用纯物质激励的企业占20家企业的45%，这就导致了激励程度不平衡现象。一些大学生创业者并不总是考虑员工的心理需求，在激励时不分层次、不分时期，只是重点选用在物质方面进行嘉奖的激励形式。尽管其拥有精神方面的激励，但其精神激励对于调动员工积极性的力度也比物质激励要少很多。这就导致了激励的边际效应逐年递减，并且浪费了企业大量的财力和物力。

根据我们对20家大学生企业的统计，采用纯物质激励的企业占20家企业的45%，精神激励与精神物质相结合的激励只占总激励的45%。根据调查，即便是有精神激励的大学生企业，他们的精神激励手段也只有聚餐、旅游。精神激励与

物质激励是十分不平衡的。

（四）薪酬制度不够合理，任用升迁制度也不够完善

根据访谈我们发现，创业园中的大部分大学生创业者是极其缺少社会经验的，对于建立公司、管理公司这些方面也可以说是没有经验的，他们大多采用底薪加提成的薪酬制度，员工薪酬拉不开差距，以至于出现有能力的人与在公司里无作为的人所得到的报酬是相等的情况。在大学生企业里任人唯亲现象严重。例如桑宝扎艺术设计，在管理层方面首要选用老员工。这会导致有才能的新员工无法发挥自己的才能，为公司带来财富的员工没有得到相应的回报，极大地降低了员工满意度，最终导致了人才流失。

桑宝扎艺术设计的创始人说："首先我们的团队里都是藏族人，都是来自广告设计专业的同学，所以我们也有一致的目标，即把公司做大做好。当我们的公司做大以后，未来公司的管理层就是现在的老员工。"当其谈到新员工士气低落的问题，我们针对此问题对新员工进行了访问，新员工表明："我们很难做到管理层的位置，所以并没有考虑在公司长远发展，只是抱着做兼职的心态，来赚取一些生活费，仅此而已。"

（五）负激励流于形式，管理薄弱

根据深入的研究以及对员工的访谈，我们发现在大多数企业当中，没有良好、严格地实行公司的规章制度。例如创客奶茶等公司，员工只是在没课的时候来看看，有事就不来。员工帮助员工说谎，管理层面的人对手下员工不作为的情况不闻不问，这些情况导致了员工对于工作始终处于懒散状态。之所以有这样的现象存在，是因为刚毕业或者还未毕业的大学生在公司管理方面没有抓紧，毫无经验，致使公司管理制度得不到严格的执行，极大地影响了企业的发展。

我们对古林坊咖啡的员工进行了访问，其员工表明，"老板一般不会过来，所以我们只有在没课的时候才过来。"我们问："那你们没有固定的上班时间吗?"他们说："有啊，但是老板一般不知道，就算知道了，也只是骂我们几句，不会真的扣工资的，老板人很好。"

（六）缺乏企业文化的凝聚力

根据对20家企业的调查，有17家企业没有建立相关的企业文化，没有重视企业文化的作用。这是由相关知识、经验的缺乏造成的。企业文化是企业在其生

产经营和管理活动中所形成的精神财富，是企业的灵魂，是推动企业发展的不竭动力。很多大学生创业者忽视了企业文化的重要性，最终使得激励的效果大打折扣。

针对我们的访问，纳尔若文化创业有限公司的员工表明："公司成立时间还不长，还没有形成相关的企业文化，也没有听老板说过这个问题。"桑宝扎艺术设计的创始人表明："我们的企业文化是做藏族人自己的设计品牌。"访问结果表明，他们不清楚企业文化的内涵，企业文化应包括文化观念、价值观念、企业精神、道德规范、发展远景及愿景等。

五、经验借鉴

通过阅读相关文献，我们发现国外大学生创业激励机制有很多值得我们借鉴的经验和优势，具体有以下几点：

（一）重视员工主观能动性和潜能的发挥

在国外的激励机制中，他们特别重视员工的主观能动性和潜能的发挥，重视针对员工潜能的开发及其业务上的培训。如此可以让员工清楚地掌握自己的业务情况，能够使员工的价值在企业中充分体现，让企业获得更大的利益，员工也能够得到重视。

（二）重视企业文化的培训

相关的文献资料显示，国外特别重视企业文化的培训，所以国外的大学生企业一般具有很强的凝聚力。

（三）管理手段人性化

经过观察国外的大学生创业团体可知，他们的管理措施具有人性化的特点，其主要体现在：他们能够按照实际情况给员工放出权力，能够让员工参与到公司的新案推广或者是公司的制度决策中去，因此能够很好地将员工的积极性调动起来，激发其创造力，充分发挥员工的潜能。另外他们采用正激励与负激励相结合的激励制度，既能约束员工，又不会导致员工出现反感情绪，降低工作的积极性。

（四）完善的创新创业教育

国外有比较完善的创业教育体系，尤其是美国，在这个国家从小学到研究生都设有完备的创业教育课程，学生具有创业、管理方面的知识，这使得其创业成功率大大提高，因此美国的创业气氛非常浓厚。

六、意见与建议

结合对西宁市城东区大学生创业园20家企业的调查结果以及国外先进经验，针对大学生创业团队激励机制建设提出以下几点建议：

（一）完善激励机制，设立日常激励

激励机制是企业日常要建立的一个重要机制，而不是在士气低落时鼓励员工的一个工具。在我们调查的20家企业中，有9家企业并未设立日常激励机制，这使得他们的员工士气低落且员工无作为现象严重，日常激励机制的设立可以有效解决此现象。所以大学生创业者必须重视日常激励的建立，如在日常工作中根据员工表现以及工作的完成度进行激励，老员工跟新员工享受同样的激励等，以保证激励的公平性。

（二）激励手段的多样化

针对我们调查中发现的激励机制单调且物质精神激励不平衡的问题，可以通过丰富的激励方式解决。在运用物质手段使受激励者得到物质上满足的同时，也要在精神方面无形地激励员工。同时丰富精神激励的手段，比如选用荣誉激励法、情感激励法、榜样典型激励法等。尊重每一位员工，让员工在工作的时候能够感受到乐趣。

（三）实行正激励和负激励综合的激励方式，严格实行负激励

正激励的定义是：对激励对象进行一个具有肯定性、赞扬性等特性的正能量的激励方式。负激励的定义是：对激励对象进行一个否定、批评性等特性的负能量的激励方法。针对大学生企业负激励流于形式的问题，大学生创业者首先要将

这两种激励机制综合在一起，创立一个科学性的激励机制。其次要严格掌控管理制度，在正面激励增加员工积极性的同时，对于员工包庇员工、员工不遵守公司规章制度的现象严惩不贷，将因员工的错误而让企业受到损失的可能性降低。

（四）建立相对健全的薪酬体系和任用升迁制度

根据调查，员工反映“干得多，拿得少”和“再怎么干也当不了管理层”的现象十分普遍。大学生创业者任人唯亲问题严重，十分不利于留住人才。针对这个问题，应对有关的市场进行深入研究，以公平作为原则，设计出一个具有竞争力的报酬制度，按劳分配。对于能够让公司欣欣向荣的有才员工进行嘉奖，以任人唯贤作为公司任用升迁制度上的准则，让有才能的员工的才华得到充分发挥，让公司的利益增加。

（五）加强创业者和员工的培训

激励机制问题存在的原因大多是创业者、管理层缺乏相关的专业知识，缺乏管理经验。在创业中，像旭辉健身这样一味地模仿是行不通的，这就使得创业者必须要进行相关知识的学习。只有具备相关的专业知识，才能建立完善的、优秀的激励机制。另外大学生缺乏实际工作经验，为使员工迅速地适应自己的职位，避免工作失误，对员工进行业务培训十分必要。

（六）营造积极向上的企业文化

在我们调查的20家大学生企业中，有85%的企业没有形成良好的企业文化。公司的企业文化能够清楚定义一个公司的经营意义、管理思想、企业重心、企业发展的目标以及期望等。公司企业文化的建立可以使得激励达到事半功倍的效果，所以大学生企业应迅速形成属于自己的企业文化。

（七）实施人性化管理

第一，让员工享受到适度的自主权，让员工作为公司一些活动的策划参与者以及公司内部项目的决策者。依照每个员工的自身情况以及其喜好，给其安排一个适合他的工作。第二，设置一个合理的目标，对员工采用目标激励法，让每个员工在完成其目标后拥有成就感。第三，推广个人竞争，团队竞争意识，将员工的热情调动起来。

（八）国家应建立完善的创业教育体系

相关知识、经验的缺乏，是大学生创业失败率较高的重要因素，也是大学生企业激励机制不完善的重要因素。国家应开设创业教育方面的课程，增加大学生的创业知识。

七、结语

大学生创业是当今社会的主要潮流。其虽会给社会带来积极向上的拼搏精神，但由于其成功率较低，久而久之会造成“大学生不敢创业”的现象，不利于社会的发展。而良好激励机制的建立是提高大学生创业成功率的一个重要因素。要建立完善的大学生企业激励机制，提高大学生就业的成功率，最重要的是大学生要切实提高自身的素质。在企业制度上，要积极学习相关的企业管理知识，从企业实际情况出发，建立完善的任用升迁制度以及薪酬体系。在员工管理上，建立多样、完善的激励机制，加强员工培训。在企业文化上，营造积极向上的企业文化，明确企业愿景、企业使命。只有这样，才能建立一个有效的、完善的激励机制，大学生企业才能长久地生存下去。

参考文献

［1］长福．国有企业有效激励机制构建研究［J］．现代经济探讨，2015（7）．

［2］闫琰．中小企业激励机制的构建［J］．华北水利水电大学学报（社会科学版），2016（11）．

［3］白清，尚能．浅谈组织行为学在现代企业管理中的应用［J］．农业科技与信息，2016（9）．

［4］赵亮．组织行为学在企业管理中的运用［J］．中国商论，2016（7）．

［5］张伟．大学生创新创业激励机制构建与完善研究［J］．中外企业家，2017（1）．

［6］肖怿，魏志平，邹家柱，张赛斌．大学生创新创业激励机制研究［J］．现代教育，2016（1）．